泊头清真大寺藏经室

《古兰经》阿刻本

《古兰经》阿刻本

《〈亥贴〉注解》

威县《黄氏族谱》

《沧县吴氏家谱》

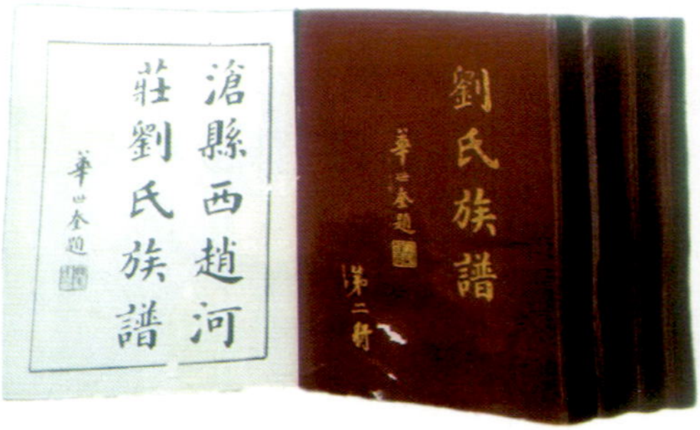

孟村西赵河庄《刘氏族谱》

孟村《韩氏家谱》

沧县《回氏宗谱》

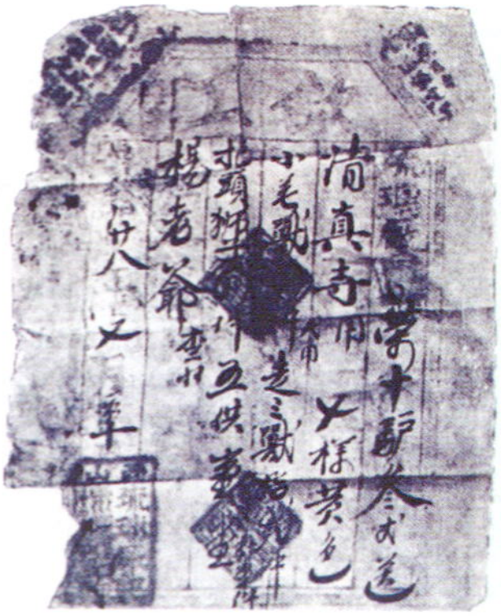

御赐无极高头清真寺物品运单

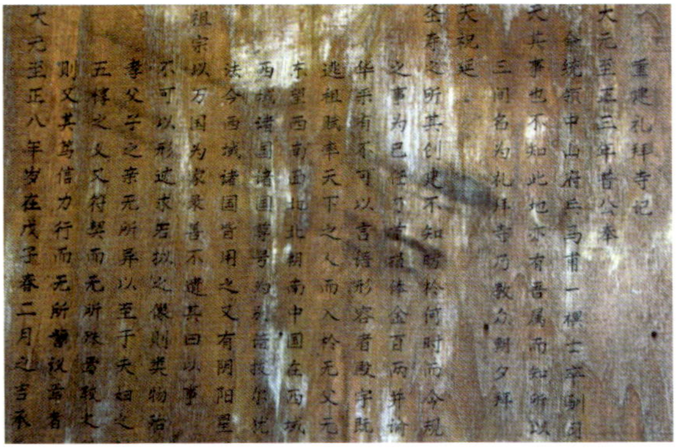

定州礼拜寺元至正八年碑

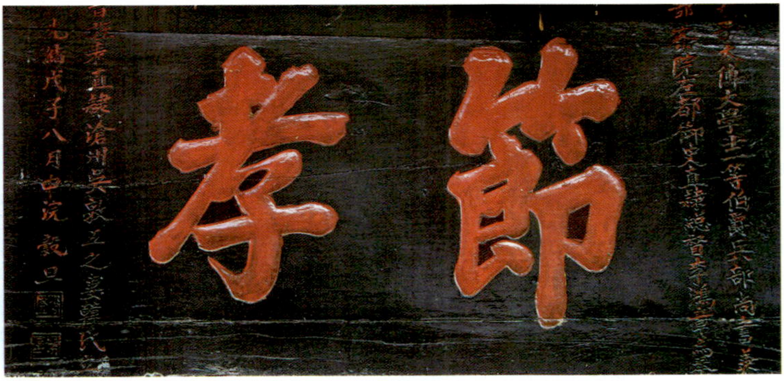

吴韩氏节孝匾

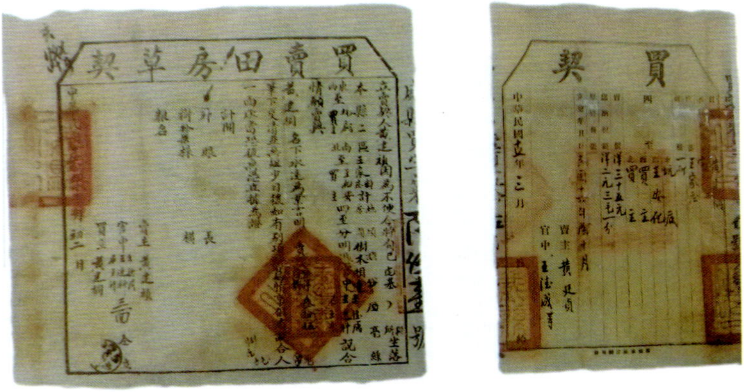

黄建桐、黄建祯宅基买卖契

大厂清真寺制田碑

吴母张孺人墓碑

李桐轩墓表复制碑

刘天锡、张太夫人墓碑

河北省少数民族古籍丛书

HEBEI HUIZU GUJI ZONGMU TIYAO

河北回族古籍总目提要

主编 吴丕清　副主编 马勇韬

河北大学出版社
·保定·

图书在版编目（CIP）数据

河北回族古籍总目提要 / 吴丕清主编. -- 保定：河北大学出版社, 2016.11

ISBN 978-7-5666-1084-3

Ⅰ. ①河… Ⅱ. ①吴… Ⅲ. ①回族－古籍－内容提要－河北省 Ⅳ. ①Z838

中国版本图书馆CIP数据核字(2016)第285605号

责任编辑：杨显硕
装帧设计：王占梅
责任印制：靳云飞

出版：河北大学出版社
地址：保定市五四东路180号
经销：全国新华书店
印制：保定市文昌印刷有限公司
开本：140mm×203mm　1／32
字数：280千字
印张：11
版次：2016年11月第1版
印次：2016年11月第1次
书号：ISBN 978-7-5666-1084-3
定价：28.00元

《河北回族古籍总目提要》编委会名单

序

“文化是民族生存和发展的重要力量。”古籍是文化的重要组成部分。各个历史时期文化发展的成果大多都固定在各民族的古籍中。收集、整理、研究各民族的古籍，事关少数民族的文化进步、事业发展，是党和国家全面落实民族政策和宗教政策，促进各民族团结进步、共同发展的重要措施。

回族是我国人口众多、分布面广、文化发达的一个少数民族。

河北是民族成分较多的省份，其中回族在少数民族人口中占有很大比例。自盛唐时期回族先民进入河北，千百年来与河北各兄弟民族共同创造了河北的光辉历史和绚丽多彩的历史文化。回族古籍在各民族的典籍中，独树一帜，留下了难以数计的宝贵遗产。回族古籍多姿多彩，种类齐全，是我国少数民族中古籍内容丰富，并富有地方特色的文化财富。然而，由于历史上兵燹战乱的无情摧残，政治风雨的残酷剥蚀，大量珍贵的历史文献散失泯灭，成为永远不可挽回之遗憾。

自 1984 年国务院办公厅转发国家民委《关于抢救、整理少数民族古籍的请示》(国办发〔1984〕30 号)以来，河北省通过积极抢救、认真挖掘搜集，积累了大量宝贵的少数民族古籍资料。在回族古籍方面已经整理、出版了《沧州回族》《河北回族家谱选编》等书，今天即将付梓的这部《河北回族古籍总目提要》又是一个重要成果。

《中国少数民族古籍总目提要》是国家民委的一项重大的跨世纪工程,其整理编撰的原则和技术要求都极其严格。目前该书回族卷的"文书类""讲唱类"和"铭刻"部分已出版面世,其他部分也在编写定稿中。本书按"中国少数民族古籍总目提要"编写纲要的要求,对河北省的回族古籍进行了广泛收集和整理,涉及的种类更广泛,内容更详尽,为河北省的回族古籍整理提供了更丰富的材料。

每一件古籍都是民族文化的载体、历史足迹的见证。本书对全省现已掌握的,以及外省古籍文献涉及河北回族的所有回族古籍资料编排成目,将其名称、内容、款识、装帧、附品、质地、藏处以及研究价值,分门别类,一一做了详尽的介绍。丕清同志积多年的古籍工作经验,集多方研究成果,在较短时间内著成此书,这种治学和工作的精神、实是难能可贵。

为了便于阅读,编者在书中对个别生僻字标注了拼音,难解词加了注释,并专门撰写辑录了《古籍中常见职衔简释》一文,更加提高了此书的可读性。透过此书,我们既可看到河北回族遥远的历史,亦可展望灿烂的未来。此书的问世,必将对河北回族历史文化的研究和当代文化的发展,起到推动作用。

十多年来河北省的回族古籍工作做得不错,相信不久的将来还会有古籍方面的好书问世。我期待着。

张公瑾

2015 年 10 月 22 日

作者:中央民族大学少数民族语言文字系教授、博士生导师。

前　言

回族，是一个历史悠久、勤劳勇敢的民族。在绵延千年的历史长河中，回族与各兄弟民族同舟共济，携手并进，谱写了无数可歌可泣的历史篇章，创造了自己独具特色的民族文化。河北是一个回族落籍较早，回族人口较多的省份，回族古籍文献的蕴藏量十分丰厚。

本书是以全省多年挖掘、整理的回族古籍资料为基本素材，按照《中国少数民族古籍总目提要》统一体例，精心编写的一部回族古籍文献。本书史料确凿，内容翔实，经得起实践检验和历史的考验。

本书的编写，以继承发展为目的，尽量做到构思简练，梳理有序，要点明确，语言无华，明示藏处，以有利于古籍的管理保护和资源共享。

由于本书是全省回族古籍工作多年的成果积累，各市民宗局做了大量搜集挖掘工作，故在书中除本书主编收集的条目外，对各市提供的条目均做了提供者署名，以彰显各市民族古籍工作者的成就和辛劳。为了适应不同层次读者的需要，本书专篇辑录了《古籍中常见职衔简释》，并对一些生僻字和文言词句加注了拼音和注释，希望能给广大读者带来方便。

本书是多年来河北省在抢救、整理少数民族古籍特别是回族古籍方面所取得的重要成果的索引和简编，希望它能够成为专家学者研究回族古籍和河北回族历史文化并加以开发利用的工具和指南。

编　者

2015 年 10 月

目　　录

一、书籍篇

二、铭刻篇

三、文书篇

四、讲唱篇

河北回族古籍工作综述

世界上任何一个民族都是一个相对独立的文化体系，都在文化方面有着自己特有的风格和内涵，正是由这些不同风格、不同特色的民族文化，构成了一个个绚丽多彩的国家文化和文化世界。

新中国建立以来，党和国家十分重视少数民族文化的发展，以不同形式对少数民族文化的调查、整理以及丛书的编写工作从未停止，在少数民族文化研究、开发、弘扬方面取得了许多重要成果。其中最大的工程、最大的成果，就是少数民族古籍的挖掘、整理工作。

全国少数民族古籍工作简述

少数民族古籍工作早在新中国成立之初至“文革”之前，就一直在开展，但早期只是融于广义的民族文化工作，并未作为专题或单独问题提出。

1981 年 5 月 22 日和 7 月 9 日，陈云同志两次做出关于古籍整理工作的重要指示，要求重视这一工作。同年 9 月 17 日，中共中央发出《关于整理我国古籍的指示》，决定由时任中央顾问委员会常委的李一氓同志主持这项工作。1982 年 1 月 20 日，《人民日报》刊登了李一氓的署名文章《论古籍和古籍整理》，文中正式提出整理少数民族语言古籍这项工作。

1982 年，国家民委两次组织中央民族学院（今中央民族大学）专家学者对整理少数民族古籍问题进行深入讨论，广泛征求了各族专家学者的意见，进一步明确了挖掘、整理少数民族古籍的重大意义，提出了“救书、救人、救学科”的原则。随之于 3 月 22 日教育部《教育通讯》发表了题为《少数民族古籍亟待搜集整理》的文章。国家民委依照时任国务院副总理兼国家民委主任杨静仁的批示，于 4 月 2 日转发此文。5 月，中央民族学院（今中央民族大学）少数民族古籍整理出版规划领导小组成立，下设少数民族古籍整理出版规划办公室，少数民族古籍整理工作开始拉开序幕。

1983 年 6 月 5 日至 11 日，第一次全国少数民族古籍整理座谈会在北京召开。这次会议，确定了对开展少数民族古籍工作的一些具体规定和要求，明确了少数民族古籍范围，包括有文字类和无文字类，时限以 1949 年为下限。1984 年，国务院办公厅下发〔1984〕30 号文件，转发了国家民委《关于抢救、整理少数民族古籍的请示》，对抢救、整理少数民族古籍工作做了全面部署。同年 7 月，全国少数民族古籍整理出版规划小组成立，下设办公室，后改称全国少数民族古籍整理研究室，具体负责组织、协调、联络、指导全国少数民族古籍工作。各省、自治区、直辖市随之逐步建立相关机构，少数民族古籍工作正式启动。

1996 年，第二次全国少数民族古籍工作会议召开，会议总结了自 1984 年国务院下发相关文件以来，各地积极开展“抢救、整理”工作的情况，肯定了古籍文献的出版工作。同时决定在全国范围内进行编纂《中国少数民族古籍总目提要》的工作。1997年7月30日，国家民委办公厅下发《关于印发〈中国少数民族古籍总目提要〉编写纲要的通知》，对编写《中国少数民族古籍总目提要》的指导思想、编写目的、重要意义、编写原则、收录范围、编写方法、撰稿要求、编排方法、计划安排、版式等十个方面做了明确规定，配发了范本，成为编写总目的全面指导文献。2006年，这一项目正式列入《国家“十一五”时期文化发展规划纲要》，由此汇总了20年来少数民族古籍工作所取得的全面成果，标志着少数民族古籍整理工作取得阶段性胜利，进入一个新的发展阶段。

回族古籍工作在全国的开展

回族古籍，是回族文化的结晶。回族文化是以伊斯兰文化为基础的多元文化的凝练，是中华民族大文化中不可或缺的重要组成部分。究其源流，远可追溯至阿拉伯、波斯，广可寻根于中外多个民族，可谓源远流长，独树一帜，在中华文化大观园中，堪称一支馨香娇艳的独秀奇葩。

少数民族古籍挖掘、整理工作全面铺开之后，回族古籍整理工作正式纳入国家计划，逐步走上科学、规范、强力的轨道。首先是依据回族人口、古籍分布情况，在1985年12月召开全国少数民族古籍整理工作会议期间，经过各省、市、区代表认真协商，由宁夏牵头，邀集甘肃、青海、云南、新疆、北京、河北、河南、山东几个回族人口比例较大的省、市、自治区代表，组成一个回族古籍整理协作小组,以便在全国范围内协调回族古籍的搜集整理出版规划。1986 年 10 月 20 日至 25 日,“九省、市、自治区回族古籍整理出版规划协作小组成立大会暨第一次会议”在宁夏银川召开,与会代表 30 余人,选举宁夏丁毅民同志任组长,同时商定了出版规划。至 1998 年,9 省、市、自治区协作小组成员,逐步发展到包括黑龙江、辽宁、吉林等在内的 18 个省、市、自治区,并共同制定了回族古籍整理的“八五”“九五”规划。该小组先后于 1990 年 11 月、1992 年 10 月、1994 年 7 月、1998 年 5 月、2000 年 10 月,分别在云南大理、甘肃兰州、新疆昌吉、青海西宁、河北沧州等地召开了回族古籍协作工作会议。协作内容亦从抢救搜集整理回族古籍发展到抢救搜集整理出版研究回族古籍。1984 年 11 月,南方相邻的湖南、湖北、广东、广西、四川、江西、海南 7 省区与中南民族学院成立了南方 7 省区回族古籍协作组,后又有福建加入,形成南方 8 省区联组。

经过多年艰苦不懈的努力,至目前,回族古籍整理工作已经取得了重大突破。《中国回族古籍总目提要》《中国回族金石录》等全国性的成果已经出版发行,各省份成果也在不断付梓出炉,出版成果从内容上看,书籍、文献、谱牒、碑铭、匾额、楹联、口碑资料等,应有尽有;从版本上看,影印本、标点本、校勘本、注释本、今译本、汇辑本等,琳琅满目。在印刷质量上,北京、宁夏、河南等多数省份高度重视,舍得投入,出版了大量装帧讲究,研究、收藏价值俱高的精品。

河北回族古籍挖掘整理概况

河北省是一个回族文化工作开展较早的省份。早在 1959 年就已经开始了回族历史文化的调查整理，并先后出版了《孟村回族自治县概况》《大厂回族自治县概况》和《孟村回族的今昔》《中国民间文学·沧州资料卷》《廊坊地区民间故事选》《孟村回族民间故事 30 篇》《大厂回族自治县民间故事选编》《无极县回族民间故事选》等书，辑录了很多回族历史文化资料和穆斯林群众口头流传的民间故事、歌谣和谚语。

此后，河北省民委，又根据河北省人民政府和省地方志编纂委员会的统一部署，组织编写了《河北省志·民族志》《河北省志·宗教志》，回族、伊斯兰教内容在“两志”中占有重要章节。

在河北民族、宗教“两志”调查、编写的同时，各有关市、县地方民族史、志的编写工作也在紧张进行。至 20 世纪 80 年代末 90 年代初，《廊坊地区民族志》《邯郸地区民族志》《保定市少数民族人物录》《孟村回族自治县志》《大厂回族自治县志》《大名县回族志》《回族抗日斗争史论集》《邯郸地区清真寺史料集》等书接连问世；《张家口地区民族志》《沧州地区宗教志》《沧州市民族志》《孟村回族自治县民族志》《献县民族志》《盐山县回族志》《泊头市回族志》等初稿均已打印成册。这就为河北回族、伊斯兰教历史、文化古籍的深入挖掘、整理奠定了良好基础。

但是由于各方面原因，河北省少数民族古籍整理工作起步较晚，直至 1995 年方才正式开启运行。首先由省民宗厅牵头，成立了河北省民族古籍工作协调领导小组。领导小组下设河北省民族古籍工作办公室和河北省民族古籍编委会。1995 年 7 月 19 日至 20 日,首次全省少数民族古籍工作座谈会在承德召开。会议要求各地、市要用半年左右时间,开展民族古籍普查工作,制定出本地 1996—2000 年民族古籍搜集、编目、鉴定、筛选、整理、出版等方面的全面规划,自此拉开了全省民族古籍工作的帷幕。

此次会议后,全省民族古籍工作有了很大起色,各市、县相继建起班子,拿出规划,配备专、兼职人员,开始了紧张的民族古籍调查工作。经过几年的努力,各地民族古籍工作分别取得一定成绩。至 1998 年,各市基本完成了少数民族古籍普查任务,分别建立了粗线条的登记目录,基本赶上了全国回族古籍工作的步伐。同年,《沧州回族》完稿,并经省民宗厅审定,列入出版规划。据此,经全国回族古籍协作领导小组和省民族古籍协调领导小组研究,决定“全国第六次回族古籍协作会”在河北省沧州市召开。

《沧州回族》于 1999 年 9 月由中央民族大学出版社出版,出版后有 16 家报纸、杂志登载了评论和消息;省政府、中央民族大学出版社作为国庆五十周年献礼书,分别在省政府展厅和校园展出。此书获省、市社会科学研究优秀成果奖和全国回族优秀书籍奖。省民宗厅为此书作者颁发了“民族古籍工作特别贡献奖”。

《河北回族古籍总目提要》编写工作的开展

1997年国家民委办公厅《关于印发〈中国少数民族古籍总目提要〉编写纲要的通知》下达后，由宁夏社科院牵头的《中国回族古籍总目提要》编写工作立即着手，亟待各省提供成果资料。河北省回族古籍工作同时进入鉴别、核实、整理、编写阶段。

按照"114号"文件精神，此项工作要求标准高，技术性强，非专业人员难以掌握。为了及时解决填写总目提要的技术问题，1998年上半年，国家民委连续转发了在全国范围内开展编辑《中国少数民族古籍总目提要》的通知及要求，并在广西举办了有专家指导、各省少数民族古籍工作者及相关图书馆、出版社等单位参加的"编纂《中国少数民族古籍总目提要》培训班"。省民宗厅专派马祥学、吴丕清同志参加了全国培训，并由吴丕清参照全国相关技术资料编写了《少数民族古籍总目提要编写常识》作为教材，在邢台市举办了"河北省编写《少数民族古籍总目提要》培训班"，通过培训骨干和技术辅导，使此项工作迅速展开。但是，由于后来省、市相关人员工作变动和全国步调差异等问题，各市上报的材料未能得到及时筛选和整理，工作一度处于搁浅状态。

2004年3月12日，省民宗厅召开全省少数民族传统文化暨民族古籍工作会议，对全省少数民族传统文化和民族古籍工作进行了总结回顾和再认识。会议决定成立河北省民族古籍编纂工作专家指导组。专家指导组由沧州市吴丕清、承德市梁六十三等有关同志组成，由吴丕清同志专职负责对各市回族伊斯兰教古籍工作进行督促、检查、技术指导和成果汇总，使全省民族古籍工作再掀新高潮。

按照省民宗厅统一部署，经过各市积极努力，至2005年5月，《河北省少数民族古籍总目提要·回族卷》（初稿）完成登录任务。经过鉴别、筛选，全稿共收录铭刻78件、匾额8件、诰封2件、谱牒36件、经著33件、其他书籍（含报刊）18件、文书21件、讲唱18件，合计214件。此稿受到全国回族古籍协作领导小组好评。

《河北省少数民族古籍总目提要·回族卷》（初稿）完成后，这项工作并未终止，尤其是一些少数民族古籍研究的爱好者，始终坚持默默搜集，挖掘层次越来越深，新的发现层出不穷。2013年省民宗厅领导决定正式编写出版《河北省回族古籍总目提要》一书，由此证明了省民宗厅领导对这一工作的高度重视和打好“持久战”的决心。

《河北省回族古籍总目提要》的重要价值

《河北回族古籍总目提要》不是一本简单的古籍纲目，而是一把开启回族历史文化宝库的钥匙，一扇走进回族文化殿堂的大门。其价值涉多至贵，是河北少数民族古籍方面一部填补空白的重要文献。

一、《河北回族古籍总目提要》的历史价值。河北回族的历史，是一部回族在河北艰苦的创业史、勇敢的斗争史、丰厚的文化史和沉重的血泪史。但是，过去从无一部系统、全面反映河北回族历史的书籍。一些散乱的史料，只言片语，有闻无见，或隐或现，难以捕捉。这部文献的形成，纳百家藏籍为一库，集千篇散章为统目，翻书可知藏处，用时信手拈来，可以把许多人们原来不知道的回族人民在历史上的贡献、挫折及其苦难展现出来，引领人们重见历史，了解历史，正视历史，总结历史，发展历史。

二、《河北回族古籍总目提要》的文化价值。文化是一个民族进步的象征、素养的象征、希望的象征。回族文化，是回族人民在漫长的生产、生活和斗争实践中的文明结晶和精神提炼。在滚滚的历史长河中，回族人民集多元文化为一体，把精神信仰、伊斯兰文化与中国，与河北，与中外多个民族的风俗、文化相结合，创造了自己的文化特色，在历史上留下了许许多多宝贵的文化遗产。《河北省回族古籍总目提要》的完成，使那些深埋地下的、散落民间的、夹藏陈籍的、弃之尘埃的文化遗产，拂尘面世，重放灵光，这对河北回族文化的继承和发展，对中华文化宝库的补充和丰富，都具有划时代的意义。

三、《河北回族古籍总目提要》的学术价值。回族的历史文化，从来就是中国乃至世界民族、宗教研究的重要课题，“回族学”已经作为单独学科在研究领域得到认同。河北回族、伊斯兰教，历史悠久，文化底蕴丰厚，千百年的文化积淀，既是回族历史文化研究的课题，又是论证回族历史文化的可靠依据，而本书中所载录的这些古籍资料，正是这种深厚积淀的文字形态。这些古籍不是推理，没有演绎，少有糟粕，是原汁原味的历史文化，其原始性越强，就越可靠，越真实，研究价值越高。因此，这部文献的问世必将在当今回族、伊斯兰教研究中，发挥出有力的促进作用，使这一学科的研究更加深入，更加扎实，成果更加丰盈累硕。本书对国内外了解河北乃至中国民族关系的发展，了解伊斯兰教在中国，在河北的传播、发展，正确处理民族和宗教的关系，特别是伊斯兰教和穆斯林民族的关系，探索中国、河北伊斯兰文化的特点，研究中国民族关系史、中国思想史以及中外文化交流史，制定和修正当前的民族政策，都有一定的影响和重要的意义。

近几年我省充分利用回族古籍资料，相继完成了《河北伊斯兰教史》《河北回族史》百余万字的编写，可以说这是从挖掘到研究，从研究到发展的升华；是我省开展回族古籍挖掘、整理工作的一个更高层次、更大成果、更新发展。

河北回族古籍工作方兴未艾

经过近20多年的艰苦努力，河北回族古籍工作不断取得新成果，先后出版了《沧州回族》《河北回族家谱选编》两部古籍丛书，以及《河北回族史》《河北伊斯兰教史》两部专史，进而完成了《河北省回族古籍总目提要》的编写，可以说河北回族古籍工作的20多年，是奋斗、拼搏、开拓、协作、进取的20多年，是充分体现党和政府对少数民族文化发展关心、重视的20多年。

总结20多年的工作，不可否认，成绩斐然。但在开展中遇到的问题也是不容回避和忽视的。

第一是河北在民族、宗教研究方面力量薄弱，没有专职研究机构和研究人员，更谈不上专职队伍，基本上是以管理为主，就是河北省社会科学院在这方面也是空白，这就直接掣肘了回族古籍工作的高端和深层发展。

第二是各市、县(含县级市)回族古籍整理工作进度不平衡,配备力量强弱不均,工作人员兼职多,变动大,造成工作忽急忽缓,断续无定,难以保证持续和稳定。

第三是个别领导思想不够解放,认识肤浅,甚至把民族古籍工作视为额外负担,敷衍了事,支应差事。有的工作人员工作不专心,知识水平低,造成回族古籍的挖掘、整理工作软弱无力,进度缓慢,编写质量低劣,耗费大收获小,以至拖了全省的后腿。

第四是经费制约。随着中国经济体制的发展,许多拥有回族珍贵古籍的单位和个人,都以经济价值权衡手中的古籍,收集回族古籍的成本从以本计算价格,发展到以张、以页论价,出版经费日益攀高,国家投资不足,致使许多珍贵古籍难以获取,已经获得的成果难以成书。

以上问题,反映出河北回族古籍工作在管理体制和组织、领导方面还有改进、加强的余地;挖掘、整理和开发、利用回族古籍的潜力还很大。千百年蕴藏的宝藏不可能一掘即尽,还有待更深层次、更大力度的开采。对于已经获得和今后有望获得的古籍文献,如何开展系统研究,综合开发,科学利用,无疑是当前和今后更为艰巨的任务和不可放松的课题。

综上所述,《河北回族古籍总目提要》的问世,不是河北回族古籍工作的终结,而是刚刚开了一个头,抢救、挖掘工作不是完事大吉,而是刚刚撬开宝库的大门。许多更艰巨的任务期待着更多有识之士去完成;一部部《河北回族古籍总目提要》的续集,有待济济方家呕心补写;古籍研究机构需要尽快建立,各级专业人才急需脱颖而出。相信在各级领导的大力支持和同志们的努力下,河北回族古籍工作的前途会无限光明。

一、书籍篇

古　兰　经[①]

（以抄刻年代为序）

《古兰经》明抄本

不分卷，2 册。约明前叶（1400 年左右）佚名抄。宁夏西吉县杨国荣阿訇祖传。伊斯兰教核心经典。记载伊斯兰教根本教义、法规，系穆斯林的信仰准则、必遵法典和伊斯兰学者的必修学与立论依据。对研究伊斯兰教文化具有不可替代的价值。约 600 年前（据专家鉴定）抄本，包背装，阿文纳斯赫体（今已失传），

---

① 《古兰经》："古兰"，阿拉伯音译，意为"诵读"。汉文旧译《可兰经》《古尔瓦尼》《宝命真经》等。系伊斯兰教至圣穆罕默德于公元 610—632 年间所接受的真主安拉陆续颁降的"启示"汇集。被穆斯林视为安拉的语言、真主降示给人类的最后一部经典，尊为"天经"。穆圣每次接受"启示"，均有其圣门弟子默记、背诵或记在树皮、石片、兽骨、皮革、椰枣叶上，后由哈里发艾卜·伯克尔、欧麦尔和奥斯曼指派专人追记、搜集、核实、抄写、保存。在奥斯曼在位时期汇集分卷，划分章节，形成定本，称"穆斯哈夫"即"奥斯曼定本"。此后，书写和标音不断完善，逐步统一。共 30 卷，114 章，6236 节，77934 个词。内容涉及伊斯兰教的信仰、操守、各项社会主张、饮食禁忌、刑法律例等诸方面，成为伊斯兰教统一遵循的法典。长期以来，以口传和手抄本流传，1530 年在意大利威尼斯首次出现印刷本。最早译本为波斯文，至今已有译本 60 余种。

手工纸，墨书。页面 23.5cm×13.5cm，墨框 18.5cm×9cm，17 行/页，朱色四边双栏，栏外有旁注，文中有朱色音符、静符、叠音、长音等符号，紫红色压花牛皮书衣，后配木函，极为珍稀。保存基本完好。河北沧州清真西寺白文华收藏。（图 1-1）

图 1-1

《古兰经》清抄本

不分卷，30 册。清嘉庆年间（1796—1820）河北沧州泊头市伊协副会长曹相林阿訇先人（佚名）抄。伊斯兰教核心经典。记载伊斯兰教根本教义、法规，系穆斯林的信仰准则、必遵法典和伊斯兰学者的必修学与立论依据。对研究伊斯兰教文化具有不可替代的价值。清嘉庆年间抄本，手工纸，线装，阿拉伯文、波斯文合璧墨书。页面 25cm×18.5cm，墨框 18.5cm×12cm，无边栏，5 行/页。部分经文虫蛀。河北沧州市回族文化协会收藏。

（石同强）（图 1-2）

图 1-2

《古兰经》清抄本

不分卷，30 册。清咸丰年间（1851—1861）马时庄马献瑞抄。伊斯兰教核心经典。记载伊斯兰教根本教义、法规，系穆斯林的信仰准则、必遵法典和伊斯兰学者的必修学与立论依据。对研究伊斯兰教文化具有不可替代的价值。清咸丰年间马献瑞抄本，手工纸，线装，阿拉伯文，墨书。页面 26.7cm×20cm，墨框 19cm×12cm，无边栏，5 行/页。蓝色书衣，红色书签，部分下角受潮损坏。河北邯郸大名马时庄杨庆祥收藏。（杨国祯）（图1-3）

图 1-3

《古兰经》清刻本（袖珍本）

不分卷，1 册。清同治四年（1865）克什米尔出版社出版。伊斯兰教核心经典。记载伊斯兰教根本教义、法规，系穆斯林的信仰准则、必遵法典和伊斯兰学者的必修学与立论依据。对研究伊斯兰教文化具有不可替代的价值。清同治四年（1865）年克什米尔出版社刻本，手工纸，包背装，墨书。页面 7.4cm×5.1cm，版框 5.5cm×3.5cm。四周双边，阿拉伯文，13 行/页。边栏外有上下对称三角形花纹图案。装帧精致，保存完好。河北邯郸大名南关东街清真寺收藏。（杨国祯　杨仲立）（图 1-4）

图 1-4

《古兰经》阿刻本

不分卷，1 册，304 页。伊历 1304 年（1886）阿拉伯出版。伊斯兰教核心经典。记载伊斯兰教根本教义、法规，系穆斯林信仰准则、必遵法典和伊斯兰学者的必修学与立论依据。对研究伊斯兰文化具有不可替代的价值。伊历 1304 年（1886）阿拉伯法特罕·克雷目出版社刻本。手工纸，包背装，阿拉伯文，墨书。页面 17.2cm×10cm，版框 12.3cm×6.7cm，四边三栏，15 行/页。红地儿白花，后贴面四合套书衣，保存完好。河北沧州市回族文化协会收藏。（王洪亮）（图 1-5）

图 1-5

《古兰经》阿刻本

不分卷，1 册，326 页。伊历 1313 年（1895）阿拉伯出版。伊斯兰教核心经典。记载伊斯兰教根本教义、法规，系穆斯林的信仰准则、必遵法典和伊斯兰学者的必修学与立论依据。对研究伊斯兰文化具有不可替代的价值。伊历 1313 年（1895）阿拉伯刻本。手工纸，包背装，阿拉伯文，墨书。页面 24. 2cm×17cm，版框 20. 6cm×13. 7cm，朱色四边双栏，17 行/页，文中有朱色圈点，红色四合套书衣，保存基本完好。河北沧州清真西寺收藏。（王洪亮）（图 1-6）

图 1-6

《古兰经》清抄本

不分卷，2 函，30 册。清代佚名抄。伊斯兰教核心经典。记载伊斯兰教根本教义、法规，系穆斯林的信仰准则、必遵法典和伊斯兰学者的必修学与立论依据。对研究伊斯兰教文化具有不可替代的价值。清代抄本，手工纸，包背装，阿拉伯文，墨书。页面 30cm×21cm，墨框 20cm×14cm，红色四周双边，5 行/页。文中有红色注释和节段符号。蓝灰色布面硬质书衣，红色书签，黑色平顶手提式木函。保存基本完好。河北邯郸大名金滩镇清真寺收藏。（杨国祯　杨士兴）（图 1-7）

图 1-7

《古兰经》清抄本

不分卷，2 函，30 册。清代佚名抄。伊斯兰教核心经典。记载伊斯兰教根本教义、法规，系穆斯林的信仰准则、必遵法典和伊斯兰学者的必修学与立论依据。对研究伊斯兰教文化具有不可替代的价值。清代抄本，手工纸，包背装，阿拉伯文，朱墨双色书。页面 27cm×19cm，墨框 18cm×12cm，无边栏，5 行/页。文中有红色注释和节段符号。蓝灰色布面硬质书衣，红色书签，黑色梯形顶木函。保存基本完好。河北邯郸大名金滩镇清真寺收藏。（杨国祯　杨仲立）（图 1-8）

图 1-8

《古兰经》清抄本

不分卷，30 册。约清末佚名抄。伊斯兰教核心经典。记载伊斯兰教根本教义、法规，系穆斯林的信仰准则、必遵法典和伊斯兰学者的必修学与立论依据。对研究伊斯兰教文化具有不可替代的价值。手工纸，包背装，阿拉伯文，朱墨双色书。页面 23.3cm×31.6cm，墨框 22cm×16cm，四周双边，5 行/页。蓝布硬质书衣，红色书签，书衣及页边有破损，字迹完好。河北石家庄新乐彭家庄清真寺收藏。（时向东）（图1-9）

图 1-9

《古兰经》清抄本

不分卷,2 册。清代佚名抄。伊斯兰教核心经典。记载伊斯兰教根本教义、法规,系穆斯林的信仰准则、必遵法典和伊斯兰学者的必修学与立论依据。对研究伊斯兰教文化具有不可替代的价值。清代抄本,手工纸,包背装,阿拉伯文,朱墨双色书。页面 38cm×30cm,墨框 26cm×19.5cm,无边栏,15 行/页。文中有注解,部分页面有残损。河北石家庄无极高头清真寺收藏。(时向东)(图 1-10)

图 1-10

《古兰经》清抄本

不分卷，30 册。清末佚名阿訇抄。伊斯兰教核心经典。记载伊斯兰教根本教义、法规，系穆斯林的信仰准则、必遵法典和伊斯兰学者的必修学与立论依据。对研究伊斯兰教文化具有不可替代的价值。清末抄本，手工纸，包背装，阿拉伯文，墨书。页面 22cm×17cm，墨框 15cm×13cm，5 行/页。文中有朱色圈点，蓝布硬质书衣，红纸书签。部分书页装线散落，保存基本完好。河北沧州泊头清真大寺收藏。（王洪亮）（图 1-11）

图 1-11

《古兰经》民国抄本

不分卷，30 册。民国四年（1915）佚名抄。伊斯兰教核心经典。记载伊斯兰教根本教义、法规，系穆斯林的信仰准则、必遵法典和伊斯兰学者的必修学与立论依据。对研究伊斯兰教文化具有不可替代的价值。民国四年（1915）抄本，手工纸，包背装，阿拉伯文，墨书。页面 29cm×19cm，墨框 18cm×12cm，朱色四周双边，5 行/页。有阿拉伯文页码和句读，蓝色四合套护封，佚第 11 册，余册保存完好。河北邯郸邱县新马头贺堡清真寺收藏。（马德荣）（图 1-12）

图 1-12

《古兰经》民国刻本

不分卷,30 册。伊历 1341 年(1922),穆罕默德・尔里翻印。伊斯兰教核心经典。记载伊斯兰教根本教义、法规,系穆斯林的信仰准则、必遵法典和伊斯兰学者的必修学与立论依据。对研究伊斯兰教文化具有不可替代的价值。伊历 1341 年(1922)刻本,手工纸,包背装,阿拉伯文,墨书。页面 20.5cm×14.5cm,版框 15.5cm×9cm,四周双边,15 行/页。暗红色硬质书衣,书背有 4 枚花印,保存基本完好。河北石家庄无极高头清真寺收藏。(时向东)(图 1-13)

图 1-13

《古兰经》集注（样册）

图 1-14

不分卷，1 册，5 页。《古兰经》汉译书。杨仲明译解，民国二十年(1931)伊斯兰译经同志会印送（北京东四牌楼清真寺内）。这是杨氏在抗日战争以前的译文之集注。对《古兰经》研究有一定参考价值。北京联合大学杨大业收藏。（杨大业）（图1-14）

《古兰经》译解（全一册丙本）

不分卷，1 册。民国三十五年(1946)王静斋译著。伊斯兰教核心经典《古兰经》汉译本之一。王静斋《古兰经》译解共有三种版本，其中丙本流传较广。著作用汉语体文直译兼意译的方式，对 30 本《古兰经》阿拉伯文原著进行了逐字逐句译解，并加附说、略解。译文中有夹注，书眉有提要眉批，言简意赅，通俗易懂。为学习、研究伊斯兰教义和文化的珍贵教材。民国三十五年(1946)上海永祥印书馆刻本，包背装，手工纸，阿拉伯文、汉文合璧，墨书，汉文为楷体。版口有口题、卷数、章数、页码，版面有眉线、句读、旁注。红色精装书衣，烫金书题，时任国民政府华中军政长官白崇禧

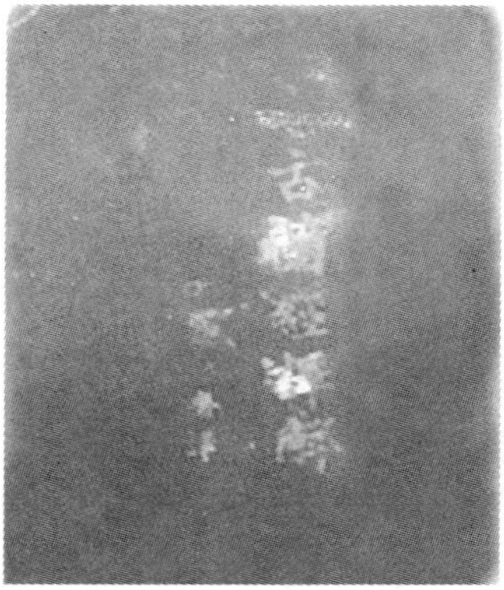

图 1-15

题写书名。保存完好。河北邯郸邱县伊斯兰教协会马德荣收藏。(马德荣)(图 1-15)

《古兰经》大义

不分卷,3 册,456 页。《古兰经》汉译书。杨敬修(仲明)译,民国三十六年(1947)出版。时杨敬修先生年近八旬,精力所致,由马淳夷、安士伟协助其翻译,马澍元资助经费,马松亭办理出版事宜。此书为古文本,不带注释,严格对应原文,语言简洁,用字准确精当。初看此书,不易阅读;对照原文深入研究,渐知其精妙无比,与其他译本比较,更觉其味无穷。为今存稀有的文言译本,对研究回族历史文化、经学发展有一定价值。机械纸,16 开本,分上中下 3 册,铅印,墨书。北京联合大学杨大业收藏。(杨大业)(图 1-16)

图 1-16

《古兰经》注解

不分卷，1 册，456 页。年代不详，埃及佚名著，民国时期中国回教书局发行。经注学著作。著作对《古兰经》进行了逐字逐句的详解，从不同角度反映了《古兰经》更深层次的内涵。对学习研究《古兰经》具有较高的学术价值。埃及刻本，手工纸，包背装，阿拉伯文，墨书。页面 28cm × 20cm，版框 24.5cm × 15.5cm，四周双边，28 行/页。暗红色精装书衣，书衣内面有“总发行所中国回教书局”印章。书背开胶，书页边部有轻微破损。河北石家庄无极高头清真寺收藏。（时向东）（图 1-17）

图 1-17

都阿宜经

不分卷，10 册。民国十四年（1925），大名七里店清真寺阿訇、山东冠县一里庄郭自新抄。经典节选著作。共摘记《古兰经》43 章 1292 节经文。其内容除祈祷真主、赞颂使者外，还包括

信仰、教诲、法律、道德、警告、寓言、天文、地理、军事、政治、和平、团结、饮食、卫生，以及对天堂美丽、火狱惊恐、末日情景的描述和一些先知的故事。对学习研究伊斯兰教文化有一定参考价值。民国十四年(1925)抄本，手工纸，线装，阿拉伯文，墨书。页面 26cm×19.5cm，墨框 18cm×11cm，5 行/页。蓝布硬质书衣，稍有破损。河北邯郸大名七里店清真寺收藏。(杨国祯　杨方孔)(图 1-18)

图 1-18

亥帖①

不分卷，1 册，37 页。清末佚名选编。《古兰经》节选著作，又译作《孩帖》《黑帖》。用于穆斯林在宗教礼仪、喜庆、悼亡、节日聚会等场合念诵。版本甚多。现收录本主要选录了《古兰经》中第 5 章节的内容。对研究穆斯林经学传播和礼仪风俗有参考价值。清末佚名抄本，手工纸，包背装，阿拉伯文，墨书。页面 23cm×17cm，墨框 15.5cm×11.5cm，无边栏，5 行/页。保存基本完好。河北沧州市回族文化协会收藏。(图 1-19)

---

① 《亥帖》：中国流传，伊斯兰教礼仪经书，《古兰经》节选，节选者无考。现代中国流行本有：杨敬修《〈亥帖〉音译》与《〈亥帖〉注解》、中国伊斯兰教协会与上海外国语学院合译本《〈古兰经〉选》、林松《〈古兰经〉文选》等。

图 1-19

《亥帖》音译

不分卷，1 册，26 页。民国八年(1919)，杨仲明译著，上海秀珍精舍刊印本。用汉字注音阿拉伯文《亥帖》(《古兰经》节选)，经学著作。直排木刻平版印刷，手工纸，线装。北京联合大学杨大业收藏。(杨大业)

《亥帖》注解

不分卷，1 册，121 页。民国十年(1921)，杨仲明著。为杨仲明重要著作。此书是把《亥帖》一书译成汉文，书之上端为阿拉伯文原文，下为汉文译文。除译文外，还有讲注和批解。对阿拉伯文原文及译文做了深入分析，这对研究《亥帖》及其译文，以及

《古兰经》的汉译，都有很重要的参考价值。民国十年(1921)印行，手工纸，手写体，中文与阿拉伯文合璧墨书。此书没有说明是哪里印行，但在其另一著作《亥帖音译》一书前边有《亥帖注解》印行预告，通信处为上海老北门穿心街清真寺内秀珍精舍，可知此书也是秀珍精舍刊印本无疑。北京联合大学杨大业收藏。(杨大业)(图 1-20)

图 1-20

乜帖

不分卷，1 册，22 页。清光绪七年(1881)穆萨选编。伊斯兰教杂学著作。“乜贴”即阿拉伯语“心愿”“意图”“决心”等意，经堂语为“举意”。主要记载伊斯兰教按不同心愿、行为，用阿拉伯语或波斯语编成的“举意词”，对研究伊斯兰教宗教生活和文化、信仰有参考价值。清光绪七年(1881)抄本，手工纸，包背装，阿拉伯文，朱墨彩书。页面 24cm×17cm，墨框 15.5cm×11cm，无边栏，9 行/页。保存基本完好。河北沧州市回族文化协会收藏。(王洪亮)

经堂课本

(以撰抄刻年代为序)

嘎锥经注①

不分卷，2 册。清光绪十二年(1886)李延山抄。经学著作。原作时间不详。著作结合实践对《古兰经》逐章逐节做了详尽注释，同时对某些内容的深刻含义做出了判断。对学习研究《古兰经》知识有较高参考价值。清光绪十二年(1886)李延山抄本，手工纸，线装，阿拉伯文，墨书。页面 41.6cm×30cm，墨框 31cm×19.6cm，无边栏，19 行/页。文侧有旁注，卷首和重要处有红色标记，文中大号字为《古兰经》原文，余为注释。保存完好。河北邯郸大名南关东街清真寺收藏。(杨国祯)(图 1-21)

---

① 《嘎锥经注》:《古兰经》阿拉伯文注释本，原名《启示的光辉和经义奥秘》。因作者阿卜杜拉·本·欧麦尔·白达维曾任“嘎锥”(又译嘎最、卡迪、哈的、卡孜，即教法官)，故称此名。为沙斐仪教法学派。此书从语言、修辞方面对《古兰经》进行了精辟注释，吸收《拉齐经注》的哲学观，阐述《古兰经》所涉及的宇宙现象。为逊尼派著名“经注”，经堂教育常用课本。

图 1-21

白牙尼[1]

不分卷，1 册，278 页。赛尔顿丁·台夫塔查尼撰。经学著作。中国伊斯兰教经堂教育大学修辞学课本。是学习研究伊斯兰教经学语法修辞的重要文献。伊历 1332 年(1913)澳大利亚堪培拉出版刻本，手工纸，包背装，阿拉伯文，墨书。页面32cm×26cm，版框 28cm×19cm，四边单栏，19 行/页。正文四周有满栏旁注。保存基本完好。河北沧州市回族文化协会收藏。(图 1-22)

---

① 《白牙尼》：中国伊斯兰教经堂教育 13 本通用经典之一。又名《台勒黑苏·穆夫塔哈》。阿拉伯语音译，原意“阐明清楚”，共分《语境学》《辞格学》《意境学》三卷，为古典阿拉伯语修辞学名著。

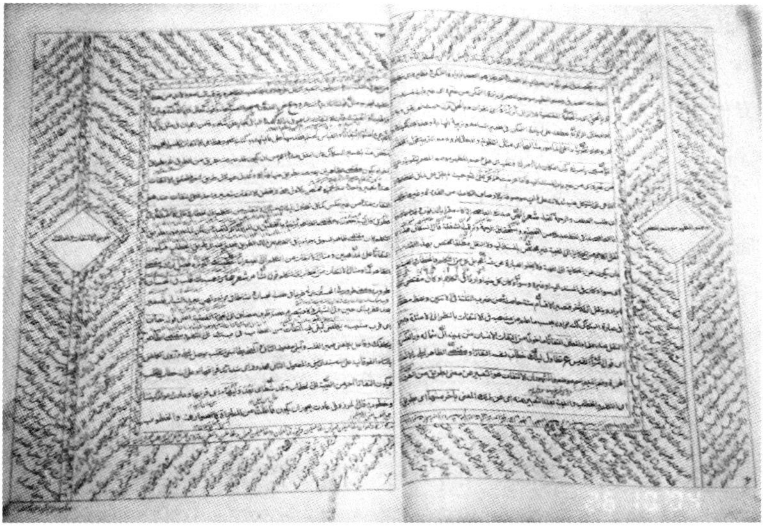

图 1-22

遭五

不分卷，1 册，71 页。波斯诗人、语法学家纳赛尔·穆图勒仔耶撰，清光绪二十年（1894）易卜拉西埋抄。经学著作。又音译“祖五·米苏巴哈”，意译“语法明灯”。经堂教育阿拉伯文词语学课本《连五本》之注解，亦为经堂教育高级阶段 13 本经典之一。对学习、研究阿拉伯文语法有重要参考价值。清光绪二十年（1894）抄本，手工纸，包背装，阿拉伯文，墨书。页面 31cm×23cm，墨框 22cm×14.5cm，无边栏，11 行/页。白口，首页略有残损，保存基本完整。河北沧州市回族文化协会收藏。

教心经注

不分卷,1册,50页,约5万字。杨敬修译注,伊斯兰教义学著作。系民国十三年(1924)欧麦尔·奈赛斐所著《尔歌一德》(即《教义学》)一书的注释本。注释者是赛尔顿丁·太弗塔萨尼,这是伊斯兰世界最著名、最普及的一本教义学著作,南北经师都能讲解此书,对我国穆斯林影响极大。杨敬修首次将此书译为中文,名《教心经注》。《教心经注》为伊斯兰教论理中的精微之书,其行文多辩体,广设问答,旁征博引,义深文奥,不易卒读。举凡邪说革党,稍有歧于圣道者,靡不辩及毫芒。中国伊斯兰教经师,每以能读是经为长。然所读者,率皆雅文原本,求一译编,卒不可得。民国年间时任山西教育厅厅长马骏(君图)捐资在上海出版,手工纸,铅印。前有马骏序言。1941年河北马越千捐资重印于桂林。后马坚重译此书,名《教义学大纲》。北京联合大学杨大业收藏。(杨大业)

经学研著

(以版本年代为序)

归真总义便蒙浅说

不分卷,1册,54页。明崇祯戊寅年(1638)印度阿世格经师讲解,寒山七十八叟隐斋张时忠录撰。作品从理论上深刻阐述了伊玛尼的根本,深入浅出,列举很多例证,解释伊玛尼的道理。视角独特,说服力强。对伊斯兰教理论研究具有重要参考价值。抄本,手工纸,线装,汉文,楷体,墨书。页面22cm×16cm,墨框18cm×12.5cm,无边栏,8行/页,23字/行。白口,文中有句读,

首页残损。河北沧州市回族文化协会收藏。(图 1-23)

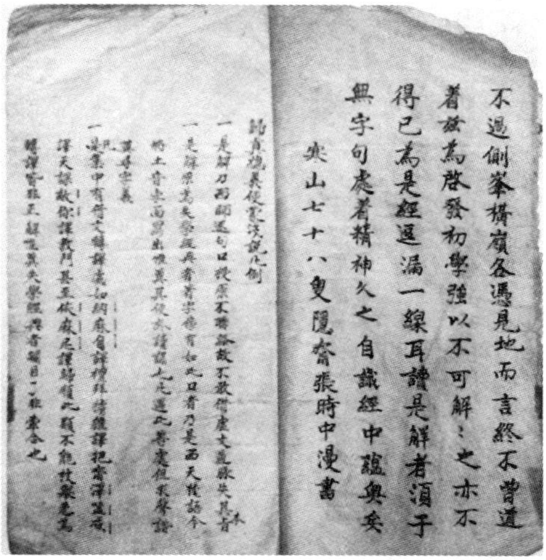
不過側峯橫嶺各憑見地而言終不曾道
着破焉啓發初學強以不可解〻之亦不
得已爲是經遺漏一線耳讀是解者須于
無字句處着精神久之自識經中蘊奥矣
寒山七十八叟隱齋張時中漫書

图 1-23

清真大学

不分卷,1 册,40 页。明末清初真回老人王岱舆撰。书成于清乾隆年间(1736—1795),近现代刊本很多。伊斯兰教汉文哲学著作。作品系统阐明伊斯兰教“真一”“数一”“体一”的哲学理论及宇宙形成、真主实有、真主创造万物和世界万物变化的规律。为汉文伊斯兰教哲学的代表作。结构严谨,逻辑性强,在中国伊斯兰教哲学史和宗教哲学史上占有一定地位。清道光五年(1825)刻本,手工纸,线装,汉文,楷体,墨书。页面 23.5cm×12.5cm,无边栏,版框 18cm×10cm,8 行/页,18 字/行。白口,文中有朱色句读。保存基本完好。河北沧州市回族文化协会收

藏。(图 1-24)

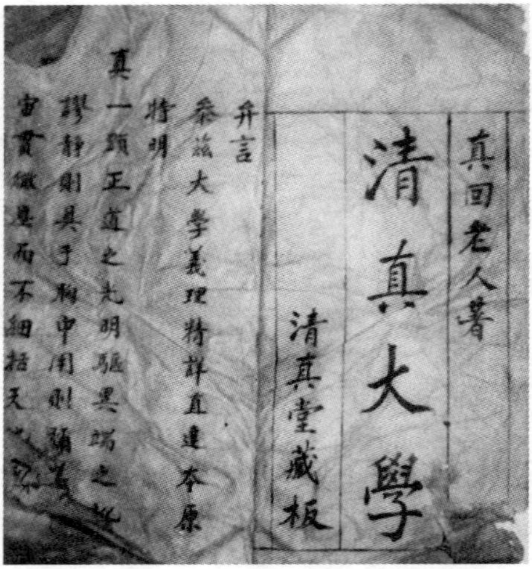

图 1-24

法勒西

不分卷,1 册,232 页。清乾隆四十四年(1779),穆罕埋代·欧斯玛尼(阿拉伯人)撰。伊斯兰教哈乃斐派教义注解著作。主要包括“昨希勒”“穆祖坦拉提”“嘎咀汉”“则黑勒”“挖给阿提”及“乃哇迪勒”等教法、教义内容,对研究伊斯兰教法、教义的深层内涵有参考价值。清乾隆四十四年(1779)阿拉伯抄本,手工纸,包背装,阿拉伯文,墨书。页面 36cm×29cm,墨框 26.5cm×21cm,23 行/页。个别处夹有红色彩文。书衣残落。河北沧州市回族文化协会收藏。(图 1-25)

图 1-25

《四篇要道》译解

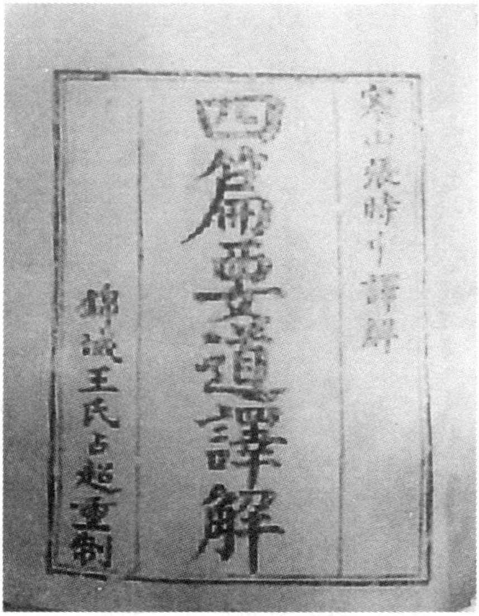

图 1-26

4卷,1册。清顺治十年(1653)寒山(今苏州市区)张时中(又名张中,号寒山叟)译著。伊斯兰教教法教礼著作。原著主要论述伊斯兰教对真主和依玛尼的认识,以及礼拜条规、天命、圣行等信仰、礼仪。对研究伊斯兰教文化和回族理念、风俗有参考价值。清同治十一年(1872)锦城(今成都市)王占超重印刻本,手工纸,包背袋，汉文，楷体，墨书。页面 24cm × 17cm，版框 19cm × 14.5cm，四周单边，9 行/页，17 字/行。白口，有页码，文中有校改，保存基本完好。河北邯郸邱县新马头南贺堡马书太收藏。（马德荣）（图 1-26）

回回原来（唐王卷）

图 1-27

不分卷，1 册，24 页。清乾隆年间（1736—1795）刘三杰[①]撰。清光绪甲午年（1894）始有抄本流传。故事体著作。以 12 段对话和诗词形式叙述了唐王夜梦缠头人，用 3000 唐兵换回西域 3000 回回兵的故事。以此介绍了回回人和伊斯兰教来历以及经典、教义等常识。现收录本为清代刻本，手工纸，包背装，汉文，楷体，墨书。书签标有“唐王卷”字样。页面 24.5cm × 13.7cm，版框 20cm × 11cm，无边栏，8 行/页，22 字/行。白口，版口有页码。后页有残损。河北沧州市回族文化协会收藏。（图 1-27）

---

① 刘三杰：字汉英，明末清初伊斯兰教经师。金陵（今南京市）人。回族，生卒年不详，广学博识，对伊斯兰教经典、教义教法、阿波文字造诣颇深，经学理论独有建树。曾助马注校订《清真指南》，著有《清真教说》一文。《回回原来》为其在清乾隆年间所作，流传甚广。其子刘智为伊斯兰教一代大师。

回回原来（唐王卷）

不分卷，1册，52页。清乾隆年间（1736—1795）刘三杰撰。书后有“清光绪甲午年重抄，奉求山东莱州掖县（今莱州市）鲍闲廷老先生代笔”字样。回族民间文学著作。主要讲述唐王夜梦妖怪入宫，招来西域缠头人镇妖，通过一系列诗歌说唱方式，缠头人向唐王介绍了伊斯兰教基本教义、各种功修以及与儒、释、道诸教的比较。唐王感佩于伊斯兰教，知清真为“两世大道”，伊斯兰教为“天外之天”，于是敕封“清真可谓正教”，敕封来使掌管钦天监，并选3000唐兵换回3000回回兵来中国，生育无穷。对研究回族渊源有参考价值。清光绪甲午年（1894）抄本，手工纸，包背装，汉文，楷体，墨书。页面24cm×13cm，墨框20cm×11cm，无边栏，8行/页，22字/行。白口，有页码、校改，保存基本完好。河北邯郸邱县新码头镇南贺堡马书太收藏。（马德荣）

回耶雄辩录

不分卷，1册，18页。伊历1270年（1853），印度人亚布敦拉撰。纪实著作。记述赖哈默吞阿訇与耶稣教（即基督教）牧师帆德尔在印度亚克伯亚德城举办宗教论坛之事。福兰哲牧师为帆德尔助手，马哈麻卧吉尔可汗医生为赖哈默吞阿訇辅助。双方就回耶两教争论的各种问题各抒己见，以及先由笔谈，后改为开会谈的过程和内容。为伊斯兰教与外教交流的珍贵资料，对开展伊斯兰教历史和理论研究，有重要参考价值。刻本，手工纸，线装，汉文，宋体，墨书。页面21cm×14cm，版框17cm×10.5cm，无边栏，14行/页，32字/行。文中有句读，装订线散断，书衣残佚。河北沧州市回族文化协会收藏。（图1-28）

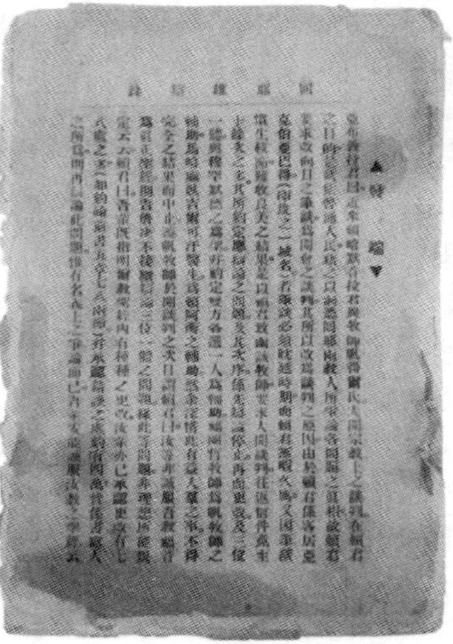

图 1-28

中阿初婚

4 卷，4 册，约 220 页。杨仲明著，清宣统三年(1911)秀真精舍发行，益森公司印刷，伊斯兰经学教材。全书分字义、字体、字用、菁华录 4 卷。卷一《字义学》为杨仲明自著，分门别类列举阿拉伯文词汇，采取单词短句中阿对照形式，为中国人自编的最早的阿拉伯文课本。卷二《字体学》及卷三《字用学》是以经堂教育课本《连五本》的汉译为基础，进行大量材料补充而成。卷四《菁华录》是作者用汉文和阿拉伯文编写的关于阿拉伯文文法的论著及诗文。这部教材出版后，在全国伊斯兰教寺院流行甚广、甚久，影响甚大，被称为“中国伊斯兰教经堂教育史上的一部划时代的重要著作”。刻本，手工纸，中文与阿拉伯文合璧墨书。此书是中国用汉文讲解外国语法的最早著作之一，它的出现，打破了伊斯兰教用经堂语译解阿拉伯语的老传统，使汉语踏入了经堂，为中阿对译开辟了新的途径。北京联合大学杨大业收藏。（杨大业）

正教译言大略

不分卷，1 册，10 页。民国初年(1912)马成泰撰。伊斯兰教哲学著作。通过伊斯兰教的产生发展过程和与其他各宗教的对比，阐明了伊斯兰教的教理、教义。对研究伊斯兰教理论有一定参考价值。民国初年(1912)刻本，手工纸，线装，汉文，楷体，墨书。页面 20cm×13.5cm，版框 14.2cm×10.4cm，12 行/页，20 字/行。白口，单黑鱼尾，后页有残损。河北沧州市回族文化协会收藏。

清真摘要

不分卷，1 册，49 页。民国三年(1914)王秉衡著。伊斯兰教杂学类经学著作。记述穆斯林日常生活、沐浴和履行五功念诵的祈祷词。汉文音译本，便于只识汉文者学习之用。对学习、研究伊斯兰教信仰、风俗有重要参考价值。民国三年(1914)王秉衡刻本，手工纸，线装，楷体，墨书。页面 27cm×14.5cm，版框

19.4cm×11cm，四边双栏，12 行/页，24 字/行。花口，有双鱼尾，保存基本完好。河北沧州市回族文化协会收藏。（图 1-29）

图 1-29

四教要括

不分卷，1 册，57 页。民国三年（1914）重印本，杨敬修译著，宗教学著作。成书于清光绪二十四年（1898），清宣统元年（1909）北京宣武门外大街进化印书局印，民国三年（1914）伊斯兰学室重印。

1898 年戊戌变法失败，不少革新派仁人志士灰心丧气，伊斯兰教内的文化革新运动同样出现了一些气馁情绪。在此情况下，杨敬修全面深入地研究了我国孔(儒)、释(佛)、耶(基督)、穆(伊斯兰)四教，著成此书。书中以严肃的文字维护伊斯兰教的立场，清晰简洁地指出了伊斯兰教的发展方向，号召人们奋起前进。《序言》是全书的点睛之笔，《序》后有《例言》十余则。文中不仅敢于面对“事事落后”的现实，而且一针见血地指出“闭关自大”是根本性错误，而造成这种错误的原因是教育落后，缺乏通人达士。这是中国伊斯兰教第一次大胆而深刻的自我反省。

《四教要括》正文部分主要是论述“四教”，通过对四教的论述，进一步阐扬伊斯兰教。在宣讲伊斯兰教义中，一改“闭关自大”，采取开放态度；在内容与形式的关系上采取了“义以穆为主，文以孔为用”的方法。文中联系各种非伊斯兰教思想，引进了当时社会上流行的西学。用化学上的元素来解释伊斯兰教的“四质”，为伊斯兰教义赋予科学的根据。书中介绍了世界上主要宗教的分布及教徒人数，使中国伊斯兰教教民开阔了眼界，知道了本教在世界上处在何等地位。在论述中，把当时十分流行的严复①所译《天演论》运用于教内，使之理论、观点更为明确。

《天演论》的基本观点是：自然界的生物不是万古不变，而是不断进化的；进化的原因在于“物竞天择”，“物竞”就是生存竞争，“天择”就是自然选择。它启示人们，中国目前虽弱，但仍有挽救的办法，这就是强力竞争，通过努力，改变目前弱者的地位，变为强者。杨氏书中把“物竞天择，适者生存”改成“教竞人择，适者存留”，以唤醒沉睡的教民，使他们认识到伊斯兰教也和世

---

① 严复：1854—1921年，初名传初，字又陵，后名复，字幾道，福建侯官(今属福州市)人。他所翻译的英国生物学家赫胥黎的《天演论》，于1897年12月在天津《国闻汇编》中刊出。

界上其他事物一样，只有在奋斗竞争中才能生存发展的真理。在当时不仅起了振聋发聩的作用，同时代表了一种新的思想产生。本书16开本，机械纸，铅印。在中国伊斯兰教界影响甚广，具有重要学术价值。北京联合大学杨大业收藏。（杨大业）

凯里埋

不分卷，1册，11页。民国七年（1918）河北沧州南大门吴阿訇抄。经学著作。记述伊斯兰教基本知识。系学习、研究伊斯兰教知识的基础文献。民国七年（1918）抄本，手工纸，线装，阿拉伯文，墨书。页面19cm×13.5cm，墨框16.5cm×10.5cm，无边栏，5行/页。保存基本完好。河北沧州市回族文化协会收藏。（王洪亮）（图1-30）

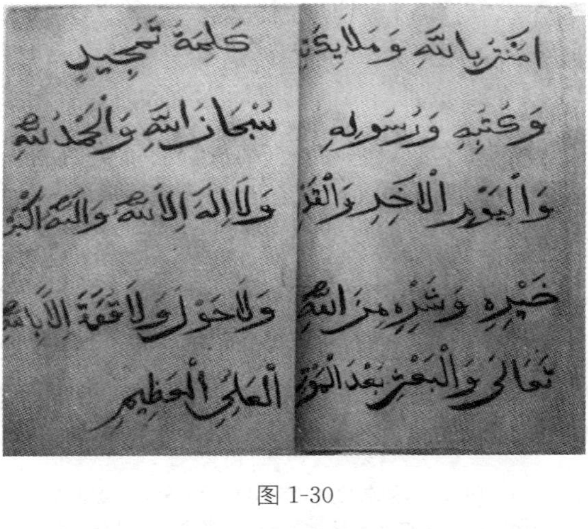

图1-30

万化正宗

不分卷，1 册，321 页。民国十二年(1923)河北沧州孟村阿訇刘启存著。伊斯兰教学术著作。作品以伊斯兰教观点审视世界，就真主造化万有、真主造化阿丹人祖、历代圣人三次创教、伊玛尼的滋养与灾害、信仰终归何处等问题进行了深入论述。对开展伊斯兰教理论研究具有重要参考价值。民国十二年(1923)年天津光明书社印本，手工纸，线装，汉文，宋体，墨书。页面 24.5cm×13.5cm，版框 19cm×12cm，四边单栏，12 行/页，33 字/行。花口，单鱼尾，版口有页码。书脑有修补，保存基本完好。河北沧州市回族文化协会收藏。(图 1-31)

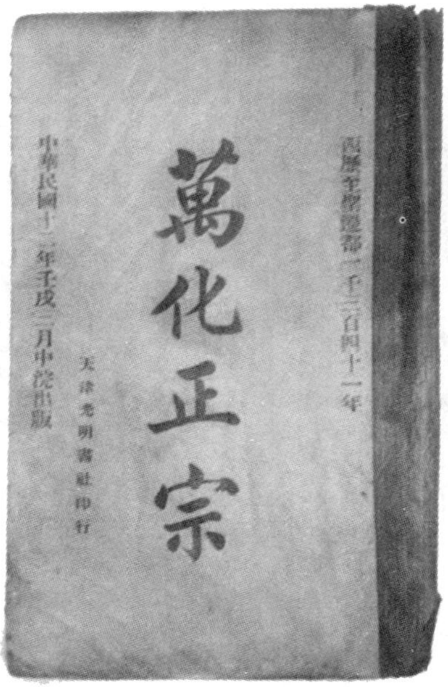

图 1-31

中阿双解中阿新字典

不分卷，1 册，693 页。民国二十三年(1934)七月，天津伊斯兰学者王静斋译注。中文与阿拉伯文对照辞书。原著埃及伊洛雅斯氏，内载丰富的中阿字词，对解详尽，注释生动，为经学研究和中阿文化交流的重要工具书，对伊斯兰教研究具有一定的参考价值和实用价值。民国二十三年(1934)王静斋刻本，北平永华印刷局印制，天津清真北寺前伊光报社发行。手工纸，包背装，中文与阿拉伯文合璧，墨书。页面 26cm×18cm，版框 22cm×13.5cm，无边栏，29 行/页。蓝布精装书衣，文中有图解，书背脱胶，少量书页散落，文字基本无损。河北石家庄无极高头清真寺收藏。(时向东)(图 1-32)

图 1-32

回教真相

不分卷，1 册，342 页。叙利亚爱勒吉斯尔原著。民国二十六年(1937)马坚译。伊斯兰教学术著作。作品从伊斯兰教的产生、信仰、五功、教法等不同角度系统地介绍了伊斯兰教;就物质的根源、生物进化的定律及伊斯兰教生活中的一些细节,对伊斯兰教“创造论”原理进行了详尽的论述。对研究伊斯兰教历史、理论具有重要参考价值。民国二十六年(1937)刻本,手工纸,包背装,汉文,宋体,墨书。页面 18cm×13cm,版框 13.5cm×9cm,无边栏,12 行/页,35 字/行。白口,边角有破损,保存基本完好。河北沧州市回族文化协会收藏。(图 1-33)

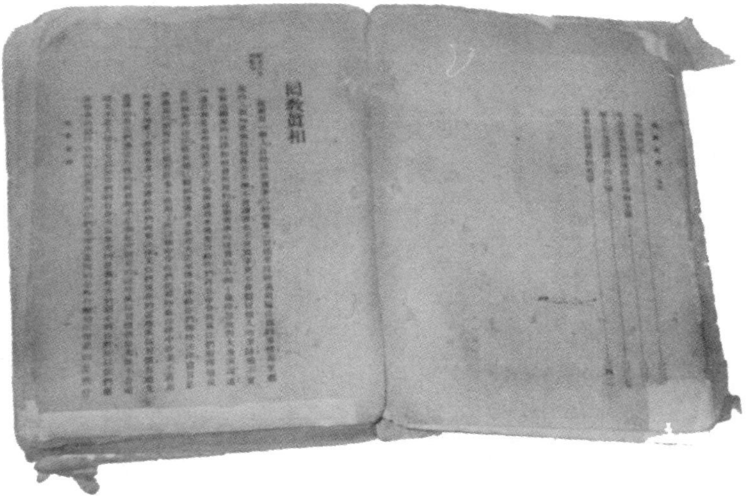

图 1-33

圆梦大全

不分卷，4 册。清末民初著名阿林李正芳著，民国二十四年(1935)正月二十九日由北平西单二条集文印书局正式出版发行。李正芳(1863—1944)，生于沧州阿訇世家，贯通经汉，饱才实学，颇通医道，精算通灵。为填补"梦学"之空白，苦研 20 余年，遍搜圣人、筛海之传，又得《喀米来台而必雷》一经，于民国元年(1912)九月完成译稿，著成《圆梦大全》一书。民国要员徐世昌、马鸿逵等著名人士给予高度评价，并分别为之作序。全书共 4 册，机械纸，汉文，墨书。为伊斯兰教经学研究的深层成果，具有重要的收藏价值和研究价值。沧州李文德存 1935 年版翻印本。(图 1-34)

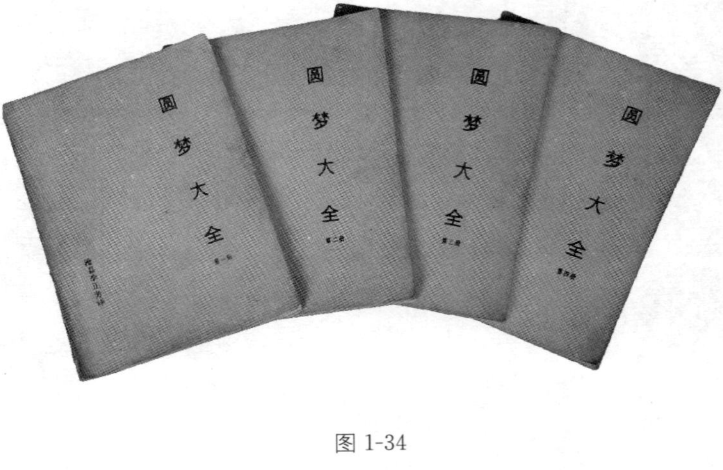

图 1-34

谱牒著作

（各市家谱均以姓氏笔画为序）

石家庄市

正定《马氏族谱》

图 1-35

不分卷，3 册。清同治十一年（1872）马林蔚、杜毓芳等撰修。谱牒著作。记载石家庄正定马氏回族渊源、历史及一至十八世世系传承。对正定地方回族研究具有重要史料价值。清同治十一年（1872）抄本，手工纸，线装，汉文，楷体，墨书。页面 26cm×17cm，墨框 19.5cm×14.5cm。四周双边，9 行/页，16 字/行，白口，有口题。蓝布四合书套，书籍保存完好，书套折叠处有破裂。河北石家庄正定四合街马麦熟收藏。（时向东）（图 1-35）

正定《马氏副谱》

图 1-36

不分卷,1 册,32 页。民国二十九年(1940)朱绍鲁等撰修。谱牒著作。记载正定马氏宗族中的异宗继承人,系旧俗异宗之子不得入正谱的产物。对研究正定马氏家族的历史有重要参考价值。民国二十九年(1940)抄本,手工纸,线装,汉文,楷体,墨书。页面 26cm×14.3cm,墨框 19.5cm×12cm,无边栏,8 行/页,16 字/行。河北石家庄正定四合街马麦熟收藏。(时向东)(图 1-36)

正定《马氏三门分谱》

不分卷,1 册,100 页。民国十四年(1925)王世治、马荫曾等撰修。谱牒著作。记载正定马氏三门马宽明兄弟二人后代传承;拟定自十五世之后辈分排列十六字。特别注明“凡养异姓者不得入马氏宗,亦无令入马氏茔”。对研究正定马氏回族的历史和发展有参考价值。民国十四年(1925)抄本,手工纸,线装,汉字,楷体,墨书。页面 26cm×17cm,墨框 19.5cm×14.5cm,四周双边,9 行/页,20 字/行。首页左下部字迹模糊。河北石家庄正定四合街马迎春收藏。(时向东)(图 1-37)

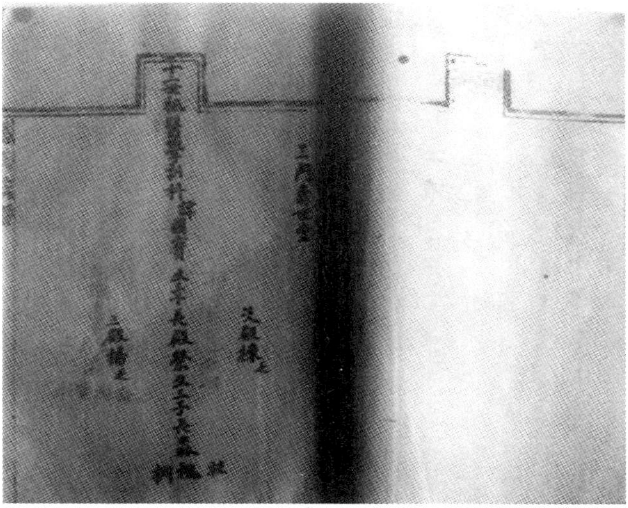

图 1-37

邯郸市

大名《西马家家谱》

帛书 1 张。清嘉庆十六年(1811)佚名撰。记述马氏高祖原居山西,历经数次迁徙,至六、七世迁至大名马时庄定居。谱文嘱托后人,追思先祖,昭穆后世。载有西马家家族一至十八世辈系名讳。对研究大名地方回族史和马氏渊源有参考价值。白色缣帛,折叠装,汉文,楷体,墨书。帛面 401cm×648cm,126 行/面,32—70 字/行。双层帛,上沿有天蓝色镶边,上方中部有"高祖马公"牌,左右两侧有黑色花角,文中有彩色灯笼和花瓶图案。保存完好。河北邯郸大名马时庄马法庄存。(杨国祯　朱振霞)(图 1-38)

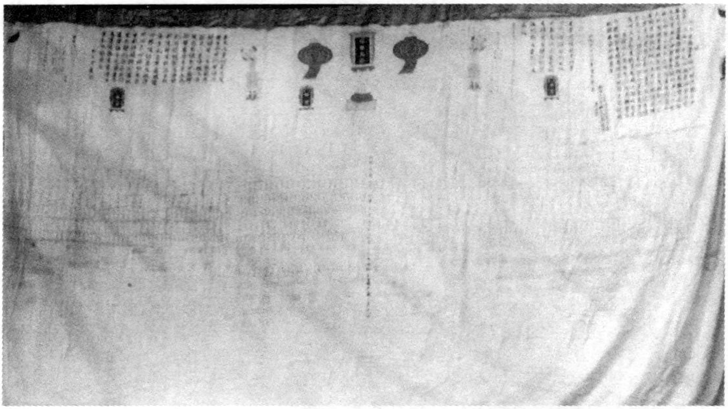

图 1-38

大名《东马家家谱》

帛书 1 张。清乾隆四十八年(1783)佚名撰修,1931 年马清选撰跋。谱牒著作。记述河北大名马时庄东部马氏回族祖籍及迁徙、繁衍情况。嘱托后人追流溯源,共仰先祖之毅德,追远报本,昭穆后世。载有东马家家族一至十九世名讳。对研究大名地方回族渊源及马氏家族历史有参考价值。白色缣帛,折叠装,汉文,隶体,墨书。帛面 334cm×413cm,99 行/面,12—101 字/行。上方两侧有卷轴图案并文字,中部有篆体“家谱图传流后世”7 个大字,每个大字有 1 圆形圈边。大字下方有圆塔图案。下沿稍有破损,保存较好。河北邯郸大名马时庄马建仓收藏。民国二十三年(1934)《大名县志》、1992 年《大名县回族志》、1994 年《邯郸地区民族志》均有记载。(杨国祯　沙笑辰)(图1-39)

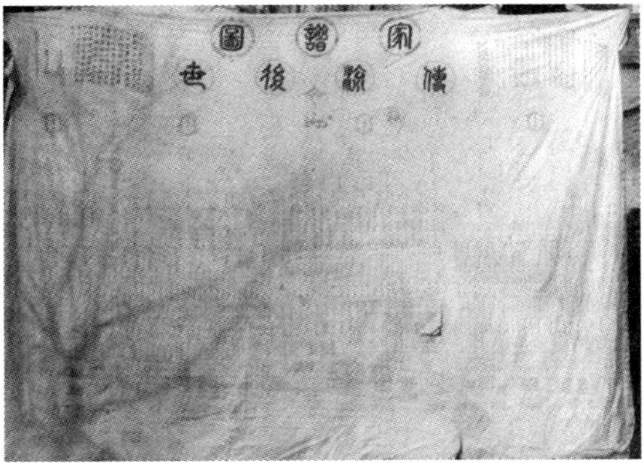

图 1-39

大名《丹氏家谱》

帛书 1 张。民国三十一年(1942)丹殿祯撰修。记载大名丹氏回族家史和清乾隆四十八年(1783)重修家谱事宜，劝导后人敬宗睦族，尊长慕幼，不负祖之苦心。载有丹氏家族自始祖丹鸿至十九世辈系名讳。对研究大名地方回族历史有参考价值。白色缣帛，双层折叠装，汉文，楷体，墨书。帛面 338cm×221cm，78 行/面，19—119 字/行。保存完好。河北邯郸大名南关二铺丹桂增收藏。(杨国祯)(图 1-40)

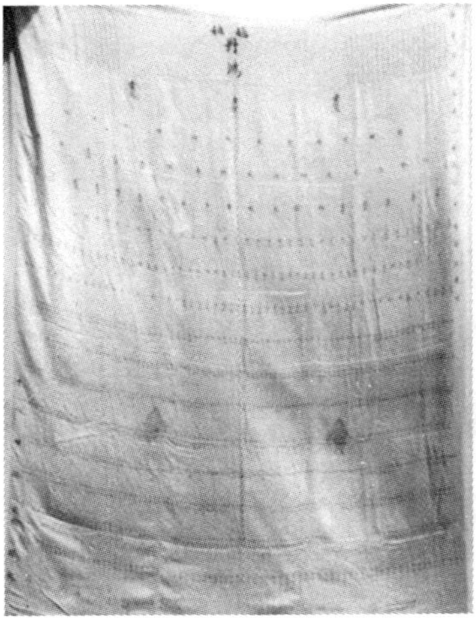

图 1-40

大名七里店《杨氏家谱》

帛书1张。清康熙五十一年(1712)大名七里店杨大经撰修,民国十四年(1925)重修。谱牒著作。记载河北大名七里店杨氏家族历史和始祖杨岱至十世名讳和功名。告诫族人,其族户大丁多,尊卑乱而不睦,饥寒弗顾,有违祖意。劝导族人孝道报恩,教子睦邻,恤寡怜贫,遇有婚丧大事,互助互济,善全其事。对研究回族历史和道德理念有参考价值。红色缣帛,折叠装,汉文,楷体,墨书。帛面223cm×255cm,136行/面,9—21字/行。上方有圆形大字阿拉伯文"求恕词"。保存完好。河北邯郸大名民族宗教局杨国祯收藏。民国二十三年(1934)《大名县志》、1992年《大名县回族志》、1994年《邯郸地区民族志》均有记载。(杨国祯)(图1-41)

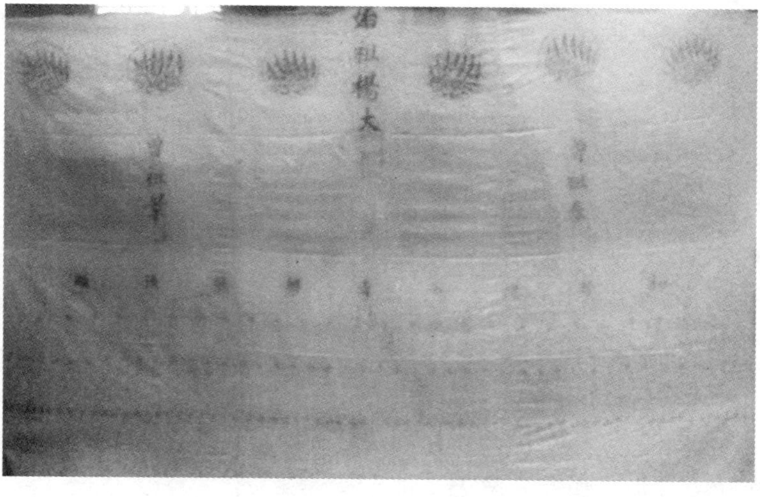

图1-41

大名《张氏族谱》

帛书1张。清乾隆四十五年(1780),张维屏撰修。民国三十年(1941)重修,张式沆撰跋。记载大名张氏家族渊源及修谱年次和始祖张广厚至十九世族人名讳。嘱托后人"国有史,家有谱,本家世代族人要续修家谱,不辱祖伤宗"。对研究回族历史和传统理念有参考价值。白色缣帛,双层,折叠装,汉文,楷体,墨书。帛面348cm×236cm,260行/面,22—42字/行。前二世名讳为朱色。保存完好。河北邯郸大名南关二铺张可顺收藏。1992年《大名县回族志》、1994年《邯郸地区民族志》均有记载。(杨国祯)(图1-42)

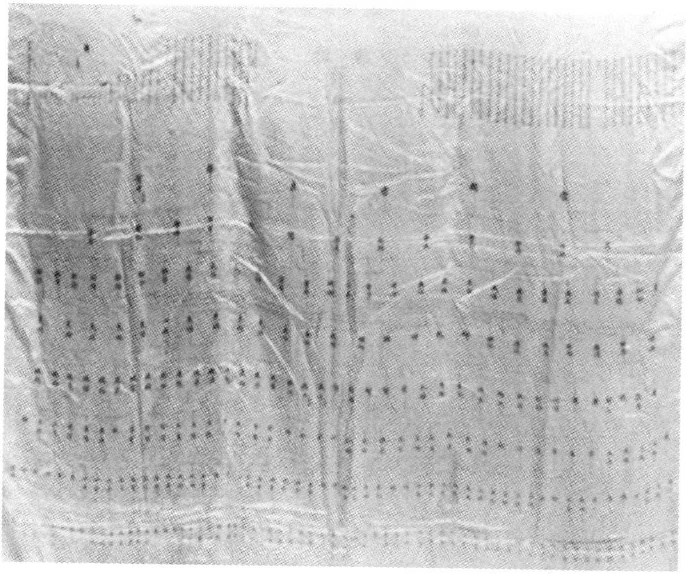

图1-42

大名金滩镇《杨氏宗谱》

不分卷，1函，1册，页数不清。清道光二十七年(1847)杨庆堂撰修。谱牒著作。记载金滩镇杨姓回族先人，先从北京东枯柳村迁至山东东昌府恩县，时为四门。后二门杨庆堂之父以船运为业，常行大名府元城县金滩镇(今隶属大名县)。见其地人性厚道，于清道光年间在金滩镇落户。对研究大名地方回族历史有参考价值。手工纸，线装，汉文，楷体，墨书。页面36cm×32cm，11行/页，24字/行。黑色精致木函，书籍烂损严重。河北邯郸大名金滩镇杨培学收藏。(杨国祯　杨士兴)(图1-43)

图1-43

邱县《马氏家谱》

帛书1张。清道光十一年(1831)，马楚、马崇梁等人由原谱誊录一支，并重修。谱牒著作。记载邱县马氏回族高祖马敏忠于明洪武二十五年(1392)奉诏自山西省潞安府(今长治市)屯留长子县藕泽村,迁至京师广平府(今河北永年县广府镇)曲周县寺头村。明弘治四年(1491)迁山东东昌府(今聊城市)临清州(今临清市)邱县(今属河北邯郸市)陈村定居。录有邱县马氏家族辈系全图。对研究明清时期回族迁徙发展有史料价值。缣帛,帛面 320cm×208cm,汉文,楷体,墨书。字迹清楚,帛面有数处小形破洞,保存基本完好。河北邯郸邱县陈二村马富建收藏。(马德荣)(图 1-44)

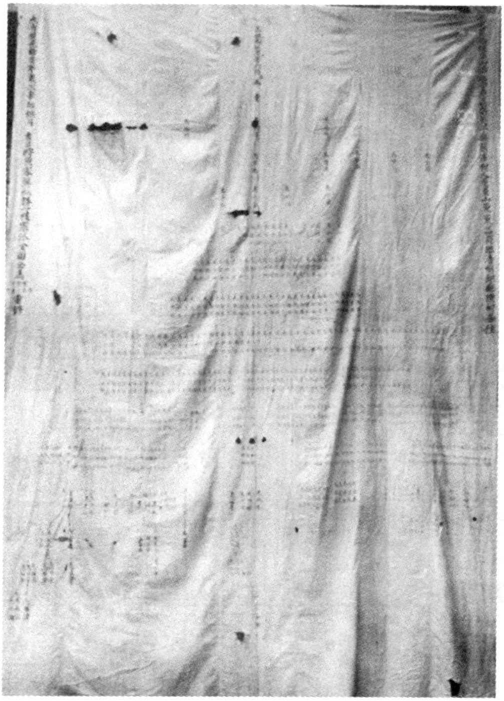

图 1-44

邱县《石姓家谱》

帛书 1 张。清宣统元年(1909)佚名修撰。谱牒著作。记述明洪武年间邱县石姓回民始祖石朝纲自山西省潞安府长子县浦泽村迁至山东东昌府(今聊城市)临清州(今临清市)邱县(今属河北邯郸市)陈村居住。自石朝纲以后有东四支、西六支裔。后东二支裔石好礼自陈村迁入西常屯居住,共十三世。对研究明清回族迁徙发展有史料价值。褐布,散叠,汉文,楷体,墨书。帛面 320cm×228cm,60 行/面,40 字/行。字迹清楚,有蓝布包边,边缘有破损。河北邯郸邱县新马头西常屯石维立收藏。(马德荣)(图 1-45)

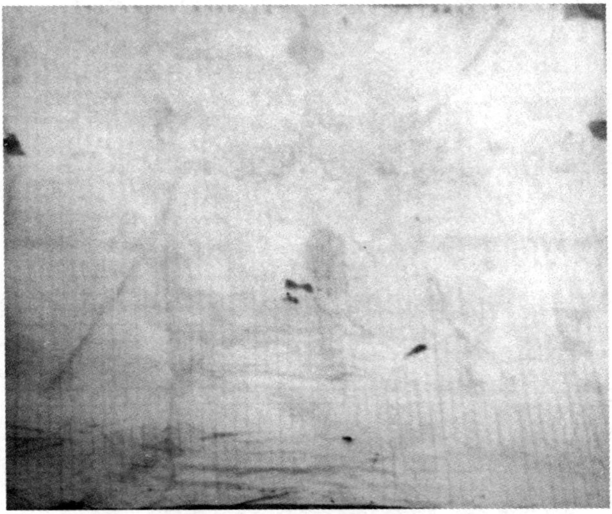

图 1-45

张家口市

张家口《马氏简谱》

不分卷，不成册，简记谱文1篇。1986年马福祥重撰。张家口马氏原籍陕西省西安府高陵县县南村。清同治十年(1871)，清兵屠杀西北回民，马家妇女皆遭杀害。始祖马经川为避战乱，携二子逃出，逃到宁夏又丢失幼子，后携长子马光裕逃到张家口，落户上堡清真寺巷。先是被雇用拉骆驼跑运输、赶马趟子贩运牲畜，后父子自开马店贩卖马匹。清光绪二十六年(1900)发家致富，取堂号“裕德堂”，开有“光裕”(后改为“光文”)马店，家族兴旺。清光绪三十二年(1906)始立家谱，系三世人马世昌所撰。是谱为手工纸，32开，线装，手抄本，不幸毁于“七七事变”(1937)。本谱为马经川四世孙马福祥于1986年根据散乱资料重纂，谱中拟定“经、光、世、福、新、自、利”等字为马氏辈分排序用字，记录了张家口马氏家族的悲乐兴衰和人口发展。对研究清廷屠杀回民以及回族人民奋发自强的精神，有一定参考价值。机械纸，手写，墨书，张家口民宗局白玫提供，吴丕清、马祥学《河北回族家谱选编》河北人民出版社2006年本收录此谱。

张家口《玉氏简谱》

不分卷，不成册，简记谱文1篇。张家口玉氏族人据玉大中介绍整理。张家口玉姓回族历史悠久，家谱失传。姓氏来源、何时何因迁至张家口，说法不一，尚难考订。据清道光元年(1821)《重修南寺碑记》记载：“世职玉焕功出面购买郝致泰庙底街房子140余间为寺址，重新建立新南寺。”玉焕功为世系云骑尉，由此证实玉焕功之前即为武将，但前推无考。玉焕功购买了庙底街半条街重建庙底街清真南寺后，曾在街北头修建玉家花园，称“介春园”。此园古柏参天，假山流水，清末民初曾为学生春游之所，《冰心散文集》等书多有记载，后在农业合作化时期“毁园种地”，荡然无存。自玉焕功之后，玉氏家族取“焕、龄、山、光、配、中、天”为辈次排列用字，世代记载翔实。对研究坝上回族历史、文化有参考价值。张家口民宗局白玫提供，吴丕清、马祥学《河北回族家谱选编》河北人民出版社2006年本收录此谱文。

张家口《冯氏家谱》

不分卷，1册。清乾隆四十二年(1777)乡魁晋陵沈霖撰。谱牒著作。据考，撰者于乾隆四十二年(1777)与冯氏第十五代孙冯国荣同榜中举。谱稿由辽宁省沈阳市冯氏二十代后人冯景田收藏。稿本页面26cm×18cm，绵纸，墨书。全谱先后修订3次，后由宣化区冯氏二十世后人冯有孚整理接续。张家口回族冯氏，系明初著名回族将领、宋国公冯胜之后裔。冯胜故后，后人繁衍落居多处，难寻系谱。是谱对研究冯氏回族源流及河北回族历史，具有参考价值。刘侗《辽宁回族家谱选编》，吴丕清、马祥学《河北回族家谱选编》收录主要谱文。

张家口《刘氏谱书介文》

不分卷，不成册，简记谱文1篇。1988年张家口刘氏六代人刘文博撰。张家口回族刘氏，原籍河北沧州，清乾隆末年先祖刘玉成由沧州至宣化府谋生。先在南关摆摊卖水饺，生意日隆，后开“玉成园”饭馆，俗称“穹窿”馆，兼营客栈，发家致富。清道光元年(1821)在南、北清真寺之间,独资修建了一座清真寺,称“中寺”。清道光三十年(1850)刘玉成去世,后代按“玉、永、顺、世、家、文、明、晓”等字排列辈序。人口分居张家口市区、宣化区、下花园区、甘肃武威、北京市等地。文中简介本族阿訇多位,其中刘玉成二孙刘如海,于清咸丰、同治年间赴西安化觉巷清真寺,在老阿訇名下求学,才识渊博,为当地知名阿訇。如海子世真曾在外蒙库伦(乌兰巴托)、北京朝阳门外下坡等地清真大寺主持教务,深得穆民欢迎。是文附列《刘氏世系表》,对研究张家口回族源流与发展有参考价值。张家口民宗局白玫提供,吴丕清、马祥学《河北回族家谱选编》河北人民出版社 2006 年本收录此谱文。

张家口《佟氏简谱》

不分卷,不成册,无署名,简记谱文 1 篇。文载:张家口回族佟氏先祖佟登有,于清同治八年(1869)为避战乱,由原籍陕西省彬县经甘肃、宁夏,逃难来到张家口。初与其弟一起拉骆驼跑运输,后自立门户往来于张家口、库伦(乌兰巴托)之间。生意越做越大,骆驼越来越多,最多时达五六百头,成为张家口知名大富。佟登有生 4 子,分家后立为“四大宅”并各自建立堂号,开办多处铺面。文中载有“登、明、正、天、强、晓”等辈分排序用字和本族出色人物简介,是研究张家口地方回族历史的可靠资料。张家口民宗局白玫提供,吴丕清、马祥学《河北回族家谱选编》河北人民出版社 2006 年本收录此谱文。

张家口《郑氏简谱》

不分卷，不成册，简记谱文1篇。张家口郑氏家谱年久已佚，据张家口郑泰金介绍，经族人整理成文。文中主要介绍郑氏家族原籍陕西，明末清初由原籍迁至河北怀来。初到沙城镇，后随着历史发展和人口增长，逐步向东郊王家楼、晏庄、新保安等地扩散。清中叶部分族人到张家口、宣化做生意，其中一支先在下堡开“万魁永”牛羊肉铺，后做牲畜交易押运业生意，继而养骆驼跑运输，其中郑通瑞养骆驼六七百匹，成为张家口名门望族。文中对“郑氏家族谱系排列二十字”以及郑魁士等郑氏名人均做了简介，对研究张家口一带回族经济发展和历史变迁有参考价值。张家口民宗局白玫提供，吴丕清、马祥学《河北回族家谱选编》河北人民出版社2006年本收录此谱文。

张家口《梁氏家谱》

不分卷，1册。原谱已佚，1980年梁氏第九代孙梁毓如经于怀来、涿鹿、张家口、山西大同等地采访考证，重新修撰。抢救性谱牒著作。谱称梁姓回族远祖于明末崇祯年间由南京迁移到陕西渭南梁家坡。又于清康熙十六年(1677)作为屯垦戍边壮丁，由渭南迁至河北怀来新保安镇。先祖生三子，长留原籍，次去关南无归，三子梁宏才在怀来新保安成家立业。至第五代梁永功到张家口，先做卖切糕、卖牛肉等小本生意，后买骆驼跑运输，发家致富。盛时四世同堂，家养骆驼640匹，清道光、同治年间运输远达库伦(今乌兰巴托)。并在此基础上开办了广聚金牛羊肉铺、广兴德牛羊肉铺、广兴隆点心铺、广盛隆点心铺、广兴馆清真饭馆，号称“五大广”。详记了梁姓家族的发家史。对研究清代回族经济生活和河北回族迁徙史有一定参考价值。文载张家口民宗局《张家口回族古籍资料》，吴丕清、马祥学《河北回族家谱选编》河北人民出版社 2006 年本收录主要谱文。

邢台市

新河《脱氏谱书》

不分卷，1 册。明天启年间（1621—1627）始修。谱牒著作。本谱脱氏，乃元代右丞相脱脱（蒙古族）三公子脱周彬后裔。元至正十五年（1355）脱脱遇害后，脱周彬避难隐居于新河县董村。清康熙二十四年（1685）第十七世脱光明、脱光显兄弟二人由新河迁居盛京（沈阳）小西关落户。后在辽宁繁衍，后人皆为回族。但脱氏何时皈依回族，谱书没有说明。脱氏谱书始于明天启年间（1621—1627），迄今约有 400 年历史，其原谱一至十六世，除八世孙脱镐略有文字记载外，多无详细记述。此谱所载主要是新河资料，同时也收集了部分移居辽宁脱氏后人的资料。谱中记有民国十九年（1930）八月一日新河傅振伦重刊脱氏谱书叙、民国三十三年（1944）季春本溪湖市回教协会教长穆瑞林脱氏宗谱序、民国三十三年（1944）季春山西省潞城县城内韩文湖脱氏宗谱序、民国三十三年（1944）岁次甲申五月十五日金玉相奉天脱氏族谱序、民国三十三年（1944）甲申春月，第二十二世孙脱万庆序、凡例 13 条、先祖世系等，较为全面地反映出脱氏一族的繁衍过程。为研究元末明初民族演化和脱氏一族的发展过程有参考价值。邢台市民宗局提供资料，吴丕清、马祥学《河北回族家谱选编》河北人民出版社 2006 年本收录主要谱文并部分世系图。（邢台民宗局）

威县《黄氏族谱》

不分卷,1 册,62 页。民国三年(1914)黄氏十一世人黄正邦撰。记述黄氏先祖伊卜拉兮因进贡由西域入中国,御赐黄姓。历代占济南,后移临清,又于元至正十年(1350)由威州参知政事王伯大从临清请来威州布教,建立黄家街清真寺等经过。续记黄氏世系族人。对研究伊斯兰教传入河北的时间和途径,提供了参考依据。民国三年(1914)黄正邦抄本,手工纸,线装,汉文,楷体,墨书。页面 27cm×20.5cm,墨框 23.5cm×19cm,四周单栏,8 行/页,7—12 字/行。白口,文面有小红格,周边镶衬修补,保存基本完好。河北邢台威县黄家街黄孟华收藏。2004 年威县政协原主席黄成俊对原本进行勘补,并纠正《中国穆斯林》1986 年第 2 期、《中华文史资料文库》1996 年第 18 期刊载该谱略引中疏误。有关考述刊登于《威县文史概览》,社会科学文献出版社,2004 年出版。(黄成俊　李勇俊)(图 1-46)

图 1-46

廊坊市

大厂芦庄《何氏家谱》

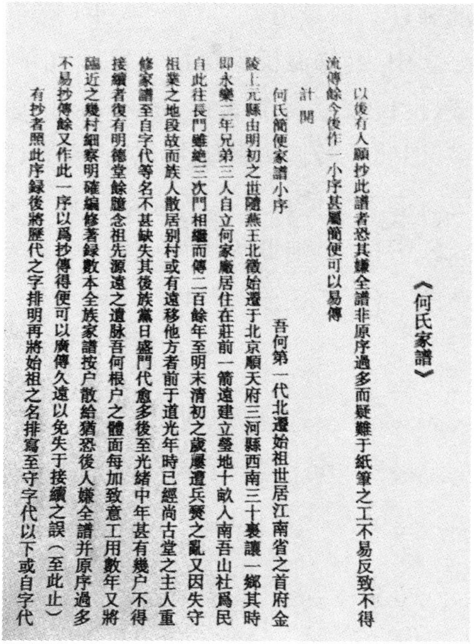

《何氏家譜》

以後有人願抄此譜者恐其嫌全譜非原序過多而疑難于紙筆之工不易反致不得
流傳餘今復作一小序甚屬簡便可以易傳
計開
何氏簡便家譜小序　　吾何第一代北遷始祖世居江南省之首府金
陵上元縣由明初之世隨燕王北徵始遷于北京順天府三河縣西南三十裏讓一鄉其時
即永樂二年兄弟三人自立何家廠居住在莊前一箭遠建立塋地十畝入南吾山社爲民
自此往長門雖絶三次門相繼而傳二百餘年至明末清初之歲屢遭兵燹之亂又因失守
祖業之地段故而族人散居別村或有遠移他方者前于道光年時已經尚古堂之主人重
修家譜至自字代等名不甚缺失其後族黨日盛門代愈多後至光緒中年甚有幾户不得
接續者復有明德堂餘謹念祖先源遠之遺脉吾何根户之體面每加致意工用數年又將
臨近之幾村細察明確編修著録數本全族家譜按户散給猶恐後人嫌全譜并原序過多
不易抄傳餘又作此一序以爲抄傳得便可以廣傳久遠以免失于接續之誤（至此止）
有抄者照此序録後將歷代之字排明再將始祖之名排寫至守字代以下或自字代

图 1-47

不分卷，1 册。先于清道光五年（1825）由十一世何义尚修，后由十四世何景才续修于清光绪二十三年（1897）。谱牒著作。谱书记述了何氏先祖兄弟三人于明朝永乐二年（1404）随燕王北征落籍大厂的经过。同时记述了续谱缘由和族人迁徙及明朝初年随王伴驾征战的一些功绩。述有祖坟树木、财产分配及行医救人和一些因果报应的道理。原谱书抄本在年代秩序、辈分排字方面尚需进一步考证。但从这一谱籍中可以看到何氏一族在明清两代近 500 年的兴衰足迹，为考证何氏回族在京东大厂一带历史提供了一个参考佐证。本书收录何氏家谱为现代本，机械纸，竖版，15 行/页，6—35 字/行，无边栏。吴丕清、马祥学《河北回族家谱选编》河北人民出版社 2006 年本收录主要谱文并部分世系图。（大厂民宗局）（图 1-47）

大厂《海氏家承》

不分卷，1 册。谱牒著作。2000 年海洋以旧谱残散资料整理续订。内录清乾隆四十八年(1783)癸卯岁仲冬，海氏六世孙海立中《纂修海氏家谱序》、民国九年(1920)冬，海氏十世孙海朝曦《世代家谱名流表序》及今人相关考述和世系图。虽资料不多，但属抢救性古籍资料，对研究海氏族源及大厂一带回族发展史有参考价值。大厂杨宝军曾做考证，吴丕清、马祥学《河北回族家谱选编》河北人民出版社 2006 年本收录主要谱文并部分世系图。(大厂民宗局)(图 1-48)

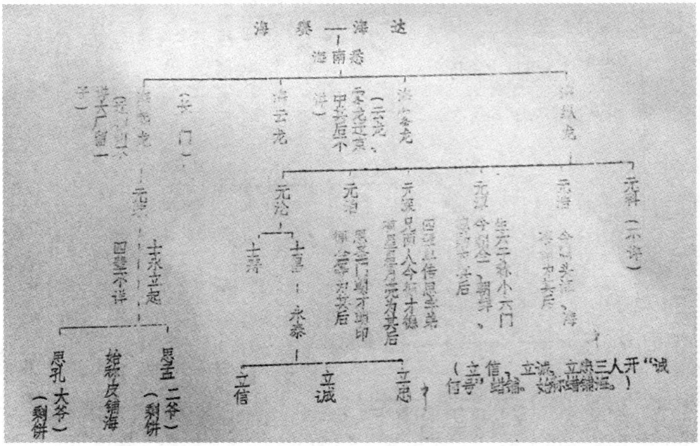

图 1-48

承德市

承德《孔氏家谱》

不分卷，1 册。谱牒著作。1985 年孔广华据《承德回族孔氏家族支胤图》并家族口传资料和茔地考证整理。承德孔氏回族为儒圣孔子后裔，何时皈依伊斯兰教无考。始祖孔自明生于清乾隆年间，籍贯河北河间果子洼镇。自幼习武，以保镖为生，因不堪忍受官府欺压，携二子毓禄、毓山落户承德。后毓山独自返回原籍，毓禄与承德葛姓女结婚定居。是谱虽为补续，但考证认真，资料翔实，对研究承德回族、伊斯兰教历史有参考价值。孔昭钢收藏，吴丕清、马祥学《河北回族家谱选编》河北人民出版社 2006 年本收录主要谱文并《承德回族孔氏家族支胤图》。（孔昭钢）

沧州市

沧州《万氏族谱》

不分卷，1 册。河北沧州万氏原无完整谱牒存世，民国初年，移居沧东盐山县薛沃村的万氏十六世人万宝善，曾携带谱书史料前往东北立谱，因兵荒马乱，路途遥远，不仅立谱未果，所带物品及川资路费丢失遗尽。1998 年初春，由万氏十八世人万福余等倡导，十八世万恩龙、万福余、万福田、万凤山，十九世万正明、万国强等操办，依据一些零散历史资料和口碑传述，初创此谱。据是谱创修者考，沧州万氏，源自江宁府上元县二郎岗。明永乐二年（1404），一世祖讳仁义公奉诏北迁，先至沧州南 10 余里落脚，后置地建宅，立村万家庄。初始，先辈多以念经、教书、行医为业。时有良田数顷，生活安定。清顺治元年（1644），清军入关，拉皇绳抢占民田，与民争利，万氏家族被抢去土地，赶出家门，祖业化为乌有。为了生计，八世祖讳民安、九世祖讳圣远，携族人辗转流徙多年，先至沧县捷地，继入沧城南街置刘氏老宅院落居。历经此次劫难，元气大伤，家境每况愈下，先人们不得不离乡背井，四处漂移。顺治末年，十一世祖携二子又自孟村迁至薛沃；雍正初年，十三世祖讳清山，又自薛沃迁至刘皮庄；乾隆年间，十二世祖讳夫豪闯关东，走塞北，落居辽阳；嘉庆年间，十三世祖讳清太、十四世祖讳文祥，由沧州迁至羊三木。是谱不仅记载了万氏家族的苦难飘零，同时录有以孝行感动慈禧，以善行留下“时万一家”的美谈。对研究万氏回族历史及回族信仰理念有参考价值。马文清《回族谱序与宗源考略》，辽宁鞍山档案局、社科联 2009 年编印，收录相关资料。

青县《崇伦堂马氏家乘》

不分卷，24 册。明成化二十二年（1486）马彦诚修。记载河北青县回族马氏始祖马依泽于宋建隆二年（961）从鲁穆国迁来的历史和马氏家族历代先祖的功名、荣职和荣称。编有马氏家

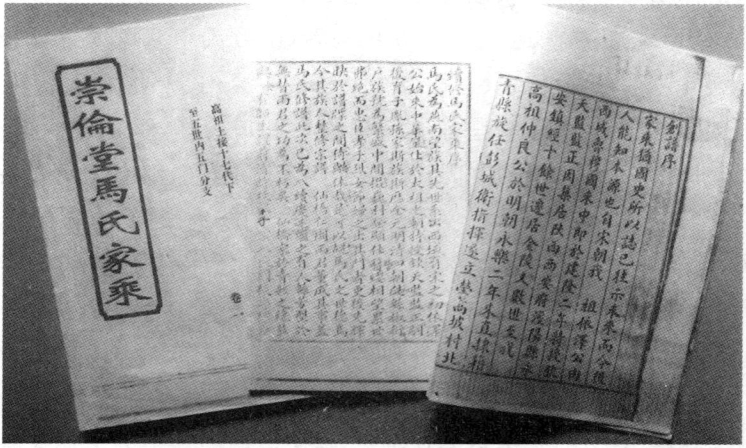

图 1-49

族世系图，述及续修此谱的宗旨和家训。对研究马氏回族历史有宝贵价值。清宣统三年(1911)马仁圃刻本，手工纸，线装，楷体，墨书。页面 30.5cm×22.4cm，版框 22.2cm×17.3cm，四周双栏，8 行/页，10—20 字/行。黑口，有黑鱼尾、页码，封面有书签，首篇为阿拉伯文序言。保存完好。河北沧州青县马庄子马有光收藏。2000 年青县线庄马守国再次主修。(戴中魁 谢玉艳)(图 1-49)

沧州《尹氏家谱》

不分卷，2 册。清光绪八年(1882)尹润书等修。谱牒著作。记载河北沧州回族尹氏于明永乐二年(1404)由金陵(南京)北迁，定居青县新集镇，后迁至沧州城里等历史，及其尹氏祖训、家规和世袭传承。对研究回族尹氏历史具有重要参考价值。清光绪八年(1882)刻本，手工纸，线装，汉文，楷体，墨书。页面 26cm×18cm，版框 23.5cm×15cm，四边双栏，文面有竖向墨线。8 行/页，18 字/行，保存完好。河北沧州市尹树春收藏。(图 1-50)

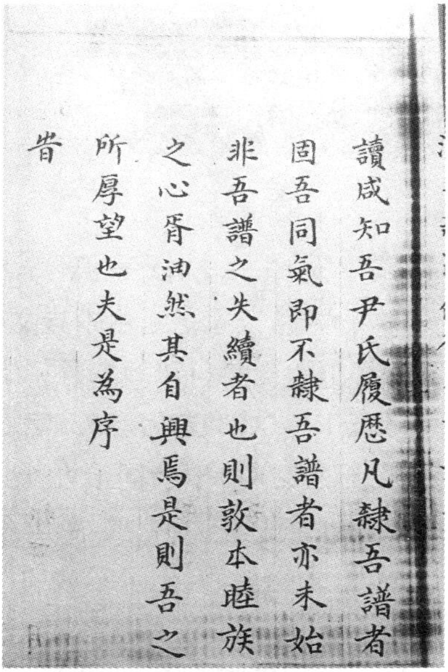
讀咸知吾尹氏履歷凡隸吾譜者
固吾同氣即不隸吾譜者亦未始
非吾譜之失續者也則敦本睦族
之心胥油然其自興焉是則吾之
所厚望也夫是為序
皆

图 1-50

图 1-51

恩庆堂《尹氏宗谱》

不分卷，2 册。清代佚名修。谱牒著作。记述河北青县回族尹氏庄科恩庆堂支系修谱宗旨、族人道德、遵循家规和世系相承之图。对研究尹氏回族历史有重要参考价值。清光绪二十八年（1902）佚名抄本，手工纸，线装，汉文，楷体，墨书。页面 21.2cm×13.5cm，无边栏，8 行/页，16—19 字/行。无特殊标志，保存完好。河北沧州青县庄科尹荣振收藏。（戴中魁　谢玉艳）（图 1-51）

海兴（无棣）《从氏家谱》

海兴《从氏家谱》，由本族文翰爷（字天彰），七十八岁初修于清康熙五十七年（1718）二月二十日。后又有咏爷（字先进）于清乾隆五十年（1785）、万春爷（字寿朋）于清道光二十五年（1845）、凤至爷（字瑞符）于清同治九年（1870）、清光绪三十四年（1908）等多次续修。谱称：鼻祖，系山东登州府文登县人也。时在洪武既崩，永乐初立，因化子军残害生民，则海邑地，尽成荒土，人烟萧索，鸡犬不闻。皇帝忧于宸①衷，有臣奏曰，“欲立其地，应移庶民”。由是，旨下文登，莫敢违旨而踯躅②者，始祖行二，其名曰

① 宸（chén）：北极星所在位置，借指帝王的宫殿、王位或帝王的代称。
② 踯躅（zhízhú）：徘徊，亦作蹢躅。

英，泣别父兄，回顾桑梓，于明永乐二年(1404)，随群黎就路迁于州，曰武定。居于县号海丰城北四十里庄，系乐善营。据金氏柳林先茔碑铭记，从氏祖乃汉左相金文靖公四十五代孙。魏曹丕篡立僭号，魏黄初元年(220)剪除漢室勋戚，吾始祖以勋旧苗裔避乱东迁，浮居异地。历晋称帝肇基，不夜丛家岘。不夜者，文登之故号也。改姓丛氏名地曰岘，文登之有丛氏自此始也。自永乐迁居以来，又改为从氏。在曩昔[1]虽属外教，及是时，愿进清真，出歧途入正路，胜归于故里。始祖至壮年无室家，招赘于冯门。因冯门后有继续，而始祖仍承长支，两姓俱不绝嗣，千古总为一家，而且同坟祭祖，永不结亲。是谱追溯极远，且对历次迁徙背景、迁居地名、姓氏变化和皈依伊斯兰教等情况记载明确。为回族历史研究不可多得的宝贵资料。马文清《回族谱序与宗源考略》，辽宁鞍山档案局、社科联2009年编印，收录相关资料。

刘皮庄《王氏门谱》

不分卷，1册。黄骅刘皮庄王氏十五世王熙麟作序，立谱年代不详，根据作者辈分推断，应在清末或民初。刘皮庄王氏乃河北黄骅羊三木王氏之分支，谱称其先祖明永乐二年(1404)，迁于沧郡城东北羊三木。迨后支庶繁衍，四方散居。有迁于大郭庄、子仙庄、王文庄、官家铺者矣，有迁于韩村、沙窝、沧州自来屯者，有迁于筱园村、北京通州、天津、关东口外者矣。旧谱已觅，族繁难备。惟知吾本支九世祖胞兄弟二人，兄良佐，仙庄、王文庄、官家铺、刘皮庄、西院井干等皆其后也。弟良卿以军授山海关游

① 曩昔(nángxī)：从前，往昔，过去的。

击，生三子，一传数世而绝，大约埋于刘皮庄。吾祖茔之西者，近是其一则后院功成等之所出也，其一乃吾国珍祖自羊三木迁于羊二庄，生子昺，昺祖故祖妣吴率三子，迁于刘皮庄，头坟即昺祖与妣吴无疑也。羊二庄东南有坟三冢，即良卿祖、国珍祖与刘皮庄祖茔西边坟之祖已然不可考也矣。老坟地自羊三木西北老坟迁于路西，迁于路东，迁于小南庄前，迁于羊二庄，东迁刘皮庄家南，吾惧其久而紊也。故约略言之，因思吾门自前明来，耕读为业，清白传家，世重人伦，人尚气节，虽乏显宦，而功名亦累世不绝。自今以往子孙世守之，或二十年一叙，或三十年一叙，有丧廉耻不忠不孝者，无辱吾谱焉。是谱对羊三木王氏迁徙以及茔地的多次迁移，记载详细，脉络清晰，同时对今后续谱时间和本族后人道德提出了明确要求，为回族历史研究提供了一份可靠资料。马文清《回族谱序与宗源考略》，辽宁鞍山档案局、社科联2009年编印，收录相关资料。

沧县小园《王氏族谱》

不分卷，10册。民国二十三年(1934)王宝棠、王凤翥修。谱牒著作。记载河北沧州沧县小园回族王氏先祖王铭盘由南京迁沧，落居沧县小园，及其繁衍发展的历史。谱书由序言、世袭图、世系考等内容组成。对研究王氏回族历史有重要参考价值。民国二十三年(1934)王宝堂、王凤翥刻本，绵纸，线装，汉文，楷体，墨书。页面26.6cm×15.7cm，版框18.8cm×13.5cm，无边栏，13行/页，20字/行。白口，黑单鱼尾，有口题。第5册佚，余9册保存完好。河北沧州沧县小园王殿恒收藏。(王玺)(图1-52)

图 1-52

孟村王石桥《王氏家谱》

不分卷，1 册，77 页。1996 年河北孟村王石桥回族王姓十七世王文达，依据清代和民国时期残卷资料整理编修。谱牒著作。记述孟村王石桥王氏先祖王铭镜原籍南京二郎岗歪柳树王家胡同，明永乐十九年(1421)随王伴驾至北京，因功赐封领庄院于沧州，另赐今王家石桥周围田地 200 余顷为领庄田，从此定居沧州。又于明万历二十一年(1593)，由五世祖太率六子迁居领庄田，建村王家石桥。载有历代王氏家族名人、职衔和王氏族人世系图。对研究王氏回族历史及回族地方史有一定参考价值。1996 年王文达抄本，手工纸，线装，汉文，楷体，墨书。页面 18cm×25cm，无边栏，23 行/页，27—29 字/行。保存完好。河北沧州孟村王太林收藏。(图 1-53)

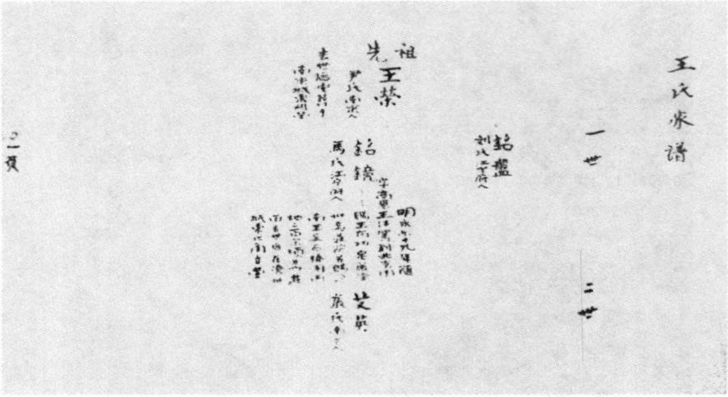

图 1-53

沧县羊三木《王氏族谱》

9 卷,9 册。沧县羊三木(今隶黄骅市)王氏原无统谱,民国十九年(1930)由王氏十七世人王宝棠广征古谱墨迹,倡导续修,颇得族宗耆宿响应,经五载耕耘告竣。1993 年由王氏嫡支十九世王永庆,参照沧东筱园村尚存的一部民国廿四年重修谱本,承前编修,阖族动手,于 1994 年夏新谱续成,称"王氏族谱(甲戌本)"。新版谱书,一改旧规,主张宗亲团结,入谱者平等互尊,一视同仁,不分地域寄居,不论富贵清贫,诚爱抱养嗣子,喜迎入赘亲人。是谱卷帙浩繁,首卷序文总汇,卷二"乡试朱榜",内载"先人随笔"14 篇,以及王鸿与王人骥等多位先祖入仕简历与世系图表。谱称:"王氏回族原系江宁府(今南京)上元县铁犁坝村人。明永乐二年(1404)其先祖王铭盘,字沐浴,号新斋,锦衣漕运守备,赐武德将军(正五品)。时奉诏北迁以实京畿之地。籍落沧县城东北羊三木庄。钦赐沃野千顷,恩免赋役。历数世生息,族裔繁庶。移居北京、天津与奉省各地者,实难书载……"此谱对羊三木回族王氏家族历史及明永乐间北迁情况记载明确，对研究明代移民政策有一定参考价值。马文清《回族谱序与宗源考略》，辽宁鞍山档案局、社科联 2009 年编印，收录相关资料。

河间《白氏家谱》

谱书 1 部，不分卷。内容主要分序文、世系与跋 3 个部分。其中序文共 3 篇，分别由清嘉庆元年（1796）钦赐九品顶戴白瑞征（字祥远）、民国时期白氏十五世人白宗义、民国时期十六世人白恩祐撰写，记载了清嘉庆二十五年（1820）、民国十三年（1924）、民国二十年（1931）八月 3 次修谱的简述和白氏家族的历史。河间白氏祖野侥，籍山后（系指古云中府和武、应、朔、蔚、奉、圣、归化、儒、伪九州。相当于今山西、河北两省长城内外之间地区）人，详址无考，前明时官登显秩。至清初，迁居河间忠顺屯。二世祖俺克，三世祖准柱、扒兰、把本台（阵亡），从其前三世名字看，当与蒙古族有关。后来三世祖准柱更名白全，扒兰更名白俊，遂以白姓递传宗裔。是谱序言收入马文清《中国回族宗源考略》，为研究回族宗源及姓氏演变不可多得的例证。

沧县《回氏宗谱》

不分卷，1 册，964 页。谱牒著作。清乾隆五年佚名初创，缣帛质地。2001 年回登亮等依据原缣帛谱重新修续。记述河北沧州沧县大褚村回氏，祖籍南京，先祖原姓常，因兄弟三人逃难改成回、翟、常三姓。载有回氏一族的迁徙、发展与世袭传承。为研究明清回族历史的重要参考资料。2001 年回登亮等刻本，机

图 1-54

械纸，精装，汉文，宋体，墨书，页面27cm × 19.5cm，版框 22cm × 13.5cm，横排版，30 行/页，28 字/行。无边栏，扉页有经文 2 幅。彩色书衣，上有清真寺图案和“回氏宗谱，忠义春秋”烫金书题。保存完好。河北沧州沧县人大回登亮收藏。（图 1-54、图 1-55）

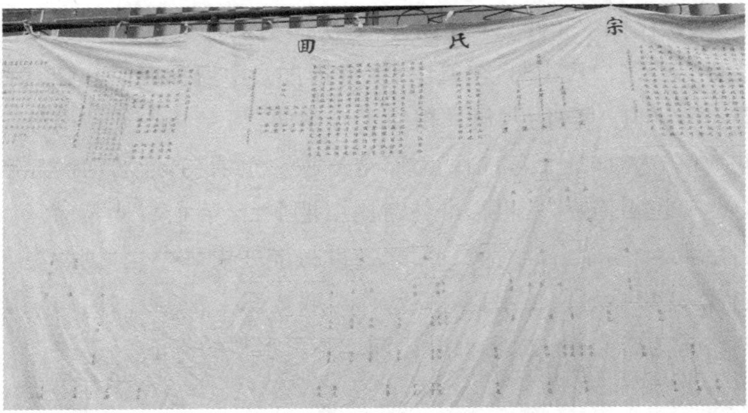

图 1-55

沧县捷地《买氏家谱》

河北沧县捷地《买氏家谱》，古谱已佚，民国时期重修，录有清同治岁次壬戌（1862）、民国十八年（1929）、民国二十三年（1934）等序言数篇。序言记载：余原籍河南省怀庆府二龙岗人，人丁繁盛，功名科第。有在河南省谋宦落户者，有在各省候补僦居者，有在兵马营带队者，有在州城镇行商者，分处星落。余始祖光裕公，自明永乐二年(1404)随龙指挥使由怀庆府北迁冀省，尝于沧州城南万家庄居焉。光裕祖以先尽系失考，延及明末清初，被旗人圈占宅基地田大半，继买崔尔庄纪姓庄院8顷40余亩，方得修理宅基，整齐家产，分门别户，支派众多。清后经拳匪之变，老谱已佚，幸有奉祭年月表尚堪抄录，故笔之于谱，以待后嗣贤明有志者再续修焉。是谱较为详细记载了光裕公之后颠沛流离，历经旗人圈占土地、清末战乱，以及重修族谱的过程，对研究回族买氏历史有一定参考价值。马文清《回族谱序与宗源考略》，辽宁鞍山档案局、社科联2009年编印，收录相关资料。

青县北柳《孙氏家谱》

青县北柳《孙氏家谱》，原谱于清道光年间修续均佚，新谱由河北青县北柳村孙吉庆、孙名庆等主撰，内录清宣统三年(1911)谱序1篇，并附支谱，对孙氏家族迁徙及民族演化记载较为清晰。"北柳孙氏其先祖不可考，值元明之交，族聚于山西潞安府长子县(今隶山西长治市)大柳村。迨明成祖时，徙都燕以北。当时燕北地区土地荒寒，人烟寥落，明廷降诏，迁各省巨室豪族，环拱京畿于500里内外。孙氏始祖从礼公，在徙之中，遂于明永乐二年(1404)迁于青邑(今河北青县)城南10余里建村，村名北柳，示不忘大柳村。自始祖孙从礼起，经二世孙莹、三世孙福、四世孙智、五世孙绪、六世五弟兄孙岐、孙岳、孙峒、孙和、孙岫，至六世行三孙峒一支止，由北柳村迁入城内东门口回回街落户谋生。后因其子回汉结缘之故，孙氏从七世祖孙伸起皈依圣教，洗入回籍，家睦族昌，世代相沿。"是谱对研究回族迁徙以及族源演化有一定参考价值。辽宁鞍山孙志庆提供并收藏,马文清《回族谱序与宗源考略》,辽宁鞍山档案局、社科联 2009 年编印,收录序文。

孟村西赵河庄《刘氏族谱》

不分卷,5 册。谱牒著作。1993 年河北孟村西赵河庄刘均田等综合多部旧谱续修。记载沧县(今孟村回族自治县)西赵河刘氏家族历史和世袭名册。辑有明成化十三年(1477)、清光绪五年(1879)诰封,清乾隆四十二年(1777)、四十九年(1784)、道光十年(1830)、光绪八年(1882)、民国十二年(1923)等修谱序言。对研究西赵河回族刘氏历史有重要参考价值。1993 年孟村西赵河刘均田等刻本,机械纸,精装,楷体,墨书。页面 26cm×18.7cm,版框 22.2cm×15.1cm,四边单栏,汉文,28 行/页,25 字/

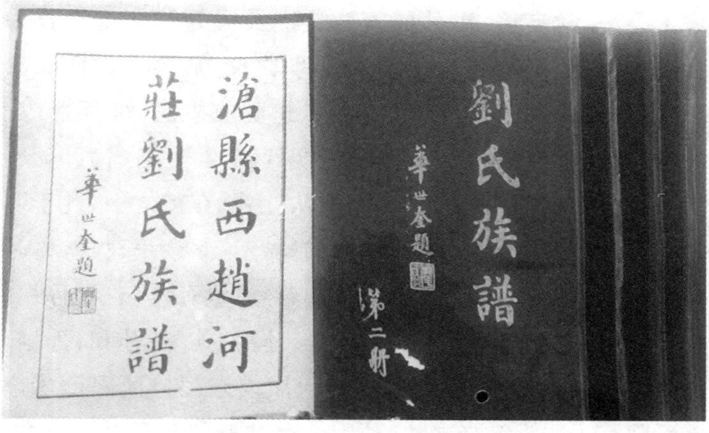

图 1-56

行。烫金书题，扉页有经文，正文前有插图。保存完好。河北沧州孟村西赵河刘福生收藏。吴丕清《沧州回族》（中央民族大学出版社 1999 年出版）有记载；吴丕清、马祥学《河北回族家谱选编》河北人民出版社 2006 年本收录。（吴丕清　杨景昌）（图 1-56）

沧县《刘氏族谱》

不分卷，8 册。民国乙亥年（1935）河北沧县西赵河村（今隶孟村回族自治县）人、天津大公报主笔刘孟扬修。谱牒著作。记载西赵河村刘氏回族历史渊源和繁衍发展。全谱由序言、碑文、圣旨、世袭图和世袭考等部分组成。对研究中原回族历史有重要参考价值。民国乙亥年（1935）天津文化印刷局铅印本，手工纸，线装，汉文，楷体，墨书。页面 28.9cm × 17.9cm，版框 21.9cm×14.7cm，四边双栏，10 行/页，28 字/行。白口，黑单鱼尾，有页码，口题。四合套护封，保存完好。河北沧州黄骅羊三木村刘云亭收藏。（王玺）（图 1-57）

图 1-57

牛进庄《刘氏家谱》

图 1-58

不分卷，1 册，残存 13 页。民国二十七年(1938)佚名修。谱课著作。记载河北沧州刘氏回族原居南京应天府上元县二龙岗，始祖刘天锡任明洪武帝帐前银牌先锋，葬于原籍。明永乐二年(1404)太祖母张氏夫人率三子命长、命远、命兰奉诏迁来沧州。分于沧县牛进庄(今隶孟村回族自治县)、西赵河(今隶孟村)、南皮县黑龙村三处占地而居。此谱为牛进庄刘命长支系谱书，载有牛进庄刘氏支系历史和世系图。系研究回族刘姓历史重要资料。民国二十七年(1938)刻本，手工纸，线装，汉文，楷体，墨书。页面 29cm×24cm，版框 22.5cm×17cm，16 行/页，22 字/行。白口，有口题、页码，破损严重。河北沧州民宗局刘绍东收藏。(图 1-58)

东光《安氏族谱》

不分卷，1 册，87 页。民国二十三年(1934)温寿文撰写《温安家乘要录》，民国三十四年(1942)安树德、安树桐续修未果，

2006年安氏第十七代孙安俊芝续修。东光安氏回族乃明代苏禄国恭定王之后裔。史载：明永乐十五年（1417）古苏禄国东王巴都葛叭答剌，率西王、峒王及眷属、官吏等一行340余人访问中国，受到明成祖的热情款待。在沿京杭运河南下归国途中，行至德州以北安陵镇，东王因病归真，葬于德州北郊。东王安葬后，东王长子都马含归国继位，次子安都鲁、三子温哈喇、偏妃葛木宁及随从10人留德州守墓。明成祖特赐祭田238亩，每人每月拨奉粮1担，并从历城拨来陈咬住、马丑斯、夏乃马当3户回民，供王裔役使。后二子分为温、安二姓。约万历至天启年间，朝廷拨款修建清真寺一座，于温、安二姓中各选掌教一人，以崇教化。因山东德州与河北东光、吴桥接壤，安氏后人多有移居东光、吴桥者，故东光、吴桥安氏回族皆为德州安氏支系。是谱收录《古苏禄国东王后裔安氏后裔总图》《古苏禄国东王后裔安氏德州根脉世系图》（五张）、《古苏禄国东王后裔安氏保定支脉世系图》《古苏禄国东王后裔安氏东光连镇支脉世系图》（二张）、《古苏禄国东王后裔安氏连镇北街支脉谱序》《古苏禄国东王后裔安氏吴桥支脉世系图》《古苏禄国东王后裔安氏吴桥县桑园支脉世系图》，辑有明永乐十六年“永乐御制苏禄国东王碑碑文”、1996年菲律宾社会团体及苏禄苏丹所立碑记“苏禄王墓”以及顾炎武等文人墨客赞诗多首，清民时期安氏名人多位。为研究中国回族历史渊源、国际交往和多元文化的融合的重要佐证和宝贵资料。2006年族内刻本，机械纸，平装，汉文，楷体，墨书。页面28.5cm×21.2cm，版框20cm×15.7cm，无边栏，有眉脚线，竖版，15行/页，37字/行。保存完好。（图1-59）

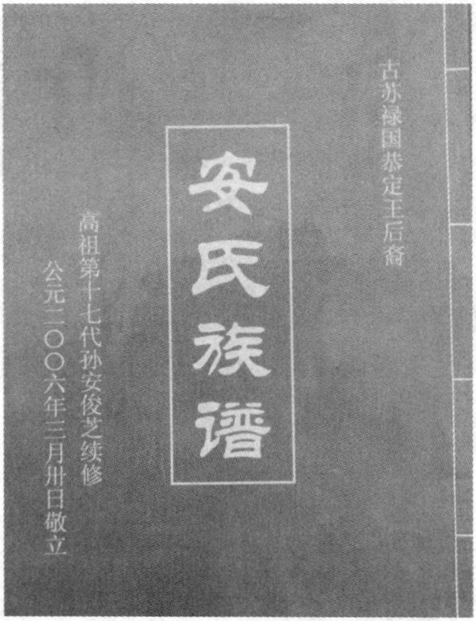

图 1-59

沧县吴氏家谱

不分卷,10 册。民国三十一年(1942)吴堉田等修。清光绪二十二年(1896)吴氏族谱续修本,谱牒著作。记述沧县回族吴氏家族部分支派历史和传承。载有吴氏族人世代义行、职衔、孝友、移居、匾联、墓表、世袭图,收有清康熙二十一年(1682)田产卖契。为研究吴氏回族历史的宝贵资料。民国三十一年(1942)吴堉田刻本,河北黄骅燕吴庄吴懋森珍藏。现登录本为孟村吴德刚抄本,机械纸,线装,楷体,墨书。页面 24.5cm×17cm,墨框 20cm×14.5cm,11 行/页,24 字/行。保存完好。河北沧州孟村吴德刚收藏。(图 1-60)

图 1-60

孟村中原堂《吴氏家谱》

图 1-61

不分卷，1 册，89 页。清光绪十三年（1887）吴玲字和声修续。谱牒著作。此谱原本为清雍正二年（1724）八月候选县丞吴道旭所修。后经清同治六年（1867）吴继卿、清光绪十三年（1887）吴玲两次修续。记载了孟村东庄吴氏家族中原堂支系历史传承。对研究吴姓回族历史具有参考价值。清光绪十三年（1887）抄本，手工纸，线装，汉文，楷体，墨书。页面30cm×27cm，墨框 23cm × 21.5cm，12 行/页，16 字/行。保存完好。河北沧州孟村育才中学吴秀才收藏。（图 1-61）

吴氏家谱一字相承之图

不分卷，1册，34页。民国三十一年(1942)佚名绘制。系河北沧州市区、黄骅燕吴庄子、孟村何吕店三支回族吴姓家族世袭图。此图以线连方式绘出三支吴姓的辈分传承。对研究吴姓回族历史有重要参考价值。手工纸，经折装，汉文，楷体，墨书，页面26cm×18.5cm，保存完好。河北沧州孟村孟村镇吴德刚收藏。(图1-62)

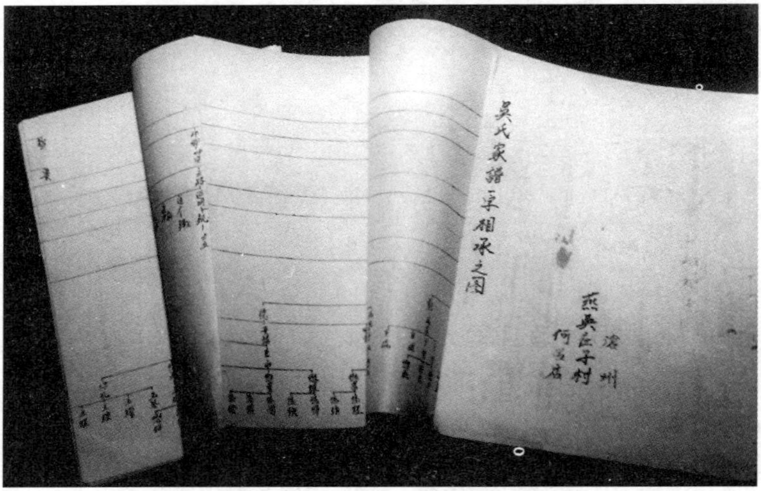

图1-62

孟村吴氏《世系相承之图》

不分卷，1册，46页。清同治八年(1869)吴瀛春撰。谱牒著作。记载孟村吴氏回族渊源及其四世祖母杨老夫人率三子：三统、三槐、三善，从沧州迁居孟村后五至十五世世系图。对研究沧州回族历史有参考价值。清同治八年抄本，手工纸，线装，楷体，墨书，页面 25.5cm×17.2cm，墨框 21.5cm×13cm，无边栏，汉文，9 行/页，22—24 字/行。白口，蓝布书衣，保存基本完好。河北孟村回族自治县一街吴春青存。吴丕清《沧州回族》（中央民族大学出版社，1999 年版）引用；吴丕清、马祥学《河北回族家谱选编》收录。

青县《张氏宗谱》

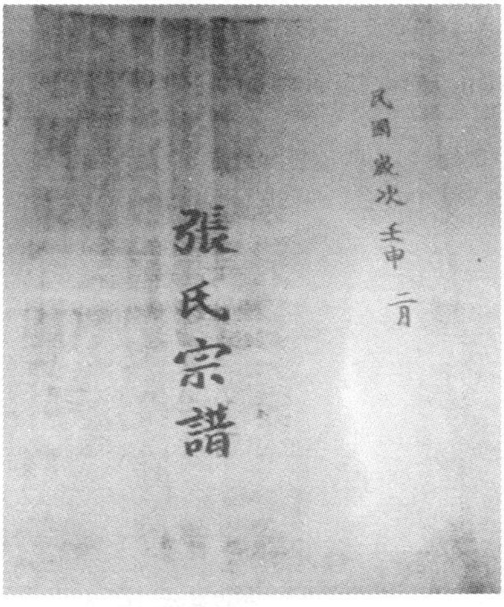

图 1-63

不分卷，1 册，32 页。民国二十一年（1932）张焕昌编修。谱牒著作。记述河北青县张姓回族始祖阿丹沙于明洪武二十年（1387）在卜鱼海子地方归附，拨燕山左护卫军。后随军征战，晋升千户。二世祖脱大赤赐名张山，功升都指挥，从此改为张姓。载有张姓族人世代功勋和世系传承，对研究回族历史和姓氏演变有重要参考价值。民国二十一年（1932）抄本，手工纸，线装，楷体，墨书。页面 28.2cm×16cm，无边栏，汉文，8 行/页，19—24 字/行。保存完好。河北沧州青县民宗局张德新收藏。（图 1-63）

孟村《张氏家谱》

不分卷，2 册。清嘉庆七年（1802）张道平等初修，后经光绪十一年（1885）张裔旭、民国二年（1913）张书绅、1981 年张光荣等多次修续。谱牒著作。相传此谱为孟村回族张氏老谱，实为孟村泊北村张氏汉谱。但内载张氏三分三世祖讳经字叔常之次子失讳，因宦游外出后居于牛进庄（今孟村回族自治县辖内纯回族村，村内张姓皆回族），又载西支八分十三世祖讳俊哲，嗣于牛进庄回民张士彦。对研究孟村张氏回族历史渊源和回汉民族演化有一定参考价值。1987 年张光荣等抄本，手工纸，线装，汉文，楷体，墨书。页面 40cm×34cm，无边栏。14 行/页，27 字/行。白口，六合套封，保存完好。河北沧州孟村高寨泊北村张春举收藏。（图 1-64）

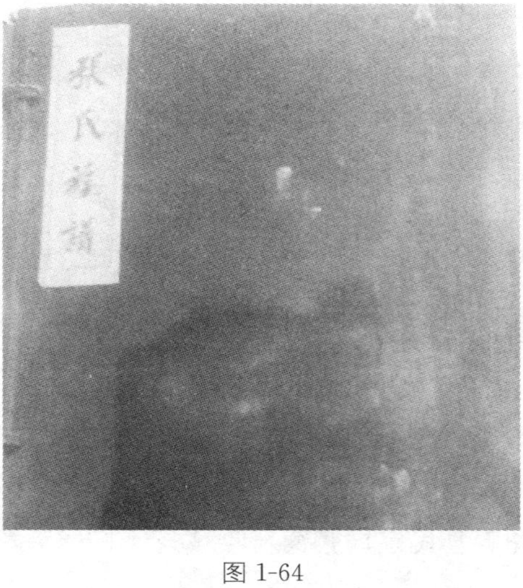

图 1-64

孟村《李氏谱书》

1函10册。初立于明万历八年(1580),后经历代多次续修。1990年李氏十八世孙李茂松等再次续修。谱牒著作。记载河北沧州李氏先祖李仁美,原籍西秦(今陕西)咸阳,后迁金陵(今南京),于明永乐十五年(1417)随父奉驾扈从北京,途经沧州,赘于曹门,后成为沧州回族曹、李两姓之祖和李氏世系传承情况。收录自明成化八年(1472)至清光绪三十年(1904)诰封25篇,明万历八年至清光绪二十九(1903)谱序5篇。为研究李氏回族历史的重要资料。1990年李茂松等人刻本。机械纸,线装,汉文,宋体,墨书。页面26cm×18cm,版框13cm×16cm,四边单栏,16行/页,38字/行。白口,有口题、页码。保存完好。河北沧州新华运输队李春生收藏。(图1-65)

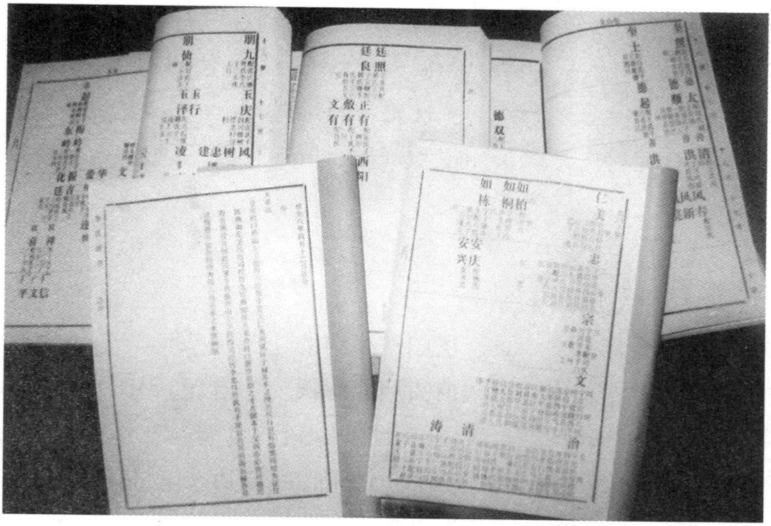

图1-65

沧州《时氏族谱》

图 1-66

谱牒 1 函,5 卷。1995 年河北沧州海兴县东候村时氏十七世人时富森等修谱小组,依据清康熙五十七年(1718)时氏残谱原序编修。谱牒著作。记载沧州时氏原姓为“施”,祖居东安县义柳屯,前祖为汉,三代在朝为官,后遭奸党陷害,仅存一公子逃来沧州,改“施”姓为“时”,与回族万氏女结亲,后裔为回,世称“时万一家”,及时姓与汉族姜姓“时姜不提姓,论字一家人”的关系。排有本族取名二十字和辈分世袭图。为回族族源研究重要参考资料。1995 年印本,手工纸,线装,汉文,楷体,墨书。六合套封,有书签。保存完好。河北沧州市物资局时振平收藏。(图 1-66)

泊头《陈氏族谱》

不分卷,1 册,26 页。民国初年河北沧州泊头回族陈氏先祖佚名撰。谱牒著作。记载泊头回族陈氏先祖迁沧历史和自清康熙年间(1662—1722)至民国初年泊头陈氏(含青县 1 支)共十代人名讳、婚配和生卒年月。对研究陈姓回族历史有重要参考价值。民国初年佚名抄本,手工纸,线装,汉文,楷体,墨书。页面 24.5cm×15cm,7 行/页,18—25 字/行。序言部分残缺 6 页。

河北沧州泊头市政协陈金升收藏。1999 年陈金升对原谱进行重新编修。（陈金升）

河间《哈氏族谱》

不分卷，1 册，79 页。清顺治十八年（1661）哈腾芳修。谱牒著作。记载河北河间果子洼村哈氏始祖哈拉卜丁，因追随明英宗朱祁镇复位有功，天顺初敕命安置河间卫，后取哈姓，以及哈氏家族世系名讳。对研究哈氏回族历史和回族姓氏演化具有一定参考价值。民国二十年（1931）佚名刻本，机械纸，线装，楷体，墨书。页面 24.5cm×21.5cm，四边单栏，15 行/页，2—22 字/行。保存完好。河北沧州河间瀛州杏园哈凤林收藏。（孙东来）（图 1-67）

图 1-67

沧县《曹氏家谱》

图 1-68

不分卷,4 册。1991 年河北沧州沧县曹家庄曹氏修谱小组参照光绪十一年(1885)旧谱残存资料整理修续。谱牒著作。记载沧州曹氏回族始祖为李姓名义(仁)美,招赘于曹门,并以次子孝公为曹门之后。辑有清光绪十一年(1885)陈允升序言;编有 20 字世系排字和相承之图。对研究曹氏回族历史和回族姓氏演变,有一定参考价值。1991 年曹家庄修谱小组内印本,手工纸,线装,汉文,宋体,墨书。页面 25.5cm×18.5cm,四周单栏,11 行/页,29 字/行。保存完好。河北沧州沧县曹家庄曹振仓收藏。(图 1-68)

泊头《曹氏族谱》

泊头曹氏宗脉,原附录于马文清《回族谱序与宗源考略·河北沧州曹氏家谱》世系表之后,但从此谱谱序内容看,与沧州曹氏家族并无明显联系。此谱载有清康熙二十五年(1686)"旧谱原序"、乾隆三十四年(1769)五月"家谱总序"和"历史名爵叙"各一篇,序(叙)称:"本宗直隶河间府交河县民籍,祖居齐家沿。明永乐十九年(1421)五月十八日,始祖讳海至泊头镇迤西八里庄,于王门为婿。送宅基一所：土楼三间、车房三间、西房三间、南牛棚三间，楼前门面房九间、楼后群房九间。宅内所用之器物俱全。又送大地三顷，车牛全备，迨后至……”又称“始祖讳海公起，于明永乐十九年五月十八日，自齐家沿徙居泊头镇迤西八里庄，此开基创业之始也。间尝闻□□先人传言，本贯南京，为世名宦，屡经兵乱，后迁流而至直隶河间府交河县齐家沿居焉。”由此可见，此支曹姓祖籍南京，战乱中流落河间府交河县齐家沿，明永乐十九年(1421)由名海者与该县泊头镇八里庄王氏女婚配，迁居八里庄，为泊头八里庄回族曹氏之立世之祖。是谱对了解河北回族曹氏源流提供了又一途径，具有一定研究价值。河北沧州青县民宗局戴中魁收藏，马文清《回族谱序与宗源考略》，辽宁鞍山档案局、社科联 2009 年编印，收录相关资料。

青县曹辛庄《曹氏支谱》

1 套，8 卷。乾隆三十四年(1769)青县八里庄曹宽、曹淑编修。记录河北青县曹辛庄曹氏回族历史渊源和迁徙过程。编有家族世系图。对研究曹氏回族历史有重要参考价值。现收录本为民国二年(1913)青县佚名抄本。手工纸，线装，汉文，楷体，墨书。页面 17.8cm×12.8cm，8 行/页，20—22 字/行。无边栏，白口。保存完好，河北沧州青县曹辛庄曹学正收藏。

孟村《韩氏家谱》

1 函，8 卷，15 册。民国二十年(1931)韩序岳等修。谱牒著作。记载河北孟村韩石桥回族韩氏家族历史、人物、诰封、职衔、

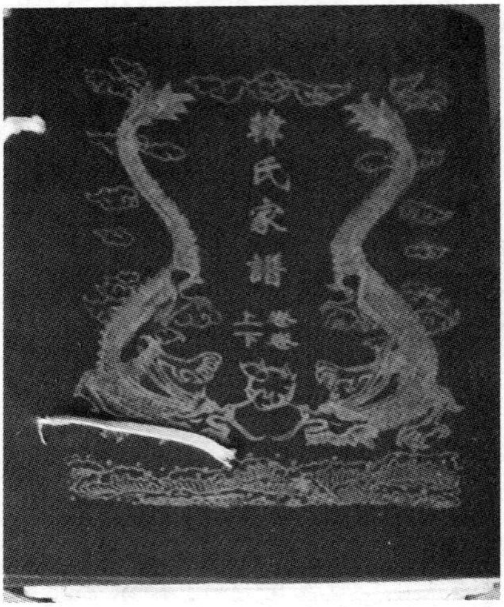

图 1-69

逸事及世系传承。录有清嘉庆二年(1797)、嘉庆六年(1801)、道光二十三年(1843)、光绪三十一年(1905)谱序10余篇。对研究韩氏回族历史具有重要价值。民国二十年抄本,手工纸,线装,汉文,楷体,墨书。页面 27cm × 20cm,墨框 21cm × 18cm,无边栏,14行/页,24字/行。白口,版心有页码,文中有句读。保存基本完好,河北孟村人事局韩景枝收藏。1999年经韩氏十三世人韩景枝,十四世人韩洪元、韩清洪等再次修订、付印,并配四合套护封。(图 1-69)

青县《戴氏总谱》

不分卷,17册。明嘉靖十一年(1532)河北青县戴家庄戴盛合修。谱牒著作。记载青县回族戴氏先祖戴诚原籍山西晋阳洪洞县石门寨母子村,于明永乐二年(1404)随军抵直,任武略骑尉、彭城卫官屯指挥,落居青邑,以及出佛门入古教,后为沧州回族大姓望族之历史。追溯戴姓原祖与姚、孔、黄三姓的关系。记录戴氏祖训"五法四则"、名人逸事、学位职衔。编有戴氏世系图。对研究戴氏回族乃至中原回族发展史具有重要参考价值。1984年青县戴颜苓抄本,手工纸,包背装,汉文,楷体,墨书。页面 34.5cm×23cm，无边栏，12 行/页，16—32 字/行。白口，有书牌，保存完好。河北沧州青县线庄戴树德收藏。（戴中魁　谢玉艳）

戴氏《先祖遗文》

不分卷，1 册，30 页。河北青县戴家庄戴氏明、清先祖佚名续撰。家史著作。记载戴氏先祖传说、逸闻、传略、遗嘱，村庄、清真寺来历，宗族异地后裔等。对研究戴氏回族历史和民族演化有重要参考价值。1996 年戴春波抄本，手工纸，线装，汉文，楷体，墨书。页面 25.6cm×18.2cm，无边栏，9 行/页，26—31 字/行。保存完好。流传抄本较多。河北沧州青县戴庄子戴春波收藏。（戴中魁　谢玉艳）（图 1-70）

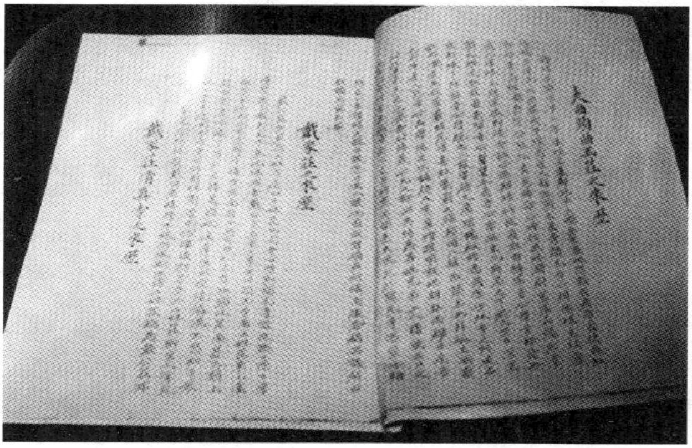

图 1-70

戴氏《沧桑纪略》

不分卷，1 册，20 页。明末清初河北沧州青县戴家庄漕帆小园居士戴羲臣撰，史略纪实著作。记载自明万历四十七年(1619)至清康熙二十五年(1686)68 年中作者亲身经历的社会变革和身边发生的大事。对研究明清交替时期的回族人民政治地位和经济生活具有宝贵的史料价值。民国十五年(1926)戴隽明铅印本，蚌埠商务印刷所代印。手工纸，线装，汉文，宋体，墨书。页面 21cm×15cm，版框 17.5cm×11cm，四边双栏，11 行/页，30 字/行。白口，黑单鱼尾，有口题、页码。保存完好，抄本较多。河北沧州青县民政局戴中魁收藏。(图 1-71)

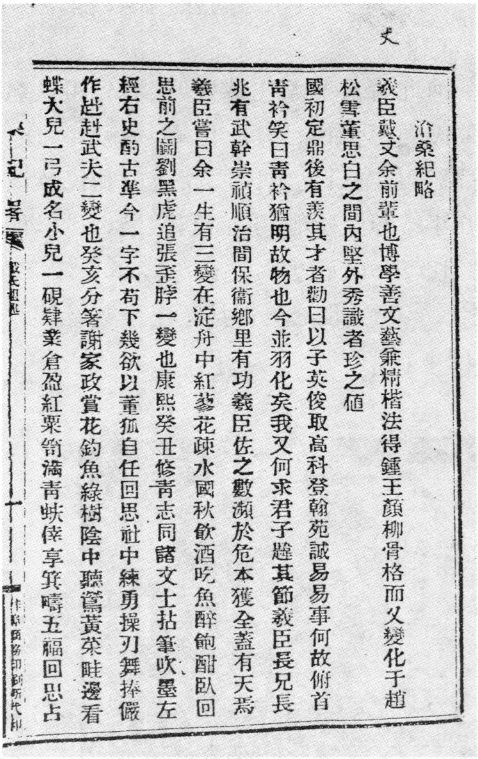
滄桑紀略
義臣戴文余前輩也博學善文藝兼精楷法得鍾王顏柳骨格而又變化于趙
松雪董思白之間內堅外秀識者珍之値
國初定鼎後有羡其才者勸曰以子英俊取高科登翰苑誠易易事何故俯首
青衿笑曰青衿猶明故物也今並羽化矣我又何求君子韙其節義臣長兄長
兆有武幹崇禎順治間保衛鄉里有功義臣佐之數瀕於危本獲全蓋有天焉
義臣嘗曰余一生有三變在淀舟中紅蓼花疎水國秋飲酒吃魚醉飽酣臥回
思前之鬮劉黑虎追張歪脖一變也康熙癸丑修青志同儲文士拈筆吹墨左
經右史酌古準今一字不苟下幾欲以董狐自任回思社中練勇操刃舞捧儼
作赳赳武夫二變也癸亥分箸謝家政賞花釣魚綠樹陰中聽鶯黃菜畦邊看
蝶大兒一弓成名小兒一硯肄業倉盈紅粟笥滿青蚨俸享箕疇五福回思占
蚌埠商務印刷所代印

图 1-71

沧州《冯氏家谱》

图 1-72

不分卷，1 册。冯氏十九世人冯叔祥修撰，2004 年刊印。谱称冯氏家族于明永乐二年（1404）由南京二郎岗迁来，至今二十一世。原无古谱，于 2004 年由其父亲冯英良，叔父冯英俊、冯英第、冯英祺提供资料，编纂成谱。由于年久无谱，十三世前先辈名讳失考，是谱以十四世祖冯玉静为始，记述了清末至民国时期冯氏家族的发展史和新中国时期冯氏家族的贡献。对研究冯氏回族历史有参考价值。现代印刷品，机械纸，竖版，封页有经文。河北沧州冯叔祥收藏。（图 1-72）

河北省孟村镇吴氏八极拳术秘诀之谱

不分卷，1 册，123 页。民国二十五年（1936）吴会清修。武术谱书。记载清代河北孟村回族吴钟创立八极武术门派的历史，以及门内各种拳术、器械套路和练功秘要，续记历代八极传人。系八极武术与回族武术研究的宝贵资料。民国二十五年（1936）吴会清抄本，手工纸，线装，楷体，墨书。页面 26cm×19cm，墨框 21.8cm×16cm，四周单栏，10 行/页，20 字/行。保存基本完好。河北沧州孟村政协吴连枝收藏。（图 1-73）

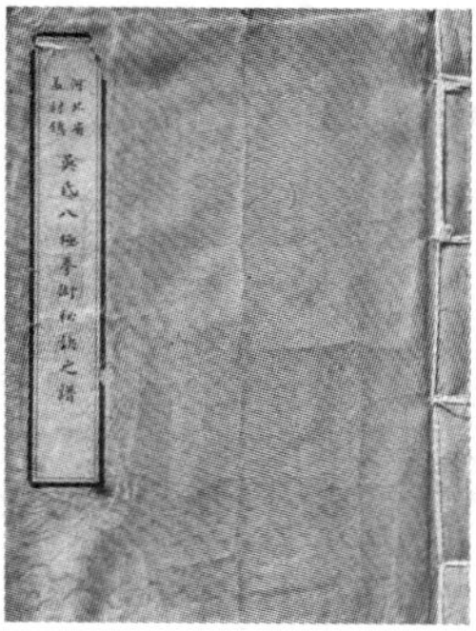

图 1-73

外省份涉冀谱牒采撷

河北回族源远流长，在滚滚流淌的历史长河中，聚散漂泊，繁衍生息，留下了许多游离聚落，沉浮兴衰的斑斑足迹。这些足迹，或碑，或文，或谱，都是河北回族沟通脉络，修补史续的资料珍品。近些年，回族古籍的挖掘整理工作，使大量沉睡于地下的宝贵资料拂尘见日，在河北回族历史研究中发挥了重要作用。同时，也有许多宝贵的历史资料隐埋于外省的古籍之中，未能得到河北的开发整理和利用。为了弥补这一缺憾，现将部分外省谱牒中与河北回族相关的部分资料录于是书，以求河北回族历史研究的视野更加开阔，资料更加翔实，文库储藏更加丰富。

山东

济阳《丁氏族谱》

山东济阳《丁氏族谱》，古谱已佚，清末重修，又经多次补修，较为完整。谱中载有清道光二十八年(1848)丁酉科举人署蓬莱县教谕贾寿年所撰“济阳县丁家庄祖茔碑文”、宣统元年(1909)济阳文庠生丁氏十六世孙丁绍祥序、宣统二年济阳武庠生丁氏十六世孙丁绍诚跋、民国三十一年(1942)师范毕业十六世孙丁绍德序、本邑庠生师范毕业十七世孙丁鸿序。概诸文大义：其始祖开马鲁丁公，自明朝洪武间，由天方始入中原，居金陵二龙冈，改曰“回营”。永乐初，始祖士贤公，身应南京指挥使之职，从龙入燕京，徙居沧州之孟村，虽未习乎儒业，咸克务乎农桑[①]。子姓繁衍，难以聚族而居。於明末自孟村徙居山东济南府济阳县城西南四十二里之丁家庄，其茔兆卜于庄之东南隅[②]。至十世祖讳学栋公，又徙居大路庄，其茔兆卜于庄之北。及十二世祖讳邦敬公，又迁茔于庄之东，即今庄东之祖茔。原谱于明季遭兵燹，损毁无存，此次修谱，系参照旧谱稿一本，遵其旧规，补以新缺而成。是谱坚持"渎尊者正之[③]，乱伦者除之。临文不讳，嫌疑弗隐"。同时申明："凡晚辈嗣长辈，前辈嗣后辈，异姓乱宗，并义子承祧[④]，概不录谱……"谱中所记士贤公确为河北孟村丁氏之祖，对士贤公之后的繁衍迁徙、济阳茔地的位置，以及谱牒整理的原则，记载详细。对河北丁氏回族历史和回族谱牒学的研究有一定参考价值。马文清《回族谱序与宗源考略》，辽宁鞍山档案局、社科联 2009 年编印，收录相关资料。

宁津《六箴堂张氏家谱》

山东宁津《六箴堂张氏家谱》创修于明建文四年（1402），谱系之起始年代为元至正二十一年（1361）。原谱线装，手抄本，分上、中、下三册，每册各分长门、二门，传二十世。序文部分仅存"先世略史""仲公略史"，均为张氏家族二门第二十八派第十七世后人张广训所撰。谱为民国二十五年（1936）张秉翰版重续

---

① 咸克务乎农桑："咸"即"都"；"克"即"能"。此句意为："都能以农桑为业。"

② 其茔兆卜于东南隅："兆卜"即"占卜"（汉俗）。此句意为：丁氏祖茔曾经过占卜，庄之东南隅为吉地。

③ 渎尊者正之："渎"即"亵渎"。此句意为：将有亵渎尊长的地方纠正过来。

④ 义子承祧："祧"即"宗庙""宗脉"。此句意为"以义子继承宗族"。

本，内有“张氏家谱自序”、1988年“张长尊序”各一篇。该谱经张登云、张广训、张秉翰祖孙几代人重修，由张广厚伯侄、张文真与张长贵父子辗转珍藏，最后由鞍山张氏二门第三十四派第十七世后人张长尊增补并提供。根据现有谱文记载，张氏之先祖有伯韫、仲韫二祖，先西籍，居金陵。于金陵开设药铺名“六箴堂”。“靖难之役”战火蔓延，家道中落。永乐改元，逾二载（1405），奉诏移民北上，落居直隶宁津县（今隶山东）长官镇。始祖锁壁公张伯韫，以选遭国子监肄业、优贡生、布政司照磨，其次子张质任太医院待诏，次孙张续任太医院吏目，曾孙张增任医官院府学正科之职。公讳锁珠，字仲韫，乃始祖伯韫公之仲弟。永乐年间，联袂北来，因携眷幕游北方。初隶蓟门①，旋赴燕东或谓玉田县境。未几病殁异乡。逾世，其后裔中有返于族里者，殆亦未详世次。今之祖墓东侧方冢者，传谓仲氏后裔墓迹。仅三传，谱系无考。世传鲁境中有张氏村落，亦由燕东移来，但因环境所迫而信奉已易，究属同源异流。是谱较为详细地记载了张氏家族由南京迁至河北又由河北转迁山东的辗转历史，以及后来又有个别后人因环境所迫信奉改易等现象。对研究回族迁徙史以及历史经济文化具有一定参考价值。马文清《回族谱序与宗源考略》，辽宁鞍山档案局、社科联2009年编印，收录相关资料。

济南《崔氏家谱》

山东济南《崔氏家谱》，今存清代序言两篇，一称“大清同治

---

① 蓟门：蓟州，古军镇名，为京城之门户，辖今河北长城内东起山海关，西至居庸关和天津以北地区。

三年崔进友原序”，一称“光绪三十四年夏六月上旬八日崔安支原序，锦阳学者冠五、金梦仁撰文；五品翎顶兴轩、李宝泉恭观；本族领袖晓山、崔峻；后学干选允甫、崔士信稽谱”。两序记载：吾崔氏始祖讳岗，原籍顺天（京都）西三里河庄人。明正德元年，迁至山东历城县西黄岗山南麓，与异教王氏结秦晋之姻，后依亲卜居。前妻故，续娶王氏次女，前后生十子，俱已婚配，奈三、九、十支乏嗣无子接续，唯传七人七支也。后返籍续嗣一支，迁大槐树庄一支，庄内余五支，至其后裔，以庄内人丁为多，大槐树庄次之。支派中尚有迁居府城之内，与省内诸县另有小股支派，落居蓟汴之地，吾支族人谋商修谱，以志之，庶永流百世同宗而不乱，继传千秋共族而不紊，此修本支条之谱，以令后裔知远近之别焉。由此可证，山东历城崔氏回族系由河北顺天府三里河庄迁来，且后人又有一支返籍续嗣，另有小股落居蓟汴之地。对研究河北崔氏回族历史有重要参考价值。马文清《回族谱序与宗源考略》，辽宁鞍山市档案馆、社科联 2009 年编印，收录序文。

益都（青州）《杨氏世谱》

山东益都（青州）《杨氏世谱》，明嘉靖十九年（1540）立，杨氏第六代孙，赐同进士出身，中宽大夫，前礼部祠祭，清吏司郎中知临洮南阳府事，杨应奎亲撰“益都杨氏世谱序”。谱载：杨氏先祖，乃咸阳王赛典赤·赡思丁长子纳速剌丁第九子伯颜察儿①。伯颜察儿传至五世莫苏，因居大都（京师）羊市角头，易姓为羊，复更为杨。七世祖失其名讳，官益都路总管，及六世祖为临朐中

① 按：《元史·本传》伯颜察儿为纳速剌丁第七子。

尉者，遗有田产于青。至大明洪武元年(1368)兵取大都，大将军(徐达)令都人南迁，六世祖遂携苏及二女奔青州，占籍古城，社民声迹，不敢显言仕宦亲族。据赵潜先生考证，此谱世系自赛典赤·赡思丁至青州杨氏一世，为：一世赛典赤·赡思丁，二世纳速剌丁，三世伯颜察儿，四世佚名，五世莫苏(青州一世)；杨氏入居青州后：一世莫苏，二世名钦，三世名全，皆因隐姓埋名目不识丁。直至五世名鸾，即应奎父澹乐公，方由祖妣始令读书。是谱对研究元明更替时期河北回族官宦去向及姓氏演化有范例作用。山东赵潜先生曾做深入研究，马文清《回族谱序与宗源考略》，辽宁鞍山档案局、社科联2009年编印，收录相关资料。

胶州《法氏宗谱》

山东胶州《法氏宗谱》为手抄本，分2卷，共260页。由法氏十一世孙法若真(清康熙八年科五经异材特召考选会魁、授翰林国史院中书舍人、历任江南安徽布政使、湖广布政使司右布政使、浙江按察使司按察使、福建布政司左参政、典试入闱正主考、国史院庶吉士)、法若贞(顺治三年进士、历任整饬直隶井陉兵备道山西按察司副使、整饬陕西汉羌兵备道布政使司参政、授中宪、通义大夫)共同创修于康熙五年(1666)至二十一年(1682)间。再后由十五世孙法汝简及次子法恪重修于嘉庆六年(1801)。谱录从明景泰或成化元年(1450—1465)第一世起，至民国二十八年(1939)第二十五世止，历时近500年。谱载：胶州法氏先祖，法都喇·法若正，“法都喇”乃伊斯兰教经名，而“法若正”则系中国之名。又称“明洪武时，法都喇以扈从奇勋，特赐鞍马，授世袭指挥佥事。立家于燕之房山(今北京房山)，今顺天良乡、固安则犹其苗裔”①。胶州一世祖“文质(法)典侯若正公嫡派”。是谱对法氏胶州支系记载详细,与常州法氏谱相互参照更为清晰,两谱说法之统一,进一步验证了其记载的真实性,对研究法氏回族源流与发展有重要价值。马文清《回族谱序与宗源考略》,辽宁鞍山档案局、社科联2009年编印,收录相关资料。

商河《王氏族谱》

山东商河《王氏族谱》,清同治三年(1864)正月上浣,四世孙天相、六世孙登第监修,清邑庠生六世孙登科撰修。光绪二十八年(1902)五月上浣,清邑庠生八世孙炳寅续修。谱称:“余族王氏而族谱所在不知失于何世何人,考之父老,相传,来自燕京花市,而先祖世系仅上溯及五世,太上不能追求。此余所日夜悼叹而无可如何者也。禴祠烝尝②之际,能勿对先祖而暗然神伤也乎!虽然不能记载者,固属余身之憾,有可追求者,当为后世之传。于是会诸族老议修族谱溯源穷流,俾后人之于支派了如指掌,知某为某支为某派,不至世远年湮致泯没其本源也。”是谱虽然内容不繁,但却明确记述了其先祖来自燕京花市,为研究河北回族王氏脉络增加了一份新的线索。马文清《回族谱序与宗源考略》,辽宁鞍山档案局、社科联2009年编印,收录相关资料。

---

① 今顺天良乡、固安则犹其苗裔:即创修此谱时,顺天府良乡、固安一带皆有法氏后裔。

② 禴祠烝尝(yuè cí zhēng cháng),古代四季祭祀称谓。夏曰禴,春曰祠,冬曰烝,秋曰尝。禴祠烝尝:指古人祭祀先祖之意。

宁阳《王氏族谱》

山东宁阳《王氏族谱》，明天顺四年（1460）五月十七日立，荣禄大夫太子太保兼吏部尚书前国史总裁泰和王直撰文。后于清乾隆三年（1738）、光绪二十六年（1900）等多次重修。该谱卷首扉页书“省心念祖”，以“赠通议大夫顺天府府尹王公神道碑”开篇。时，顺天府府尹为王贤。谱载：“王氏回回人原直隶通州三河人，明太祖始迁山东宁阳。始祖王璿（号回澜）为元佥枢密院事。”王氏远祖“系出西土回纥，于唐有功，贞观召至中原，后迁通州三河县”。四世祖王贤（1386—1469），成化年间任资善大夫、户部尚书（正二品），谥文穆。（王贤）有子十一人：长大缙、次大绅早逝；前六支：经、纶、纲、素、绶、纪在外为官，后裔皆更族属为汉，第九支大组，迁回山东宁阳之小伯、朱家泉台南村，累代承祖回回世家。大组公为宁阳回族王姓五世祖。是谱对山东宁阳回族王氏源流及其四世祖王贤之后的民族变化记载清晰，对全国回族学研究，具有一定史料价值。山东济宁马秉新提供，马文清《回族谱序与宗源考略》，辽宁鞍山档案局、社科联 2009 年编印，收录相关资料。

辽宁

海城《尹氏宗谱》

辽宁海城《尹氏宗谱》，又称《传家轨范·尹氏宗谱》，成书于民国十八年（1929）六月十五日，系由海城尹鸿儒主修。内载乾隆四十一年（1776）、咸丰九年（1859）、光绪二十八年（1902）、民国十五年（1926）序言四篇，民国十八年（1929）尹鸿儒自序两篇。是谱记载，尹氏祖自唐贞观七年（633）三月二十一日受聘中华，封为龙袖侨民。初居广东一带。至宋帝太祖迁于(金陵)二郎(即二郎岗)。后分迁于长江、黄河流域诸省。其鼻祖以代远年湮讳无可考,仅知其高祖以上世居新集(现河北青县新集镇),后辈遂以此地为原籍。清顺治八年(1651)拨民于关东,其高祖随迁至承德县,为永丰社一甲之民籍;后迁襄平(现辽阳县),再迁海城,遂置房园,购茔地而安居。是谱对河北回族尹氏外延提供了一个实例,对河北回族历史研究具有较高参考价值。辽宁尹德盈收藏,马文清《回族谱序与宗源考略》,辽宁鞍山档案局、社科联 2009 年编印,收录相关资料。

北京

忠恕堂《马氏族谱》

北平忠恕堂《马氏族谱》于民国二十年辛未(1931)菊秋,由北京地安门外后门桥长门二十世马有馨字少宸撰修。谱称其十四世祖马良公,于清乾隆十年(1745),由山东恩县白家庄迁居北京,至修谱时已经 155 年。作者唯恐族人生殖日繁,家乘历久废坠,无以明其世系,经过十数年的调查考证,并以天津马万兴字仁甫所制《崇伦堂宗谱》为蓝本,自十四世至二十二世,一门一支,名号职业详加记载。以便传后之人,按谱中所定排字诗命名,依次排序。确定长门二十一世,留纸十页;二门之后,留纸十五页;三门之后,留纸五页,以备按名记载,每十年续行考查一次,以便加印,传流不息,另附茔地图说。要求凡本族人务须于每年巡游一次,合族集款修理一次,以聊尽敬宗遵祖之意。

此谱明确言明为崇伦堂马氏宗系,为河北马氏外延例证之一,对全面了解马氏传播脉络有一定参考价值。马文清《回族谱序与宗源考略》，辽宁鞍山档案局、社科联 2009 年编印，收录相关资料。

昌平阳坊《贯市李族谱》

北京昌平阳坊西贯市（西灌石）李姓，原无全谱，仅知相传为“文台李”。是谱为 2005 年中央民族大学教授西贯市村人优素福·李佩伦、阿汉文书法家李建工、美国彭陆得国际有限公司北京代表处帅红旗（女，李氏亲眷）等参照坟台李第十九世李栋遗稿修撰。李佩伦撰写前言并《贯市李及贯市清真寺考略》，李建工、帅红旗撰写后记，较为全面地记载了贯市李自明祖至当今的历史脉络和名人、名事。其中庚子之变慈禧太后、光绪皇帝驻跸贯市清真寺、贯市李为中阿建交牵线搭桥等事例都具有重要研究价值。马文清《回族谱序与宗源考略》，辽宁鞍山档案局、社科联 2009 年编印，收录相关资料。

广东

广州《杨氏族谱》

广州杨氏族谱，有省城（广州）西湖宝珍楼木刻版和手抄本两种，内有光绪九年（1883）五世孙杨满、七世孙杨枢、清光绪三十四年（1908）十一世孙杨肇荣所撰谱序四篇。前序称：广州杨氏先祖名荩臣，从世祖皇帝入关定鼎，后奉调驻防粤东，遂隶旗籍，世居广州。但在肇荣所作序中，又称：“我太祖籍原正定，上承先世之传，功著浔州，荣膺千户之职，既而卜居东粤数百载……”由此可见广州杨氏与河北正定有着根蔓联系。为河北杨氏回族历史研究，提供了一条重要线索和宝贵资料。林安彬、马亮生《中国南方回族古籍资料选编》(上)，广西人民出版社2013年本收入本谱序言。

广西

桂林《宛平马氏家谱》

广西宛平马氏，原谱毁于兵燹，于同治四年(1865)由马氏五代孙原麟重修家谱，称桂林《宛平马氏家谱》。同年正月十七日由原麟长子赓銮执笔作序，序称其族旧有谱，自燕入粤，谱遭兵燹，昆岗公以前已不可考。昆岗公讳文玉，字君璧，号昆岗。崇祯初年侍亲偕弟侨寄东粤。昆岗公弟讳文辉，字尚纲，号蔚岑。昆岗之父育文公，系直隶省顺天府宛平县籍，世居西门，后迁广东番禺……，崇祯初年族寓羊城。配祖妣陀氏、韦氏系番禺人氏，生二子，长即文玉公，次即文辉公。后育文公归燕省墓乃殁故里。昆岗公母寿终葬东粤。清顺治九年(1652)，昆岗公羡桂林山水，携弟蔚岑公来游，遂卜居广西桂林府临桂县之旧村，配本村白氏祖妣，即迁居粤西之始。……蔚岑公返羊城遂家羊城。东粤之族自蔚岑公始，西粤之族自昆岗公始。是谱明确记载广东羊城、广西桂林马姓回族是由直隶(河北)顺天府宛平县迁来，是研究河北马氏回族外延发展的又一佐证。马文清《回族谱序与宗源考略》，辽宁鞍山档案局、社科联编印，2009年本和林安彬、马亮生《中国南方回族古籍资料选编》，广西人民出版社2013年本，收录相关资料。

桂林《张氏家谱》

广西桂林《张氏家谱》旧刻记载颇详，顺治丁亥（1647）而后，因遭兵变族人迁避，刊本遂无存焉。是谱重修于清顺治、康熙年间，内有顺治戊戌（1658）、康熙庚戌（1670）族人重梓、昌荟所作原序以及康熙、乾隆、嘉庆时期序言多篇。谱载：桂林张姓始祖张架尔，原籍直隶顺天府良乡县张飞店人。自洪武三十二年（1369）游宦广西梧州府衙，生三子，长曰松、次曰柏、三曰椿。俱始祖母杨氏所出。彼时瘴疫大行，三子前后身故，仅存一孙名洪献，系松所出。而柏与椿俱无继。永乐九年（1411）改调桂林中衙，始祖及祖母相继而亡。宣德四年（1429）三代祖洪献亦故，所生四子：长仲悠、次仲久、三仲成、四仲物，皆祖母文氏所出。后祖母文氏亦故，仲悠等卜葬于遖西丽泽门外仅一里许，土名社公脚，合墓在焉（现骝马山法轮寺一带）。至今子孙相传称之曰梧州公、梧州婆，桂林墓地始于此矣。桂林张氏家族迄今数百年来人才辈出。经考查，明清间多出“协总”“千总”“把总”等武官，另有十余人中科举，可谓名登仕籍。清道光以后张氏家族不断涌现“经学”人才，如张锡三、张绍嵩、张少辉、张明德、张炳荣等皆为知名阿訇。谱中规定：每年正月十六日同赴祠堂聚会，是日，清晨竭诚往丽泽门外敬谒祖茔，午间诵经会食。是谱对桂林张氏家族历史介绍较为详尽，且在风俗方面出现“祠堂聚会”之类与河北回族不同的现象，对研究河北张氏外延及风俗的演化有重要价值。林安彬、马亮生《中国南方回族古籍资料选编》广西人民出版社，2013 年本和马文清《回族谱序与宗源考略》，辽宁鞍山档案局、社科联 2009 年编印，收录相关资料。

湖南

邵阳《张氏族谱》

湖南邵阳张氏回族，立谱于清乾隆年间。内载清乾隆二十七年（1762）十五世孙正福字百昌（卷首）“旧谱本源分派图”、乾隆二十九年（1764）十三派孙大英鸿山氏“卷首二修序”（老序）二文。文称：“吾祖始自北京顺天府通州山河县（今河北三河市）牛角湾。鼻祖璞罗德公，其弟璞罗密、哈二公，一居原籍，一居滇南，各自有系，且地远年久，不能悉详。唯我璞罗德公，授职都督指挥，子孙世袭，于洪武元年调楚宝郡，旋征云南有功，功叙一等，加三级纪录五次，靖凯有功，世袭后裔，厥嗣版吕公调防鹤白。至宣德二年回署，附籍东门外，俗因名张家冲，赐屯田百余亩，立户张交龙，又立户鹤鸣。至万历年间，六派祖瑞海公尚袭百户，指挥不替。”是谱载明湖南邵阳回族张氏，为河北山河县人璞罗德公之后裔，对研究张氏回族历史及姓氏演变有较高价值。林安彬、马亮生《中国南方回族古籍资料选编》，广西人民出版社2013年本，收录相关资料。

邵阳《苏氏家谱》

湖南邵阳《苏氏家谱》初创于乾隆中叶，由惟夏公积十余年之劳瘁而成墨帙三卷，分房珍藏。越六十又九载，至道光十一年（1831），由玉林、永魁、世照、吉荣、庸礼、裕龙、明福、顺湝等继而续修，苦心经营五载成就。民国三十三年（1944）由十六世春发、十七世炳文，第三次修续。据苏氏三修族谱收录乾隆二十七年（1762）夏月十二世孙天亨字惟夏甫超凡氏、1949年十八世孙郁炳文氏两序，称其鼻祖通公，于明洪武初年由燕京宦游湘邵，慕双清六岭之胜，遂卜居城西黄土墙。政公荫袭父职，再传御公，时于永乐年间迁居南乡塘山冲，即今之苏家冲。生锦、铎、镕兄弟三人，由此派分三房，年积月累，生齿日繁。迄九世至十五派之间，或出仕，或外商，或从军，或公艺，陆续徙蜀、黔、桂、滇各省，迁益阳、汉寿、武冈、隆回等县。族系繁衍甚盛。在第三次续修中，正值日寇陷境，造成满目腥膻，旧谱成稿，皆遭散失。日本投降后，重整残简断篇，在同房居四川隆昌之德宣先生臂助下，又由国府教协总会采录籍蜀宗人通讯处相告，得于与四川绵竹、犍为等县族人世系相连，并得参与合刊者内江邮寄谱牒六卷俾作参阅，终成此谱。是谱明确记叙了河北苏氏迁徙湖南，延至黔、桂、滇、川各省的传播脉络和在战争年代修谱的艰难，对研究苏氏回族发展史有重要参考价值。马文清《回族谱序与宗源考略》，辽宁鞍山档案局、社科联 2009 年编印，收录相关资料。

邵阳《海氏家谱》

湖南邵阳海家巷海氏家谱，始序于乾隆六十年(1795)，十一世孙钟麟撰文；二序于民国元年(1912)，由十六世孙毓霖撰文。海家巷海氏，其先祖讳盟石，北平府顺义县人。洪武元年(1368)授御前亲军指挥，二年(1369)，改授宝庆卫指挥，十三年(1380)又改授分守云南毕节卫。生有三子，长曰伯，次曰颜，俱随任毕节，遂落籍焉。季子馨留于宝郡，居邵阳城内，遂为海家巷海氏。日久，后嗣散居迁徙靡定，如嘉靖间琼州之刚峰，安化之源善，以及雍州之名贤硕士，济济不可胜数。是谱清楚记载邵阳海家巷海氏、云南毕节海氏，皆为河北海盟石之后裔，对研究海氏家族史具有重要参考价值。湖南省民委马亮生《湖南回族史料辑要》,湖南出版社 1995 年本,收录两谱序并府志载文。湖南省民委收藏。

常德《黄氏家谱》

湖南常德《黄氏家谱》始创年代无考,康熙戊子年(1708)兵燹流离而佚。雍正二年(1724),由七世祖庠生璠公初透草谱,乾隆三十六年(1771)九世祖沼公复修印谱,此后又经多次修续。内载清雍正二年(1724)、乾隆五十八年(1793)、道光五年(1825)、光绪六年(1880)、民国八年(1919)序言五篇。序称其鼻祖黄隆世籍幽燕,北直顺天府固安县团舍村人,信奉回教。明永乐初,官常德卫指挥,旋奉调北征,殁于王事,赐葬边疆。妣金宜人,念子德忠公甫七岁,德信公甫四岁,无力北上,遂落业于常德前乡之花家巷。今所称为教门滩者,则为忠公侍母宜人之故里。滩东里许有山名金婆婆山,岿然忠公母子之佳城。信公后徙教门冈,其地附近有青泥湖,故又有青泥湖之称。其子若孙分六大房,有迁卢家洲、田庄湾、唐家坝、沾湖溷者,皆已由回入汉,其居冈上鲢鱼湖、蔡家湾及迁桃源中堉者,皆谨守教规,无忝祖考,因教门岗居西港,此均谓之西分;忠公世居东港,故曰:东分。传至文龙公由回人汉,其不从者仍徙滩上。是谱明确记载湖南常德回族黄氏祖籍河北固安和黄氏后裔的民族变化,对研究回族历史和民族成分演化有重要参考价值。湖南省民委马亮生《湖南回族史料辑要》,湖南出版社 1995 年本,收录两谱序并府志载文。湖南省民委收藏。

湖北

沔阳《魏氏宗谱》

湖北《魏氏宗谱》始修于清光绪壬辰年(1892),原洪湖、沔阳等地族人皆有收藏,后毁于1954年水灾和“文革”。今谱为1991年根据零散资料追记。谱称其始祖实公,生于西域,籍于北京顺天府顺义县石槽村,于明洪武九年(1376),发南京凤阳府武和县指挥周公营中总旗。随周公征战有功,调授湖广、常德、荆州卫所仕百户。劳累病故于荆。因其眷属住常德,故迁葬于常德府北门外魏集滩。实公生子二:长子拜柱,次子德清。实公病故后,父爵由长子拜柱顶袭,洪武二十年(1387),拜柱奉旨追剿叛寇,出得胜关外;二十二年(1389)奉旨征战周家坪;二十四年(1391)二月,以功升沔阳卫所仕百户。其眷属由常德迁沔,拜柱之母病逝沔阳,葬于窑头。是谱虽是追记,但资料翔实,对魏氏回族研究有一定参考价值。林安彬、马亮生《中国南方回族古籍资料选编》(上),广西人民出版社2013年本,收入本谱序言。

湖北《荅氏宗谱》

湖北荅氏,古居郢地,散居多处,与陕西开成县荅家坪同宗。据道光二十五年(1845)修,古郢德馨堂刊刻的《荅氏宗谱》所录,清嘉庆五年(1800)荅永擢、荅元海等合撰谱文。荅氏先族原籍西域,自元世祖至元癸巳(1293),讳剌罕与剌海祖,同字可人,献大珠,赐价不受,帝嘉其廉,命姓荅氏,留官于朝。成宗时进剌罕右丞相;武宗大德丁未(1307),公仍前官,复擢剌海公左丞相。二公斌性刚方,才具繁捷,历相三祖,嘉言懿行,载在《元史》。是谱记载:“英宗元年(1321),罕公卒,赐葬东京。太宗二年①,海公卒,敕并葬。此我家始宗也。”由此可证湖北答氏先祖是由西域前来献珠宝,得封官职,落籍河北的。此后,其后裔又由河北宦游他省定居。是谱对研究答氏回族历史以及元代回族先民贡赐贸易,有重要参考价值。林安彬、马亮生《中国南方回族古籍资料选编》(上),广西人民出版社 2013 年本,收入本谱序言。

河南

济源下街《程氏家谱》

河南济源下街《程氏家谱》,是由程氏七代孙连慧于 2004 年修于焦作。其族源追溯之依据主要是清同治十二年(1873)三月,由程氏姻亲河阳邑庠生白羽丰代为程氏立世祖程有贵之墓撰写的碑文,即“大清处士程公讳有贵字元荣配妻吕氏之墓碑”。据是碑记载,程氏祖为直隶真定(今河北正定)人。乾隆初年,迁居本邑庙道街,为子孙创恒产培恒心,文武农商济济,各有成业。后建茔于村西寺岗之阳。此谱“家族简史”亦称,有清一代始迁祖程有贵,字元荣,行四,配妻吕氏,系直隶真定人。据传,其始迁祖青少时因生计所迫,于清乾隆初年离真定而到河南济源,先在康村帮人干活,维持生计。但其先祖牢记回族之根本,伊教之真谛,闻庙道下街乃回族居住村,有清真寺,随即迁居庙道街村南首。是谱明确记载了河北正定回族程姓迁居河南的背景及选择回族村居住的过程,对研究河北回族程氏外延与发展具有实例价值。马文清《回族谱序与宗源考略》,辽宁鞍山档案局、社科

---

① 考元代纪年无“太宗”年号,疑为“泰定”笔误,泰定二年即 1325 年。

联 2009 年编印，收录相关资料。

江苏

常州《法氏家乘》

常州《法氏家乘》为刊印本，分 4 卷，共 527 页。相传原谱始修应在乾隆四十五年（1780）前后，失修历百余年。其后由二十一世孙法文祥（焕文）、法庆祥（庆谷）、法瑞祥（兆金）先后续修于光绪八年（1882）和二十六年（1900）。是谱记载，从元末明初第一世法都喇起，至光绪二十四年（1898）三房第二十四世止，先后历时约 530 年。族谱中分序文、画像、诰敕、宗规、五宗说、服制图、墓石铭、诗文遗稿、传记、世系表、领谱字号（领谱记录）等，内容广泛，记叙详尽，可称是撰修较规范、完整、系统的族谱。尤其谱中的诰敕，以及同治进士、内阁学士兼礼部侍郎、浙江学政、安徽省巡抚陈彝的亲笔手书谱序等，均属很有价值的文献资料。谱载，法氏祖房山侯法若正，房山区韩溪村人。少卓荦①豁达大度，喜读书、善骑射，元末考中武举，后因世乱未仕。及明朝兴起，因公受大将军徐达赏识，后授燕山卫指挥使，升北平都指挥使。燕兵渡河，力战而殁。燕王既承大统，嘉其心迹，乃追赠房山侯。

据常州法氏二十三世孙法壬林考，常州法氏源于姑苏（今苏州），姑苏之源于胶州，胶州之源于房山（今北京房山区），房山之源于扶风。是谱对法氏家族的源流及发展变化记载明确，对法氏回族历史研究有一定价值。马文清《回族谱序与宗源考略》，辽宁鞍山档案局、社科联 2009 年编印，收录相关资料。

---

① 卓荦（luò）：又书卓跞，即人才优秀卓绝，无与伦比。

其他著作

威州重修公廨记

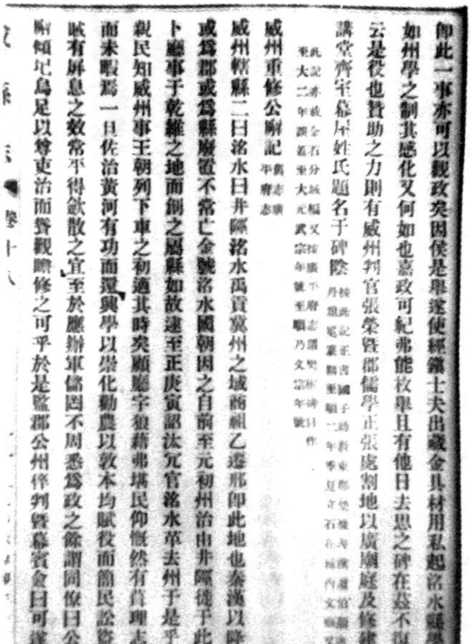
仰此一事亦可以觀政矣因俟是舉逹使經歷士夫出藏金具材用私起洺水縣學
如州學之制其感化又何如也嘉政可紀弗能枚舉且有他日去思之碑在茲不復
云是役也贊助之力則有威州判官張榮暨郡儒學正張處割地以廣廟庭及修建
講堂齋室幕府姓氏題名于碑陰

威州重修公廨記

威州轄縣二曰洺水曰井陘洺水禹貢冀州之域商祖乙遷邢仰此地也秦漢以降
或為郡或為縣廢置不常亡金號洺水國朝因之自前至元初州治由井陘徙于此
卜臨事于乾維之地而創之屬縣如故逮至正庚寅詔汰冗官洺水革去州于是乎
親民知威州事王朝列下車之初適其時矣顧瞻宇狼藉弗堪民仰慨然有直理志
而未暇焉一日佐治黃河有功而還興學以崇化勸農以敦本均賦役而簡民訟豁
賦有屏息之敘常平得歛散之宜至於應辦軍儲因不周悉為政之餘謂同僚曰公
廨傾圮烏足以尊吏治而聳觀瞻修之可乎於是監郡公州倅判暨幕賓僉曰可遂

图 1-74

文1篇，2页。元至正十四年(1354)刘谦撰。记载元至正十年(1350)原籍北京房山回族人王伯大(原名王朝列)以参知政事知威州。在任期间，治理黄河，兴办学校，奖励农业，平均赋役，与慕僚自捐薪俸修复州衙厅堂。被百姓尊为“亲民知威州事”“心公才干，政举民安，可谓贤守令矣”。对研究回族政治和历史文化有一定参考价值。是文原件已佚，民国十四年(1925)《威县志》收录此文，河北邢台威县史志办收藏。武宝林撰文《元代回回名宦王伯大轶闻记略》载《河北民族工作》1987年第5期。(黄成俊　李勇俊)(图1-74)

丸散膏丹汤头

图 1-75

不分卷，1 册，94 页。清光绪十九年(1893)，邯郸大名南关东清真寺阿訇王从一撰抄。回族医药著作。著作以“小儿经”①体文记载王从一阿訇职居教长，兼修医术，多年搜集整理的回回传统医方、药方和中医验方、疗法。即是珍贵的实用医书，又是当今少有人识的回回文字“小儿经”的范本。对研究回族医学和文字具有一定的参考价值。清光绪十九年(1893)王从一抄本。麻纸，线装，小儿经与汉文合璧，墨书，内有楷体汉文 11 页。页面 28.7cm×15.2cm，墨框 24.5cm×12.5cm，无边栏，17 行/页。书衣有汉文书题和红色经文书签。保存完好。河北邯郸大名民宗局杨国祯收藏。(杨国祯)(图 1-75)

马氏验方集

不分卷，1 册，25 页。清道光至光绪年间(1821—1908)河北沧州清真北大寺乡老马志强之祖(佚名)撰。医学著作。记载清朝时期治疗各种杂症、怪病的偏方、秘方。系研究中医学和回族

---

① 小儿经：亦称“小经”，即一种用阿拉伯字母拼写的文字，其中杂有汉字。过去清真寺阿訇、海里凡记事或写信多用此种文字，现不多见。

医学的重要参考资料，对治疗疑难杂症有一定实用价值。清代抄本，绵纸，线装，汉字，楷体，墨书。页面 21.5cm×14cm，墨框 17cm×13.5cm，无边栏，9 行/页，9—24 字/行。边角稍有残损，保存基本完好。河北沧州义和东街马志强收藏。（图 1-76）

图 1-76

汤头歌

不分卷，1 册，156 页。清光绪年间（1875—1908）大名南关东清真寺阿訇王从一撰抄。医药著作。以“小儿经”体文记载作者多年对回回医药和中医中药学习、研究，收集、整理的各种偏方、秘方。专为清真寺阿訇医用。对回族医学和回族文字“小儿经”研究均有宝贵价值。清光绪年间王从一抄本，麻纸，线装，小儿经文体，墨书。页面 27.2cm×14.4cm，墨框 22.5cm×11cm，无边栏，26 行/页。文中杂有汉字，配有图解，保存基本完好。河北邯郸大名民宗局杨国祯收藏。（杨国祯）（图 1-77）

图 1-77

醒回篇

不分卷，1 册，74 页。清光绪三十四年（1908）留东清真教育会留日回族学生黄镇磐（河北威县人）等人撰。同年由日本东京秀光社出版初本。回族新文化运动先导著作。主张普及教育,改良宗教,唤醒回众,共图国强。对研究回族历史文化有较高价值。现收录本为1987年王希隆点教,兰州大学出版社刻本。机械纸,平装,横排,汉文,宋体,墨书。页面18.5cm×12cm,版框13.5cm×9.5cm,23行/页,15—26字/行。保存完好。威县政协黄成俊收藏。(李勇俊　黄成俊)(图1-78)

图1-78

创建穆民总教院表

不分卷,1册。清宣统元年(1909)杨仲明著。是书为《四教要括》理论之具体化。所谓“教院”,就是穆斯林社团组织,“总教院”即全国性穆斯林社团。书中表达了杨仲明积极倡导成立回民社团,把回民组织起来的重要思想。这是建立全国性回民团体的最早倡议。“表”即纲领,或章程。是表设想:建立学校,分为大中小三等;立报纸以通耳目;翻译书,以开发智力;设讲演以向广大群众宣传;立研究机构使学者能作高深研究;开办工厂使回民有就业机会,同时生财以开展活动。教院要立在北京,要有人赞助一些资金,以便启动。会中要建立各种机构,规定入会条件。历史学家钱伯泉先生近年发现了原件,16开本,铅印,14

页，保存完好。宁夏社科院《回族研究》1998年第2期全文发表，称之为“近代回族新文化运动的倡议书”。这个文献在回族文化复兴运动中起了一定指导作用，具有重要收藏和研究价值。北京联合大学杨大业收藏此书原件。（杨大业）

回民教领等创设清真教育会请立案禀

禀文1件，不分卷册。杨敬修作，清宣统二年（1910）上呈清政府民政部。其内容主要申请政府批准建立“清真教育会”事。文中称：“我国回民居全国人类十分之二，积习相沿，向所习者只亚拉伯教典，于中国文绝少问津。故步自封，虽有相当之学堂，而裹足不前；虽有可造之子弟，而甘自暴弃。盖缘宗教之信力强大，遂迂泥固执，此外之教育皆视为不必要之故耳。使终此否塞，教育何由而推广，民族何由而进化，其关系于宗教者犹轻，关系于国家者乃甚重也。”称其任务是“专以回民教育为限，开启设学之心，奖进向学之念，演说劝导，总以教育发达、养成国民之资格为目的。……革故鼎新，翦除固陋之习，纳身文明之基，其在是乎。”对研究清末民初穆斯林文化教育状况及中国回族，特别是京津一带的回族文化教育史，具有参考价值。此文件原件现存中国第一历史档案馆，编号为：机关代号一五〇九（清朝民政部档案），卷宗号535，1910年。北京联合大学杨大业存抄录稿。（杨大业）

韩亡说

文章1篇，无卷册。杨敬修作，清宣统二年（1910）九月十日

《正宗爱国报》第一千三百四十七号刊载。因当时韩国被日本灭亡，中国振动，但回族人却没见有人感愤。杨敬修特写此文，以示世人，回族人不是麻木不仁，而是有血有肉、对国家世事有感愤的民族。他给报馆主笔的函中说："今因韩亡，有感于心，作《韩亡说》。文词甚浅，而意在爱国，因径陈贵馆，望登报端。俾凡为吾国之人，无分贵贱，睹此变局，皆当瞩目警心，奋迅图存，遮不蹈韩覆辙，是则愚衷所切切者耳。"爱国热忱，跃然纸上。同时警告国人以韩为鉴。对研究回族爱国爱教思想有参考价值。北京联合大学杨大业收藏。（杨大业）

伊斯兰报

报纸，6 期 12 版。民国三十五年(1946)渤海区(山东河北两省相连地区)回民协会伊斯兰报社创办。渤海区回民协会机关报。抗日战争胜利后，随着解放战争的开始，原渤海区回民救国总会改建为渤海区回民协会，原回救会主任王连芳继任主任，并根据形势需要创办此报。重点报道全国解放战争形势、回民地区动态、回民革命事迹和世界穆斯林支持中国人民解放事业的消息。对研究回族革命斗争史具有重要参考价值。此报每周 2 版，版面 33cm×22.5cm，四边单栏，宋体，墨书。报头题名为汉文行书，配有阿拉伯文。栏外有期号、版次和民国年号、伊斯兰教历两种发刊日期。共刊期数无考，现收录民国三十五年(1946)一月一日、三月十日、四月二十五日、五月二十五日、八月十日、八月二十五日 6 期，保存完好。原件存上海图书馆，河北沧州市档案馆存复印件。(图 1-79)

伊斯兰报

图 1-79

天方历表

伊斯兰教年历 1 张。民国三十六年(1947)佚名撰，北平牛街清真书报社印刷发行。以伊斯兰教历和中国农历对照形式，明列天方月建、天方月名、农历月建、每日功课表、聚礼日、回族节日、二十四节令、五时拜表、会礼日秩序、聚礼日秩序及 164 种伊斯兰书名和开斋、封斋嘟阿宜。系研究伊斯兰教历法和宗教生活运行方式的宝贵资料。页面 53cm×38.5cm，宣纸，中阿文合璧，墨书，汉文为楷体。保存基本完好，折叠部位有磨断数处。河北沧州市民委吴丕清收藏。（图 1-80）

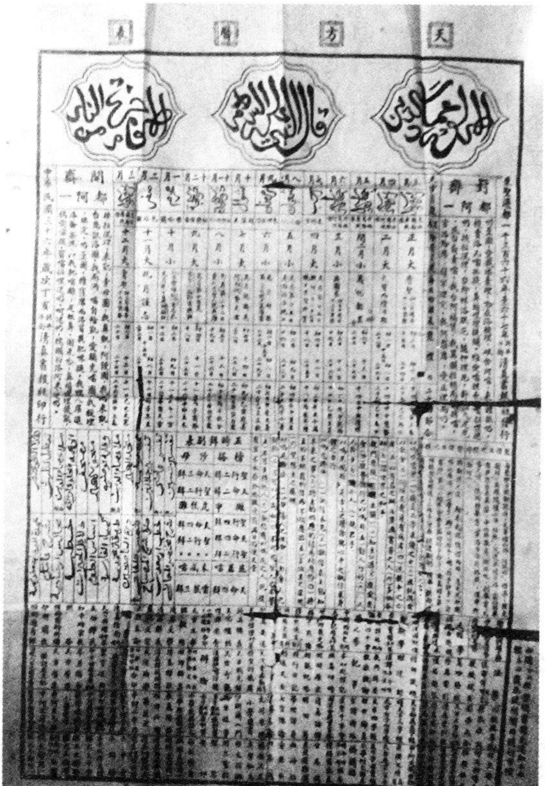
天方曆表

图 1-80

杨敬修创办清真教育会史料

档案资料，无单册。北京档案馆《北京档案史料二〇〇三》全选入编，2000 年 9 月新华出版社出版，回族、伊斯兰教历史案卷。史料反映：清末民初，伊斯兰学者杨仲明为了实现其在《四教要括》一书中的理想，于 1909 年率先在北京花市清真寺筹建“清真教育会”，1911 年 2 月，正式向京师学务局（相当于教育局）呈报。呈文中称：“国家强盛，系乎民智之开通；而民智开通，在于教育之普及。人无不学，则邦自固，东西洋之成例，盖班班可考已。我国家锐意兴学，诱掖维持，不遗余力。特民族繁衍，生齿四百兆，满、汉、蒙、回风气各殊，即智识互异，使欲一炉而冶之，其势恐有所不能。盖必赖有机关以维持其间。机关者何？教育会是也。”

又称“（清真教育会）其范围专以回民教育为限，开启设学之心，奖进向学之念，演说劝导，总以教育发达、养成国民之资格为目的。俟办理稍有成效，再行推广，分设各省。俾莘莘教徒，革故鼎新，翦除固陋之习，纳身文明之界，与满汉各团体相须相待，共成为完全之国民。国家富强之基，其在是乎。”显见杨敬修先生对此会的成立，从各方面都做了周密安排。但经连续 3 份上呈禀帖，终未得到督学局的批准。

《史料》反映了清真教育会从筹建到最终未果的全过程。揭秘了过去鲜为人知的历史隐情，涉及相关人物众多。杨敬修创办清真教育会虽然未得成功，但在“流产”之前已经开展了许多“振兴教育、爱国救国”的宣传活动，同时依照学部的《教育会章程》，结合回族、伊斯兰教特点，制定了本会章程，基础工作十分完善，在穆斯林群众中，已经产生了重要影响；对于当时伊斯兰教的文化革新起到重要的启迪作用，为当今回族、伊斯兰教历史研究不可多得的珍贵资料。现档案原件藏北京档案馆,《北京档案史料二〇〇三》一书,北京联合大学杨大业并各大图书馆收藏。(杨大业)

当代回族古籍著作

(以时间先后为序)

献县民族志

不分卷,1册,45页。1988年献县民族宗教局编印。回族地方志书(初稿)。记述献县回族历史渊源、经济生活、革命斗争、宗教信仰和风俗习惯。重点编录了抗日战争时期冀中回民支队创建史和马本斋母子英雄事迹。挖掘整理了各清真寺历代阿訇任职名录。资料翔实,对研究献县回族历史和冀中回族人民抗日斗争史有重要参考价值。1988年献县民宗局打印本,机械纸,平装,汉文,宋体,墨书。页面26cm×18.5cm,版框18.5cm×13.5cm,无边栏,19行/页,32字/行。保存完好。河北沧州献县民宗局魏广龙收藏。

张家口地区民族志

不分卷,1册,176页。张家口地区民委编印,回族地方志书(征求意见稿),主编张海泷,1988年1月打印。主要记载张家口地区回族来源、变迁、经济文化、宗教信仰、风俗习惯等历史状况。重点记叙了抗日战争时期张家口地区回族人民开展“反种鸦片斗争”“反对回奸斗争”和抗日烽火。对明代创建的“马书房”以及民谣、谚语、历史名人等均有记载。视野广阔，资料丰富、记述翔实，对研究张家口一带以及坝上回族历史文化有重要参考价值。1988 年张家口地区民委打印本，机械纸，平装，汉文，宋体，墨书。页面 26cm×18.5cm，版框 20cm×13cm，无边栏，21 行/页，29 字/行。保存完好。河北张家口民宗局白玫收藏。

盐山县回族志

不分卷，1 册，56 页。1989 年河北盐山县回族志编小组万福利等编撰。回族地方志书。记述盐山县回族始于宋代，千百年来回汉人民共同创造了盐山的历史。载有盐山回族风俗、信仰、政治、经济、人物、革命斗争等诸方面历史资料，对研究沧州回族历史文化有一定参考价值。1989 年盐县回族志编写小组打印本，机械纸，平装，汉文，楷体，墨书。页面 26cm×19cm，版框 19.5cm×13cm，无边栏，19 行/页，28 字/行。保存完好。河北沧州民宗局收藏。（吴丕清）

孟村回族自治县民族志

不分卷，1 册，72 页。1989 年孟村回族自治县方志编纂委员会编撰。回族地方志书。记述河北孟村回族自治县回族历史渊源、境内迁徙、姓氏、宗教信仰、风俗习惯、常用语汇、经堂教育、回回历法、回汉关系及津南回族革命、回族抗日斗争等史实；录有刘格平、刘振寰、王连芳和渤海回民支队、渤海区回民救国总会事迹。对研究孟村乃至沧州回族渊源、文化、风俗和渤海地区回民革命斗争史具有重要参考价值。孟村回族自治县地方志办公室打印本，机械纸，平装，汉文，宋体，墨书。页面 26cm×19cm，版框 20cm×13cm，无边栏，20 行/页，28 字/行。附有孟村回族自治县回、汉族分布图。保存完好。河北沧州孟村回族自治县民宗局收藏。

中国民间文学集成·孟村回族自治县资料卷

不分卷，1 册，307 页。1989 年 2 月河北孟村回族自治县民间文学《三套集成》办公室丁润川等编撰。内部印刷。民间文学著作。书中辑录多篇回族民间故事、歌谣和谚语。生动地描述了孟村回族武林人物、历史事件、抗日斗争和民风民俗。对了解和研究回族历史、文化、道德和风俗均有参考价值。1989 年印本，机械纸，平装，宋体，墨书。页面 18.7cm×13cm，无边栏，横排，26 行/页，26 字/行。保存完好。河北沧州孟村回族自治县文化局收藏。

泊头市回族志

不分卷，1 册，109 页。1990 年泊头市回族志编委会刘增芹等编撰。回族地方志书。记述河北泊头市回族始于元代，兴盛于明代的聚落史、斗争史和发展史。载有泊头回族历代经济生活、文化艺术、武术、教育以及宗教生活和风俗习惯。录有泊头回族名人逸事与故事传说。为研究泊头乃至沧州回族历史的宝贵资料。1990 年泊头市民族宗教局打印本，机械纸，平装，汉文，楷体，墨书。页面 26cm×18.6cm，版框 21cm×13.5cm，无边栏，21 行/页，29 字/行。保存完好。河北沧州泊头民宗局收藏。

无极回族故事选

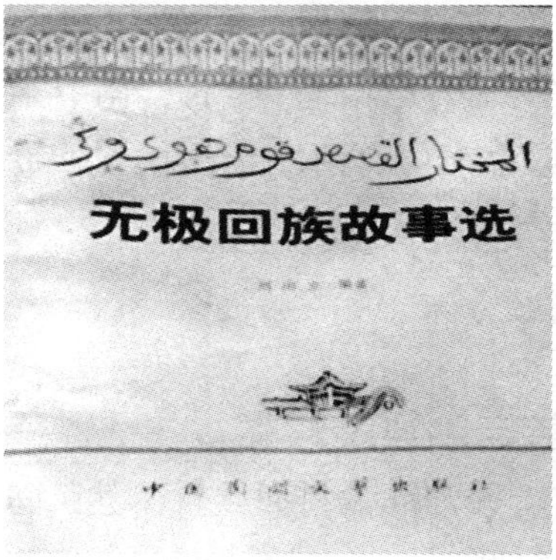

图 1-81

不分卷，1 册，339 页。1990 年刘国立整理编著。1990 年 5 月中国民间文艺出版社出版，民间文学著作。搜集记载了白登科、底正文、白清北、蔡阿訇等 50 余人讲述的回族民间故事 120 余篇，24 万字。其主要内容为《古兰经》神话故事、回民支队抗日斗争故事和回汉一家的口碑传述。系石家庄地区回族口头文化挖掘的重要成果，对研究回族历史文化的发展演变具有一定参考价值。1990 年中国民间文艺出版社印本、机械纸、楷体，墨书。页面 22cm × 13.8cm，22 行/页，1—28字/行。河北石家庄民宗局收藏，保存完好。（时向东）（图 1-81）

回族抗日斗争史论集

不分卷，1 册，227 页。河北省民族事务委员会编，1991 年河北人民出版社出版。著名渤海回民支队老政委王连芳同志作序。全书收录全国回族抗日战争文章 19 篇，通过冀中、冀鲁边区、陕西、甘肃、安徽、湖北、山东、天津、云南等各地的实例，真实记录了日本侵略者对回族人民所犯下的滔天罪行和回族人民与敌浴血奋战的壮烈场面。详述了安德馨、郭志雄、杨玉麟等民族英雄令敌胆寒的豪气和壮举。反映了伊斯兰教界、军政界、文化界和广大回族群众同仇敌忾的抗日热情。为研究中国回族抗日战争史和开展爱国主义教育的重要资料与教材。1991 年河北人民出版社印本，机械纸，平装，汉文，宋体，墨书。页面 25cm×14cm，版框 15.5cm×10.2cm，无边栏，28 行/页，28 字/行。保存完好，河北省民宗厅收藏。（图 1-82）

图 1-82

大名县回族志

图 1-83

不分卷，1 册。大名县民宗委编印，主编杨国祯，1993 年 4 月“冀邯地出准字”内印本。主要记载大名县一带回族渊源、分布、风俗习惯、宗教信仰、清真寺和回族经济、文化、武术等历史发展状况。录有《魏国忠懿公神道碑》元代碑记和纳速剌丁、闪文绣等历史名人，郭隆真等革命烈士传略。为 1949 年前大名县 47 名回族烈士编载了《大名县少数民族烈士英名录》。资料翔实可靠，对研究大名一带回族历史文化有重要参考价值。1993 年大名县民宗委印本，机械纸，平装，汉文，宋体，墨书。页面 20cm×14cm，版框 12cm×10.5cm，无边栏，25 行/页，25 字/行。保存完好。河北邯郸大名县民宗局收藏。（图 1-83）

邯郸地区清真寺史料集

图 1-84

不分卷，1 册，94 页。1993 年河北邯郸地区行署民族事务委员会编撰，主编马庆新，中国民族摄影艺术出版社出版。记载邯郸地区 20 座清真寺历史简况、碑铭和历任阿訇。对研究邯郸地区伊斯兰教历史具有较高参考价值。1993 年中国民族摄影艺术出版社印本，机械纸，平装，汉文，宋体，墨书。页面 20.2cm×14cm，版框 15cm×10cm，无边栏，18 行/页，21 字/行。保存完好。此书另有 1988 年内印版本，河北邯郸民宗局收藏。（图 1-84）

廊坊地区民族志

不分卷，1 册，203 页。廊坊地区民族志编修领导小组编，主编玉光莹，中国民族摄影艺术出版社出版。此书主要记载了廊坊地区回族渊源、分布、迁徙、革命斗争、宗教信仰、风俗习惯、政治地位、经济生活和历史文化。对廊坊地区历代回族知名人物分别做了传记。为 1949 年前的 83 名廊坊地区回族革命烈士编写了“英名录”，配有《廊坊市少数民族分布图》。溥杰题写书名[①]。该书资料翔实，对研究廊坊地区乃至河北省回族历史文化

---

① 溥杰：全名爱新觉罗·溥杰（1907—1994），乳名誉格，字俊之，号秉藩，清朝末代皇帝溥仪胞弟。生于北京清皇室，为第二代醇亲王爱新觉罗·载沣之子。

有重要参考价值。1993 年中国民族摄影艺术出版社印本，机械纸，平装，汉文，宋体，墨书。页面 20.2cm × 14cm，版框 20cm×13cm，无边栏，21 行/页，29 字/行。保存完好。河北廊坊民宗局收藏。（图 1-85）

图 1-85

邯郸地区民族志

不分卷，1 册，230 页。邯郸地区民委编，主编马新庆，1994 年中国民族摄影艺术出版社出版。此书主要记载了邯郸地区回族的分布、渊源、宗教信仰、风俗习惯、历代政治地位、经济生活、革命斗争、文化团体、歌谣民谚、传统武术和历史人物。配有《邯郸地区行政区划图》《大名县回民中小学、清真寺分布图》《邱县回民中小学、清真寺分布图》《磁县回民中小学、清真寺分布图》以及《邯郸地区少数民族烈士英名录》。

图 1-86

对 1949 年前邯郸地区 69 名回族革命烈士基本情况进行了简记。此书资料翔实，对邯郸地区乃至河北省回族历史文化研究具有重要价值。1994 中国民族摄影艺术出版社印本，机械纸，平装，汉文，宋体，墨书。页面 20.2cm × 14cm，版框 20cm × 13cm，无边栏，25 行/页，24 字/行。保存完好。河北邯郸民宗局收藏。（图 1-86）

张家口民族古籍资料

不分卷,1 册,67 页。张家口市少数民族古籍办公室编,1996 年打印本。内载张家口冯氏、梁氏、郑氏、玉氏、刘氏、马氏、佟氏、丁氏、李氏、何氏 10 姓家谱及玉景荀、于德海、王信、沙幼良等清民时期的知名人物。收录宣化清真南寺明嘉靖二年(1523)“重修礼拜寺记”、清道光十一年(1831)小荆寺“重修清真寺记”碑文两篇,古匾 4 块。丰富了河北回族古籍文库,为河北回族历史文化研究重要参考资料。1996 年张家口市少数民族古籍办公室打印本,机械纸,平装,汉文,宋体,墨书。页面25.5cm×18.5cm,版框 19cm×13cm,无边栏,22 行/页,24 字/行。保存完好。河北张家口民宗局白玫收藏。

回族杰出人物

不分卷,1 册,449 页。1999 年河北威县政协原主席黄成俊等撰。回族著名书法家安守信、中国收藏家协会会长史树青题写书名,宁夏回族自治区原主席黑伯理、中国革命历史博物馆研究员王仲秋题词。1999 年陕西人民教育出版社出版,传记著作。记载全国 100 余名回族历史杰出人物传略,对研究回族历史及政治、文化等诸方面有重要参考价值。1999 年陕西人民教育出版社印本,机械纸,平装、楷体,墨书。页面 20cm×14cm,版框 16.4cm×10cm,无边栏,汉文,29 行/页,28 字/行。保存完好。河北邢台图书馆收藏。(图 1-87)

图 1-87

沧州回族

不分卷，2 册。回族地方志书。1999 年河北沧州市民委原副主任吴丕清编著。1999 年中央民族大学出版社出版。记述了河北沧州回族历史渊源和政治、军事、经济、文化、武术以及伊斯兰教的传播与发展。重新考证了许多有关沧州回族历史问题，纠正了一些讹传误识。整理收入了大量回族谱牒、铭刻、匾联、逸闻、歌谣等古籍资料。对研究沧州乃至华北地区回族历史、文化具有重要参考价值。1999 年中央民族大学出版社印本，机械纸，精、简两装，楷体，墨书，页面 20cm×14cm，版框 15.7cm×10.5cm，无边栏，汉文，27 行/页，29 字/行。正文前有彩照 24 幅，文内插图 58 幅，文末附有《沧州回族分布简图》。保存完好。北京国家图书馆收藏。（王洪亮）（图 1-88）

图 1-88

大厂回族史话

不分卷，1 册，147 页。杨宝军著，2002 年中央民族大学出版社出版。主要载有大厂回族礼俗、历史贡献、伊斯兰教史话、清末民初大厂伊斯兰教的经堂教育等内容。对《何氏家谱》，南寺头、大马庄、北坞等清真寺和大厂两座古寺及其碑记做了考略。记述了大厂回族名将、名医、名宿和经学家的简况。资料全面，考察认真，为研究大厂一带回族历史文化重要参考资料。2002 年中央民族大学出版社印本，机械纸，平装，汉文，宋体，墨书。页面 20cm × 14cm，版框 15cm×10.2cm，无边栏，28 行/页，28 字/行。保存完好。河北廊坊大厂县人大办公室收藏。（图 1-89）

图 1-89

涞水县回回史录集（一）

不分卷，1 册，107 页。涞水县清真寺管委会编写，编委会主任杨学林，2005 年 8 月内印。全书共分 13 章，主要记载回族渊源、涞水回族分布、清真寺简史、回族风俗、重要节日、经济文化、名人名事、经学知识等，对研究涞水一带回族伊斯兰教历史文化有参考价值。2005 年涞水县清真寺管委会印本，机械纸，平装，汉文，宋体，墨书。页面 20.2cm×14cm，版框 15cm×10.5cm，无边栏，25 行/页，25 字/行。保存完好。河北保定涞水清真寺管委会收藏。

河北回族家谱选编

不分卷，1 册，576 页。河北少数民族古籍丛书。吴丕清、马祥学主编，2006 年 1 月河北人民出版社出版。重点选编沧州吴

图 1-90

氏、沧州李氏、西赵河刘氏、青县崇伦堂马氏、青县戴氏、孟村韩氏、沧州时氏、大厂何氏、定州马氏、威县黄氏、新河脱氏、大厂海氏、承德孔氏等 13 部族谱和张家口、唐山回族家谱简介。其中主要收录历次修谱序言、人物、职衔、迁徙、世系表等资料。世系一般截至第十五世。个别零散谱记世系无限制。是书为河北省民族古籍工作成果之一，资料可信度强，涉及姓氏广，对全面了解、研究河北回族历史渊源及发展具有重要价值。2006 年河北人民出版社印本，机械纸，平装，汉文，宋体，墨书。页面 20.2cm×14cm，版框 16cm×10cm，无边栏，有眉线，29 行/页，28 字/行。保存完好。河北省民宗厅收藏。（图 1-90）

沧州回族风貌集

不分卷，3 册。三套集成套装书，同一套封。沧州市民宗局、沧州市回族文化协会编，总编吴丕清，其中《沧州回族武术》吴秀起、刘连升主编，《沧州清真寺综览》（中阿文对照）吴学文、刘文海主编，《沧州回族风情》马志强、杨润平主编，2010 年内印。此书以历史文物、书籍、匾额、人物照片为主，图文并茂，中英文对照，颇有直观效果。对沧州 177 座清真寺的古今概况、沧州回族主要武术门派、沧州回族的民俗民风，做了精确的考察注解。对沧州籍全国著名的清民时期伊斯兰学者、民国军政要员、早期革命家、武术家以及部分抗日英烈做了简介。资料挖掘深入，含金量高，内容丰富多彩，为河北省伊协推荐参展“土耳其文化节”书籍。具有重要收藏、研究价值。2010 年沧州市回族文化协会印本,铜版纸,套装,彩照,中英合璧、中阿合璧文字。页面 28.3cm×20.7cm,版框 23.3cm×17.3cm,无边栏,有眉线,36 行/页,51 字/行。保存完好。河北沧州市回族文化协会收藏。(图 1-91)

图 1-91

明清回族进士考略

不分卷,1 册,594 页。现代回族历史著作。2011 年宁夏人民出版社出版,杨大业著。该书考证了全国 330 名明清两代回族进士,并对每个文武进士的科年、甲次、名次、品级、官职以及庶吉士的选用,都做了详细记载。其中涉及直隶,即河北省辖内共 40 名(明代 2 名,清代 38 名),其中文进士 10 名,武进士 30 名分别为大兴 4 名(文 3,武 1)、宛平 5 名(文 3,武 2)、密云 2 名(武 2)、天津 3 名(武 3)、沧州 1 名(文 1)、交河 2 名(文 1,武 1)、河间 2 名(武 2)、肃宁 3 名(武 3)、献县 2 名(武 2)、新河 1 名(武 1)、

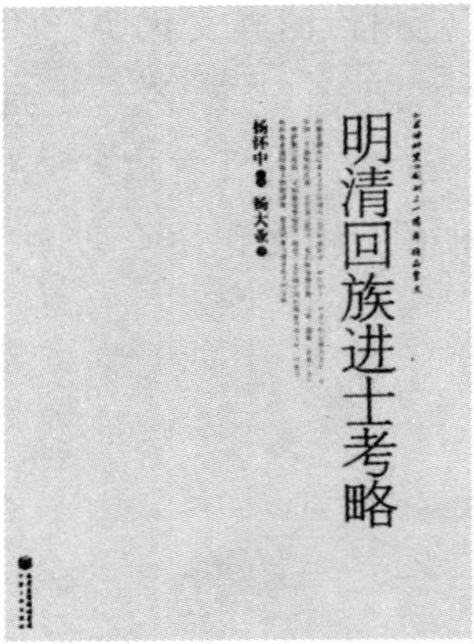

图 1-92

承德 1 名(文 1)、保安州 2 名(武 2)、大名 5 名(武 5)、赤城 1 名(文 1)、定州 4 名(武 4)、蔚县 2 名(武 2)。文中引用了大量历史文献和碑碣铭文,资料翔实,考证精细,具有重要的学术价值和历史价值。宁夏人民出版社印本。开本1/16,720mm×980mm,机械纸,600 千字。此书由黄河出版传媒集团、宁夏人民出版社出版发行,全国新华书店经销,国家及各大图书馆均有收藏。(图 1-92)

二、铭刻篇

碑　刻

（以立碑年代为序）

哈珊神道碑

碑铭1篇，元代穆斯林人物墓碑。元至顺三年（1332）立于河北真定（今正定）栾城县台头寺左茔哈珊墓前。元应奉翰林文字、将仕佐郎、同知制诰兼国史院编修官赡思撰，并书篆额。原碑以佚，碑文载于清沈涛《常山贞石志》卷二一，清光绪二十年（1894）灵溪精舍刻本。是碑主要记载特授荣禄大夫、甘肃等处行中书省平章政事哈珊的生平事迹及其家人状况。

哈珊为唐代高昌畏吾人后裔，在元太祖征服高昌后归附元朝，其祖父写云赤笃忽璘，以本国兀鲁爱兀赤①官职，跟随太祖皇帝入中原，任真定（今河北正定）路达鲁花赤②断事官，监是郡。

① 兀赤：蒙古语，又译“兀剌赤”“兀剌阿臣”，为元代掌管车马或养马的人。

② 达鲁花赤：蒙古语，意为掌印官；清译“达噜噶齐”。元制汉人不能担任正官，其中央、地方各院、部及诸路、府、州、县均置达鲁花赤，以蒙古人和色目人充任，掌握实权，别置总管、知府、州尹、县尹为之副。

写云赤笃忽璘有四子。长讳八儋，以左右手都万户领天下鹰房[①]；二讳速混察，从皇帝旭列育西域；三讳哈剌哈孙，以资德大夫、中书右丞行中书省事，后以本官袭父职，终于位；四讳间间，任职宣慰使。

哈珊为八儋之子，由其三叔哈剌哈孙抚养成人，后赞其绪。此人美须髯，多才华，明事理，善谋略，知本国文字兼长骑射。历任奉训大夫、詹事判官、真定路总管府达鲁花赤兼管内诸军奥鲁[②]劝农事、嘉议大夫。至元二十九年(1292)升正议大夫，仍旧职。在任期间，曾亲率真定滨滹池邻境四路万名丁夫，修浚河渠，筑堰治水，为民除患。

元贞元年(1295)，西陲有警，特授荣禄大夫、甘肃等处行中书省平章政事。赴任后，大振纲纪，广布耳目，调节物宜，以敌外患，敬事亲王，善抚士卒，因得尽力，而边衅不足为虞。大德三年(1299)入觐[③]，皇帝大加褒奖，赐三珠金虎符，命统领西边军马，仍旧平章政事。并奉密旨，掌有特许财物自主权，权势之赫盛极。

大德八年(1304)二月病逝于寓所，享年50岁，葬于真定栾城县台头寺之左茔。夫人达鲁乃蛮氏，字别的斤，封赵国夫人，治家严明，慈而能教，哈珊去世后，家规不紊，至顺二年(1331)二月十八日故。子一名班祝，以荫绪，任朝列大夫，佥河东山西道肃政廉访司事。女五，长蛮子哥，适太尉脱桓；次锁暖韶，适亲王奥鲁赤；三不颜惬力谧失，适高昌王押斯忽斯官海音都；四道童，

---

① 鹰房：又称“鹰坊”，掌畜养鹰，以供皇帝狩猎、玩乐之用。

② 诸军奥鲁：又写作“阿兀鲁黑”，即指古代蒙古人出征时留在后方的家属、辎重。译作“家小”“老营”或“老小营”。

③ 入觐：皇帝召见。

适秦巩州民匠总管府达鲁花赤颡失钤；五兀霾，适近侍锁南八。是碑对研究元代穆斯林传承与贡献具有参考价值。余振贵、雷晓静《中国回族金石录》，宁夏人民出版社 2001 年本，收入全文。

马合马沙碑

碑铭 1 篇，元元统二年(1334)九月，由中书平章政事撒迪、阔里吉思等上请而立。敕翰林学士欧阳玄撰文，侍讲学士张岩篆额、户部员外郎杨益书。元代回族人物碑。原碑已佚，碑文载于欧阳玄《圭斋文集》卷九。该碑主要记述了马合马沙兄弟和其父也黑迭儿及其后代儿孙的生平事迹。

也黑迭儿，又称也黑迭儿丁，系出西域，唐为大食国①人。在世祖即位前就得到了世祖的信任。世祖即位后，命其掌管茶迭儿局(国家掌管土木工程及其工匠的官署)，是年九月，赐金虎符，获以玺书。中统四年(1263)也黑迭儿请修琼华岛②，至元三年(1266)，琼华岛广寒殿竣工。同年八月，授嘉议大夫，佩已赐金虎符，任茶迭儿局诸色人匠总管府达鲁花赤，兼领监宫殿。同年十二月与张柔、段天佑同行工部尚书事，奉旨修建宫城。当时战争未息，大业初定，国势方张，亟待修建一座巨丽宏深的宫室城邑，以展国威。为此，也黑迭儿在国力不足的情况下，精心设计，严格施工，役不厉民，财不靡国，慈足使众，惠足劳人，终使大功告成。但因积劳成疾，不久归真。故后部下匠人为其凿石作像以示崇敬，后因有违伊斯兰教义被亲族和世祖止之。仁宗时

---

① 大食国：即古代阿拉伯国家。

② 琼华岛：今北京北海公园前身。

追封其为效忠宣力功臣、太傅、开府仪同三司、上柱国、赵国公，谥忠敏。配氏忽都鲁也识封赵国夫人。

马合马沙，亦作马哈马沙，为也黑迭儿之子，袭父职。因在建造、供帐等方面周详谨慎，颇受皇帝欣赏，积阶正议大夫，授任工部尚书兼领茶迭儿局、诸色人匠总管府达鲁花赤。故后于仁宗时追封推诚善治功臣、太傅、开府仪同三司、上柱国、赵国公，谥忠靖。配氏岛剌、继妻忽都并封赵国夫人。

马合马沙有四子：长子密儿沙，早逝；次子木八剌沙，以正议大夫领茶迭儿局①，仕至元贞，授工部尚书；三子忽都鲁沙，历任余杭、浦江监县，江南、陕西两台监察御史，汉中佥宪，云南行省都司，户部员外郎，内台御史，大都路同知，南山、淮泗两宪副，杭州总管，大都路达鲁花赤，济南总管，大兴府尹，正议大夫，户部尚书；四子阿鲁浑沙，不仕。马合马沙之孙蔑里沙，继领茶迭儿总管府达鲁花赤；乌马儿，既长，授扬州织染局同提举。

是碑就一个祖籍大食的回回人家族的功绩、功名和传承，做了较为全面的记载，为研究元代回回人的历史贡献提供了一份宝贵资料。白寿彝主编《回回人物志(元代)》，宁夏人民出版社1985年本，收入全文。

定州元至正八年重建礼拜寺碑

石碑1通，元代伊斯兰教建寺碑。元至正八年(1348)二月立于河北定州礼拜寺，承务郎、真定路安喜县尹兼管诸军奥鲁杨受益撰文并书丹。碑在今河北定州清真寺北碑廊，平形云纹碑

---

① 茶迭儿局：元代管理京城建设的机构，相当于今城市建设局。

额，额题篆书“重建礼拜寺记”，长方形碑座。总碑体 205cm×66cm×18.5cm，2 面有字。碑阳 180cm×60cm，面刻汉文 19 行，57 字/行；碑阴 80cm×50cm，面刻汉文 12 行，21 字/行。楷书，汉白玉阴刻。碑阴大部字迹漫漶。《文物》1961 年第 8 期孙贯文《重建礼拜寺记碑跋》、刘致平《中国伊斯兰教建筑》（新疆人民出版社 1985 年本）、余振贵和雷晓静《中国回族金石录》（宁夏人民出版社 2001 年本）均录全文。北京大学图书馆藏拓本。有些文章误记为“原碑已佚”，实石文并存。是碑为我国至今发现最早的伊斯兰教汉字碑。

据此碑记述，元至正二年(1342)，普颜帖睦儿奉诏出任统领卫兵□御中山府都督，前来定州。赴任一年后，百废俱兴，但作为一位回回官员常为无有礼拜之所甚感不便。因问众人，得知府第兑隅有一座只有堂宇三间的古老清真寺，不知创建于何时，规模狭隘势难多容，众人数十年欲予扩建苦无财力。普公遂慨然以改筑之事为己任，首捐俸金百两，率众集资修寺。两年后，建成一座雕梁画栋、规模宏伟的清真大寺。文中以重建定州清真寺为主题，较为详尽地描述了当时“回回之人遍天下，而此地尤多，朝夕亦不废礼”等伊斯兰教在河北发展的盛况，对默德纳国及谟罕蓦德（穆罕默德）事迹、伊斯兰教义、经典、礼拜朝向、穆斯林道德、回回风俗等相关知识做了较为全面、准确的阐述，对研究伊斯兰教历史、文化具有宝贵价值。多部文献收录是碑全文，宁夏《回族研究》2002 年第 3 期，登载马生祥《定州清真寺三幢古碑之校点》。保定市民宗局平克军、梁世建参与考证。（图 2-1）

图 2-1

宣徽使太保定国忠亮公神道碑

碑铭1篇，元代回回功臣墓碑。元至正八年(1348)夏四月九日，翰林学士承旨臣岳柱请命，黄溍奉旨撰文。碑立于河北元大都以东杜树辛庄答失蛮墓前(今详址无考)。原碑已佚，碑文收于《金华黄先生文集》卷二四。是碑主要记载元朝大臣答失蛮生平事迹及其子孙概况。

答失蛮先祖为西域哈剌鲁氏人。元太祖六年(1211)其曾祖马马在西域奉国主之命前来朝觐，赠封集贤学士、正奉大夫、护军，留居京城，故后追封中山郡公；祖父阿里，赠资德大夫、司农卿、上护军，故后追封中山郡公；父哈只，幼为质子①，稍长侍太宗皇帝为宝儿赤②，赠荣禄大夫、司徒、柱国，追封定国公。曾祖母太贴尼氏、祖母忽委氏并封中山郡夫人。母阿兀思吉氏封定国夫人。

---

① 质子：为某国作抵押的人。

② 宝儿赤：元代侍候皇帝用餐的内臣。

父故后，答失蛮袭父职为宝儿赤。他为人正直，忠诚敢言，曾以宝儿赤微职向皇帝进言当朝宰职大臣阿合马蠹国病民之罪行，从讨叛王乃颜立功，献计战败叛王海都，每次进言皆验，深得世祖、成宗、仁宗三代皇帝爱重。因功屡屡受赏晋职，官至中书参知政事兼司农卿、宣徽院使、荣禄大夫。元延祐四年(1317)答失蛮病卒。故后，制赠推诚定力守正功臣、太保、金紫光禄大夫、上柱国，追封定国公，谥忠亮。元配纳思马立氏、继室脱脱伦氏均封定国夫人。生三子一女，孙六人，曾孙八人，多有官职，家族兴旺。

答失蛮家族是元代哈剌鲁人显贵家族之一，此碑对研究哈剌鲁贵族自归附成吉思汗，至元代建国后其家族的政治活动和地位，都有一定的价值。余振贵、雷晓静《中国回族金石录》，宁夏人民出版社 2001 年本，收录全文。

宣徽使太保定国忠亮公神道碑第二碑

碑铭 1 篇，元代回族功臣墓碑。元至正八年(1348)十二月二十五日黄溍奉诏撰写，是黄溍在同年四月九日奉诏撰写了“宣徽使太保定国忠亮公神道碑”之后，因记述不够详尽，经翰林学士拜拜、臣岳柱再次奏请，而受命再撰的续碑，故称“宣徽使太保定国忠亮公神道碑第二碑”。原碑已佚，碑文载于《金华黄先生文集》卷二四。是碑用 3000 余字写成，着重记述了答失蛮长子买奴、次子忻都、三子怯来的生平事迹，兼述三子之妻及子孙简况。

买奴，字德卿，12 岁奉世祖命从平章政事剌真学习蒙古、卫兀儿文字。两年后，又奉命从宣徽使速浑察儿习治御膳，为宝儿赤。当成宗皇帝有病时，曾跟随其父答失蛮入侍，直至成宗康复而退。在成宗去世后，又从其父迎武宗皇帝入正大统。至大中，以积劳，授御药局达鲁花赤，升太医院经历。皇庆初，擢监察御史，分巡岭北，后历任山南江北道肃政廉访使、中书右司郎中、同佥宣徽院事、中书左司郎中、参议中书省事、司农卿、同知宣徽院事、燕王宫相、大都留守兼宫相都总管府达鲁花赤、吏部尚书、河南江北等处行中书省平章政事、利用卿、荣禄大夫。在整饬法纪、平反冤狱、减轻民负、鼓励牧养、救济灾民、治理河患、节支理财、谏言国事以及撤酒肆、变淫风、兴儒学以崇德教等方面卓有功绩，多获封赏、殊荣。娶妻卜兰奚氏，封博陵郡夫人；仁宗又妻以宫女陆氏，后封郡夫人。继娶秃满伦氏、脱脱尼氏、驽哈出氏、驽罕氏、王氏，并封蓟国夫人。子二：长，亦老答儿，任奉政大夫，阑遗少监；次，不兰奚。孙男□人。

忻都，为答失蛮第二子，历任宝儿赤、典膳署令①、司农少卿、章佩监②、同知通政院事、佥宣徽院副使、云南行中书省左丞、上都留守。至顺初，在任云南行中书省左丞时，因坚守城池被叛王秃坚与伯忽等所获，省印被劫，暗中说服看押逆党忽哥儿、兀马儿，杀伯忽兄弟三人，夺回省印，复立行省。因功，封上都留守兼本路都总管府达鲁花赤，晋阶奉政大夫、资善大夫，并获重赏。卒于元统三年(1335)九月十七日，享年五十有七。娶定哥察氏，封咸阳郡夫人；忙哥氏、伯颜哥氏，并封范阳夫人。子一人，哈八夫(失)，□□大夫、同知河东都转运盐使司事。孙男□人。

怯来，系答失蛮第三子，初为宝儿赤，用伯兄所让定国荫，授

---

① 典膳署令：掌握皇帝膳食的机构。

② 章佩监：元代主管内府御服、皇带、异珍饰物的机构，秩正三品。

器备库提点，后历任同知建德路总管事、度支少监、利用少监、太卿、大都留守、同知宣徽院事，晋阶武德将军、中宪大夫、资善大夫，多有封赏。至正七年(1347)五月十日卒，享年六十有二。娶脱脱尼氏，封咸阳郡夫人；丑丑氏、完者的斤氏，并封范阳郡夫人。子三：黑驴、王家驴、木八剌。孙□人。

是碑与前碑珠联璧合，为后人留下了哈剌鲁贵族答失蛮的完整史料，对研究元代回回官员的贡献及其家族发展具有重要价值。余振贵、雷晓静《中国回族金石录》，宁夏人民出版社 2001 年本，收录全文。

霸州长忽速剌沙遗爱碑

碑铭 1 篇，元代回族功德碑。约 1279—1368 年由河北霸州(今河北霸州市)乡老立，马祖常撰文，原碑已佚，碑文载于《马石田先生文集》卷十三。是碑主要记述元代于阗人忽速剌沙在霸州任达鲁花赤时之善政。该州原有恶霸房黑厮，勾结会福院强买民众良田 500 顷，前官不敢过问。忽速剌沙到任后即刻告于太府，请于礼部，全部归田于民。有人以势冒占征戍军士名籍不应役，官方装作不知，他得知此事后，立对相关人员严加训导，使之俯首认错，按规定应役。每年百姓以蒿秸入官，官方以鹾(盐)偿之，公平无欺，人皆便之。提倡办学，良化民风，鼓励勤劳耕种，对各级官员虽言语气俗不相通，但从不欺压僚属。治理有方，振兴一方，堪为贤官。此碑是在其离任之后而立，反映民意真实，对研究元代回回官吏有一定参考价值。余振贵、雷晓静《中国回族金石录》，宁夏人民出版社 2001 年本，收录全文。

魏国忠懿公神道碑

碑铭1篇，元末回族人物碑刻。元末（约1321—1368年）由侍臣奏请皇帝降旨而立，元明善奉旨撰文。碑主忠懿公世居河北大名，碑在襄阳，部分字迹漫漶，碑文拓本载于《清河集》卷六，《藕香零拾丛书》。该碑主要记述河北大名忠懿公阿里罕和其孙章佩少监赫赫宦迹生平及其家族数代家世。

赫赫之父易木剌金，官居平章政事，赠推忠协公佐理功臣、太保、金紫光禄大夫、上柱国，追封魏国公，谥忠惠；祖父阿里罕，官至中书左丞，赠推诚宣力功臣、光禄大夫、中书平章政事、柱国，追封魏国公，谥忠懿；曾祖父札马拉罕（丁），官至大名路达鲁花赤，赠顺节功臣、资德大夫、中书左丞、上护军，追封魏国公，谥安顺。母阿木剌□，祖母兀鲁阿迷失，蒙古乃蛮氏、完颜氏，曾祖母□□□□氏、□氏，均封魏国夫人。

忠懿公阿里罕（？—1307），小字剌罕阿，其祖西域故国望族。元太祖皇帝佩之金虎符，为大名路总管府达鲁花赤。惠爱在民。中统年间（1260—1264）为大名路达鲁花赤，至元四年（1267）进阶朝清大夫，九年（1272）改任知太原府事，十年（1273）升少中大夫、襄阳路总管府达鲁花赤。后历任嘉议大夫、宝庆路达鲁花赤、中奉大夫、湖南道宣慰使、广南西道宣慰使、福建道宣慰使、四川行尚书省参知政事、资善大夫、江苏行中书左丞。大德十一年（1307）改任湖广行中书省左丞，未任，病故。葬于襄阳城西万山下。忠懿公有三子，长即忠惠公，完颜夫人所生；次名乌马儿，官居朝□大夫，监桃源州事，赵氏夫人生；三子□班，西行台监察御史。

赫赫（生卒无考），为忠懿公之孙，忠惠公之子。性格爽快，尚贤乐善，禔身正立，事业超过其父。在大名为官时，时遇河水暴涨，百姓临难，遂率百姓疏水道，严堤防，终使民受其利，水灾无患。在襄阳、宝庆等地，禁止兵士通商，帮助农民解决饥荒。在平息内乱和讨占城、讨交趾等战争中，坚守殃不及民。所到之处人人称赞，20 岁名列六卿。此碑较为翔实地记载了一个来自西域的穆斯林家族对元朝社会所做出的重大贡献和连续三代都被封为国公的典型事例，是研究伊斯兰教和回族世家形成的不可多得的宝贵资料。杨国祯《大名县回族志》(省内印本)等书收录全文。

赠通议大夫顺天府府尹王公神道碑

碑铭 1 篇。明天顺四年(1460)立，荣禄大夫、太子太保兼吏部尚书、前国史总裁泰和王直撰文，亚中大夫太仆寺卿、兼经筵侍书云间夏口衡书丹。正议大夫太常寺卿、前翰林院修撰同修国史里人许彬篆额。碑铭主述顺天府府尹王贤以功加赠通议大夫、顺天府府尹，妣郭氏、孟氏自孺人进淑人。王贤并不以此炫耀，每遇别人叹慕，总以“父母之教，朝廷之恩”谦之。王氏原为通州三河人，清初家居宁阳，故又称宁阳人。祖父讳瓙，元佥枢密院事；父讳成，虞城县尹。王贤早失怙恃①，元季之乱，靠二兄长养育，怀念父母，尊敬二兄，以孝悌闻名。二兄去世后，精心抚养诸侄，待侄子长大成人后，将家中最好的田宅分予侄子，而次的留给自己；乡人有贫匮者，慷慨周济；邻里有急事赶赴帮忙；凡乡人矛盾，不用诉于官，只其一言就可平息。官府敬佩其才，多

---

① 早失怙恃(hùshì)：怙恃，原意为依仗、凭借，引申为父母的代称，怙为父，恃为母。此语意为“父母早逝”。

次荐举起用，皆被其辞避，唯以积书教子为务。王贤先娶衢州府知事郭文焕之女郭氏，虽很贤惠，但先王贤二十四年归真，继室孟氏、孙氏。王贤卒于永乐甲辰(1424)十一月壬申，六十一岁。与孟氏、孙氏合葬于南大村之原。是碑详细记载了明代回族官宦王贤艰难困苦、以勤奋正直博得朝廷恩宠的历史，高度赞扬了其遵行孝道、好善急义、谦恭仁义的道德情操。是研究古代回族官员的为官之道和王氏回族历史的宝贵资料。马文清《回族谱序与宗源考略》，辽宁鞍山档案局、社科联 2009 年编印收录相关资料。

《山海关》诗碑

石碑 1 通。明代马文升撰，具体年代无考，马文升明正德五年(1510)病故，是碑当为后人所立。马文升(1426—1510)，字负图，号三峰居士，又号友道松人。河南钧州人，回族，进士，官至南京大理寺卿。为官清廉，断案公正，声誉极好，先后辅佐代宗朱祁钰、英宗朱祁镇、宪宗朱见深、孝宗朱祐樘、武宗朱厚照，故有“五朝元老马文升”之称。《山海关》诗共 56 字，主要内容是赞颂山海关的壮丽美景、重要的地理位置和其对保证国泰民安的重要性。对研究明代回族的爱国思想有一定参考价值。碑在今山海关城楼。汉白玉方体碑身，青石碑座，保存完好。(图 2-2)

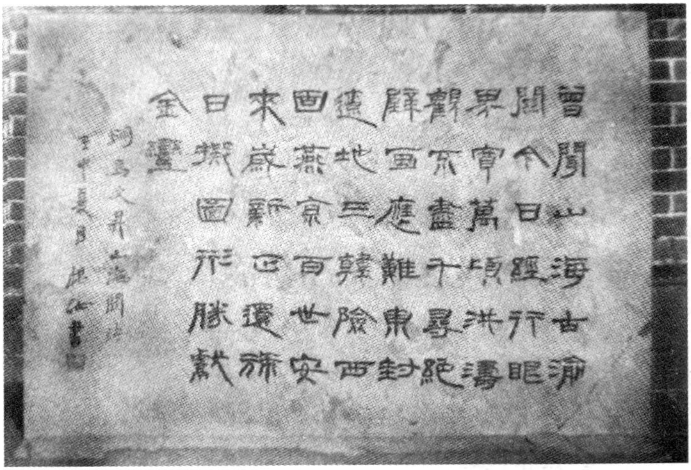

图 2-2

大名南关东小街礼拜寺碑

石碑 1 通，明代伊斯兰教碑刻。明正德十四年(1519)立，直隶大名知府江宁人金贤应当地伊斯兰教教长杨济民之请撰文。原碑已损，现为 1989 年复制碑。原碑在今河北邯郸大名南关东街清真寺。梯形碑额，方形碑座，额阳有经文。总碑体 185cm×59cm×18cm，1 面有字。碑阳 164cm×52.7cm，面刻汉文 15 行，11—46 字/行。青石，阴刻，楷书。碑身折断三节，已粘修复原，全碑用铁箍镶嵌固定。碑文载于民国二十三年(1934)《大名县志》。是碑碑文 500 余字，所述内容承袭元代时对伊斯兰教的认识及其在我国传播的普遍说法。主要记述伊斯兰教之正，信教者之多，教长杨济民主持教务之虔诚谨慎；劝导教民遵行圣训，奉行“五典”(君臣、父子、夫妇、兄弟、朋友之常道)、“五礼”

（吉礼、嘉礼、宾礼、军礼、凶礼），不要辜负圣人创教本意。称：天下信仰伊斯兰教的国家有 57 个，隋开皇中其教始入中国，厥后流衍于天下，日益以蕃。其圣人讳穆罕迈（默）德，生而神灵，有大德，其教为最正。特别强调伊斯兰教以敬“天”（真主）为主，以清心寡欲为训，而正纲常、辨义利、审取舍、昭淑慝，以垂劝诫者，方为正道。同时指出作为一个虔诚穆斯林，必须要敬畏“天”，诚中达外；纯于善，而不杂于恶，否则便是“虚礼”（假的信仰）。

作者金贤，明中叶回族政治家、学者，约生于景泰末年或天顺初年，卒于嘉靖七年（1528）以后。祖籍麦加，东迁入华后，居永平（今河北卢龙），明太祖朱元璋赐姓“金”。是碑对研究明代回族伊斯兰教历史及宗教文化有一定参考价值。杨国祯、杨士兴参与考证。白寿彝《中国回回民族史》，中华书局出版社 2003 年本，收录全文。

定州重修清真礼拜寺碑

石碑 1 通，明代伊斯兰教功德碑。明正德十六年（1521）正月立于河北定州礼拜寺，乡贡进士奉议大夫临安府同知云中马谦撰文，大学士郡人康庶书丹，郑世科勒石。碑在今河北定州清真礼拜寺南侧碑廊。汉白玉石刻，梯形云纹碑额，长方形碑座。总碑体 210cm×67cm×18cm，2 面有字。碑阳 180cm×60cm，面刻汉文 17 行，52 字/行；碑阴 160cm×60cm，面刻汉文，部分漫漶，残存 11 行，42 字/行。碑额刻“重修清真寺碑记”，碑阴为修寺施银人名单。是碑主要记述武平伯陈勋率北京教众助修定州礼拜寺及陈勋之弟陈熹请赐“清真礼拜寺”匾额、颁发札付等事。

定州礼拜寺原为元至正三年（1343）由中山府（今定州市）都

督普颜贴睦儿主持修建，虽恢宏峻峭，巍峨壮阔，但因资金不备，150余年未加修缮，附属设施不足，装饰陈旧老化。弘治年间（1488—1505），武平伯陈勋外出公干，途经定州，观之感慨、遗憾。回京复命后，遂到“普寿寺”（亦称北京锦什坊街礼拜寺），召集教中缙绅士大夫，公议助修定州礼拜寺。在其带头捐助下，很快集齐修寺乜贴数百金。定州教众得此捐助，并手协作，工善役勤，晨夜展力，历经一年多的紧张施工，正殿及前厦、后室、堂阶、两庑仪门、复道，依次修缮完毕。又植柏于院之内外，以广其阴；凿井于殿之巽隅①，以便其汲，使该寺面貌焕然一新。

图 2-3

定州钦差都司张公及定州教众感陈勋之德，登门以谢，并恳求其帮助讨封御敕匾额。只可惜此事尚未来得及办理，陈勋便一病归真。正德年间（1506—1521），陈勋之弟陈熹袭伯爵且掌后府事，继兄之志，得礼部侍郎张公相助，得赐匾额“清真礼拜寺”以榜其门，并赐札付与主持，终于了此心愿。是碑文字简练，记载翔实，对研究中国伊斯兰教史和明代回族官员信仰有重要参考价值。保定市民宗局平克军、梁世建协助考证。（图 2-3）

① 巽隅（xùnyú）：巽为八卦之一，代表风。“巽隅”指八卦“巽”的方位。

宣化南礼拜寺重修碑

石碑1通，明代伊斯兰教碑刻。明嘉靖二年(1523)立于宣化清真南寺。万全都司儒生古汴王浃撰文，上古秀士王镇抄，石匠梁川刻，碑在今河北张家口宣化庙底街清真南大寺。穹形碑额，三层长方形碑座。额阳四面雕有云花，中部有篆书铭题。总碑体160cm×58cm×18cm，2面有字。碑阳115cm×58cm，面刻汉文20行，42字/行；碑阴115cm×55cm，面刻汉文19行，24字/行。青石，阴刻，楷书。碑面上半部断裂修复。

宣化庙底街清真南大寺于明永乐之初(1403)由教人丁刚、丁贵、田俊、闪宗、丁源等出资倡修，始建西殿2间、左右厅各3间、山门1间，楼1，碑、井亭2，使穆民礼拜有处，婚嫁祭葬不违其俗。至正德十四年(1519)，历百余年侵蚀，寺貌倾颓，风雨不蔽，教人田宝、闪文旻、沙金等各出己资，率众重修，使之金碧交辉，恢宏于昔。嘉靖二年(1523)二月，掌教陈英、王锐、王名恐久湮其事，同教人共立此碑。同时将伊斯兰教规、教义归纳为五项立教之目刻于碑上：一、敬天忠君孝亲，务践其实；二、每于寅末酉戌亥五时拜天以忏过愆；三、每日必清洁身心，自旦至晡绝饮食，严持斋戒；四、论人之资产以四十为率，取其一储以济贫者，谓之天税；五、瞻礼西方五色玉方随其所在，建寺会拜以答所自。凡有功

图2-4

于此寺者姓名俱列于碑阴。是碑不但详载了明嘉靖二年重修宣化庙底街清真寺的背景、过程及伊斯兰教教旨、教义，同时歌颂赞美了明太祖高皇帝统治时期“海宇一统，治化之隆，远过于汉唐宋，而媲美商周，绥柔之德，超诸古而独盛”的治世之能和穆罕默德“生而神灵，专以德净、诚敬为本”使伊斯兰教日益繁盛并遍传天下的功绩。是研究明代回族伊斯兰教历史和信仰的重要资料。张家口市民宗局白玫参加考证。（图 2-4）

明故处士东野脱公墓碑

碑铭 1 篇，明代回族人物碑记。明隆庆元年（1567）二月望日，东昌府同知脱镐立于今河北新河董村脱东野墓。赐进士第出身、中大夫、四川布政使司右参政、前吏部考□明□员外郎刘汀撰文，赐进士第出身、中大夫、河南布政使司右参议、前吏部清吏司主事聂瀛书丹。原碑已佚，碑文存于《脱氏宗谱》。碑文主要记述了河北明代脱氏七世人脱东野的生平事迹，兼记脱氏家族传承概况。脱东野，名翰，字良臣，别号东野，生于明弘治二年（1489）四月十六日，卒于嘉靖三十一年（1552）八月二十五日，为元代脱脱丞相之后裔。

元朝灭亡后，脱脱季子脱周彬隐于新河（今河北新河县）东南之董村。周彬生敬先，敬先生士能，士能生彦刚，彦刚生名，名生宝，宝生东野。东野有二子、五孙，脱镐即其次子。东野生而英迈不群，刚直慷慨，以气节自负，素有燕赵之风，常说：“人生不长时自奋，立德业，树勋名以光前，与木石何异？非夫也！”但是，他虽然敕躬厉行，笃学广友，立有笃长风搏青霄之志，但终不如愿。于是把希望寄托在儿孙身上，后次子脱镐登顺天府庚子乡荐，官居临县知县，蔚州守，东昌府同知，子孙知孝，人丁兴旺，令其感到十分欣慰。脱东野是一位深受乡邻敬仰的长者，碑中对其为人给予了高度评价。是碑对研究元朝灭亡后脱氏一门去向具有重要价值。刘侗《辽宁回族家谱选编》，天津古籍出版社1992年本，收录全文。

易州礼拜寺实授住持碑

图 2-5

石碑1通，明代记事碑刻。明隆庆六年(1572)孟夏，左军都督府掌府事武平伯陈大策、敕赐清真寺掌教锦衣卫千户倪英、鸿胪寺序班撒文奇，于河北易州清真寺共立。钦天监将仕郎回辉科漏刻博士①、云台提督教习马思明撰文，钦差分守密云古北口等处地方总兵、都指挥佥事卢铖书丹，碑在今河北保定易县清真寺。平顶抹角，云纹碑额，双层莲花饰长方形碑座，总碑体155cm×64cm×23cm，2面有字。碑阳140cm×60cm，面刻汉文18行，35字/行；碑阴80cm×50cm，面刻汉文14行，14字/行。大理石，阴刻，楷书，碑阴下半部字迹漫漶。碑文主要赞美了伊斯兰教义，歌颂了明太祖制定敕赐清真寺住持以札付的皇恩，记载了易州清真寺自景泰初年建立后一直尚缺札付，至嘉靖三十三年(1554)由司教者张勤等赴礼部请得实授住持札付事。清顺治年

① 漏刻博士：漏刻为古代计时方式，漏刻博士即钦天监属官，掌计时仪器，定时以漏，换时以牌，报更以鼓，警晨昏以钟鼓。

间(1644—1661)碑阴有佚名续刻,记载自明景泰至清顺治年间历任教长名单。对研究明代伊斯兰教管理和易州伊斯兰教史有一定参考价值。易县民宗局杨景峰、易县礼拜寺管委会底国水协助考证并抄存碑文。(图 2-5)

大名金家潭杨家老坟碑

石碑 1 通。明万历二十九年(1601)立。撰抄刻者佚名。碑主玄孙杨琚为故太高祖母部氏立。记述明代大名杨氏回族太高祖杨公妣部氏生平事迹。对研究当地回族历史有参考价值。碑在今河北邯郸大名南关金家潭杨家老坟。穹形碑额,长方形碑座。总碑体 132cm×74cm×20cm,2 面有字。碑阳 77cm×64cm,面刻汉文 4 行,16 字/行;碑阴 77cm×64cm,面刻汉文,行、字模糊。石刻,楷书,碑阳、碑阴刻面均有花纹边框。字迹大部漫漶,碑阴文字无法辨认。(杨国祯)(图 2-6)

图 2-6

保定建修礼拜寺碑

石碑 1 通,明代伊斯兰教碑刻。明万历四十四年(1616 年)立。撰抄刻者佚名。碑身镶嵌于保定清真西寺正殿北拱门墙壁上方。横置长方形碑身,无碑额、碑座,铭题为“建修礼拜寺记”。总碑体 60cm×30cm×cm,1 面有字。刻面 60cm×30cm,面刻汉文 13 行,8 字/行。青石刻,楷书,保存基本完好。此碑主要记述明万历年间直隶保定府城守营都司、房山县韩继村人法公，见城内无寺，每遇节日，穆民投乡礼拜，十分不便，于是实施资财，独自修建清真寺。先买魏家菜园 12 亩，四面至道，除盖寺以外，地基许众教亲借住，官地私房。对研究保定伊斯兰教史及穆民信仰理念有参考价值。碑在今河北保定清真西寺，保定市民宗局梁世建参与考证，余振贵、雷晓静《中国回族金石录》收录此碑全文。（梁世建）（图 2-7）

图 2-7

大厂北坞清真寺碑

石碑 1 通，明代回族功德碑。明万历四十五年（1617）立，逸士冲宇毛登龙撰。现碑身镶嵌在河北大厂北坞清真寺大殿北界墙内。总碑体 112cm×56cm×15.5cm，2 面有字，碑体保存基本完好。碑阳向东，碑阴向西。碑阳：穹形碑额，碑座残失，碑额左、右、上三方为云头饰，中刻阴文“读阿宜”，碑面 112cm×56cm，字迹漫漶。碑阴：上部刻有甲骨文“万历”二字；碑面 112cm×56cm，面刻汉文 15 行，12 字/行。大青石，阴刻，楷书，字迹漫漶较重。据大厂杨宝军考，是碑当是两块合并砌在墙内，向东一面为明万历年间内翰侍御太监李仰泉墓碑，向西一面系李仰泉为清真寺置地之界石。北坞清真寺始建年代失考，是碑为该寺现存最早的文字记载，对研究该寺历史和明代穆斯林宦官信仰有一定价值。杨宝军《大厂回族史话》，中央民族大学出版社 2002 年本，收录碑文。（王海民）

元脱脱丞相三公子周彬之墓碑

碑铭 1 篇，明代穆斯林碑记。明天启六年（1626）秋月，元脱脱丞相九世孙恩赐寿官脱格等同立，脱氏十世孙邑廪生脱继盛撰文，十世孙邑廪生脱烨然篆额，十一世孙邑廪生脱重光书丹。是碑主要记述墓主脱周彬在元亡后隐居河北新河县董村，及脱氏家族前十三世的主要发展变迁。脱周彬，原为蒙古族，元末脱脱丞相季子。元朝灭亡后，为避难迁隐河北新河县东南 15 里董村上原，隐姓埋名杂居于耕夫之中。在大明兴业营建时，顺天府大木厂匠籍中就有周彬之孙脱悉斯（谱称脱三老）、脱彦刚（谱为周彬重孙）。至明中叶，八世孙脱镐任陕西临洮府府佐时，又有世袭指挥佥事官脱笼持其家谱前来认祖，经查阅其系，一一若合符节。九世长门脱格等，见脱氏家族不断壮大，创兹基业已达十三世之多，其中科贡不乏，有名望者绳绳相继，遂邀族人同为修葺之举，以使世系昭昭，异派旁支不得混入。于是，立石碑、修坟地、植树株、禁戕伐，一展家族兴旺。

此碑虽名为“周彬之墓碑”，实际主要记载了脱氏家族的宗脉源流和枝繁叶茂的发展境况。为后人研究我国中原回族历史和民族的融合提供了很好的佐证。碑文原载于河北新河县《脱氏宗谱》，脱氏后人脱鸿宾收藏。刘侗等《辽宁回族家谱选编》，天津古籍出版社 1992 年本，收录全文。

宣化重修清真寺碑

图 2-8

石碑 1 通。明天启六年(1626)唐永寿撰文，李尚仁、刘天优抄刻。记载了明天启六年重修宣化庙底街清真南大寺的经过和大将军功德。对研究明代回族、伊斯兰教历史有一定参考价值。碑在今河北张家口宣化庙底街清真南大寺。平顶碑额，长方形雕花碑座，总碑体 180cm×75cm×22cm，2 面有字。碑阳 158cm×67cm，面刻汉文 21 行，58 字/行；碑阴 158cm×67cm，面刻汉文 21 行，40 字/行。青石，阴刻，行书。碑身四周有纹边，中间有裂纹。(白玫)(图 2-8)

沧县大褚村回氏祖坟碑

石碑 1 通，清代回族记事碑，清顺治二年(1645)河北沧县大褚村回氏八世孙奉直大夫、通州教谕赴圣奉礼祀，九世孙赞昌、冀昌为明故处士回有德之墓立。考河北回姓原籍金陵应天府上元县，本姓常，明初有常初、常万、常善兄弟三人因受官府通缉，改为回、翟、常三姓，隐姓埋名混过关卡，几经辗转落籍沧州。是碑文字不多，主要记载回姓自永乐二年（1404）迁居河北青县城南褚村（今属沧县）一事，对研究回族姓氏演变有参考价值。现碑在沧县大褚村先祖回有德墓前，保存完好。吴丕清《沧州回族》，中央民族大学出版社 1999 年本，收录全文。

元脱脱丞相三公子故里碑

碑铭 1 篇，清代回族叙事碑。清康熙二十五年（1686 年）十月二十三，清文林郎、知直隶新河县事、戊子科举人大梁王增撰并书篆；儒学署教谕举人张时华，典史盖之相，经筵讲官太子太师文华殿大学士兼吏部尚书，管理国子监事务，乾隆元年丙辰科进士胪第①，闽省蔡新校正。乾隆四十八年（1783）生员脱人麟奉旨办理昌平、延庆二州铅矿事务，因在京拜见蔡中堂与改正，又赐官衔、图记，形成此碑。是碑主要记载知直隶新河县事大梁王增于清康熙二十年（1681）到任之初，阅览县志忠节传时，发现上面记载了元右丞相三公子周彬因隐居于本县董村原上而得以生存，不觉大惬感怀，又经与脱氏后人癸丑科进士、整井陉道，兼理粮储驿传、山西提刑按察使司佥事、加四级李基和号梅崖深谈，有感而发撰写此文。文中列举元脱脱丞相大义灭亲，以劳定国，浚河渠兴水田造福于民，幼为皇太子官免太子于难，劝圣学领储训保护善类等种种功绩和不免为奸臣所害的悲惨下场。在脱脱丞相流于云南时，长子哈剌章肃州安置，次子三宝奴兰州安置，

① 胪第：科举考试及第后，新进士朝见皇帝，传制官按甲第依次高声唱名，新进士在阶下齐呼万岁，称胪传。受过胪传者为胪第。

后皇帝虽听台臣张冲之言,复丞相官爵,给复其家产,召二子还朝,各授以官,然而不数年元朝灭亡,脱氏一门从此不知下落。今见明代东昌府同知脱镐、辽东卫教授脱铉、例贡脱权以及本朝武进士、彰德府守备脱大基,皆为脱氏之后裔,深叹“天之庇佑忠臣必不肯绝其后”。

此碑以对脱氏家族兴衰的感悟,讲述了元代后期朝廷之昏暗,对研究脱氏家族及元朝历史和元明清时期官宦心态,都是不可多得的宝贵资料。刘侗等《辽宁回族家谱选编》,天津古籍出版社 1992 年本,收录全文。

大名七里店清真寺重修碑

图 2-9

石碑 1 通。清康熙五十六年(1717),撰抄刻者佚名,七里店回民公立。碑阳主要记载真主和圣人的伟大与修寺筹建人员和施乜贴乡老之功德。碑阴刻有雍正九年(1731)捐地人姓名、亩数。疑为补记,有待考证。对研究大名地方回族历史有参考价值。碑在今河北邯郸大名七里店清真寺。梯形碑额,长方形碑座:总碑体 160cm × 64cm × 17cm,2 面有字。碑阳 143cm×50cm,面刻汉文 6 行,41 字/行。碑阴 137cm×45cm,字行模糊。青石,阴刻,楷书,碑阳四周有花纹边框。碑文大部漫漶。(杨国祯 杨子奎)(图 2-9)

定州清正寺重修碑

图 2-10

石碑 1 通，清代回族伊斯兰教碑记。清雍正九年(1731)立，河北定州儒学生员白璟撰文，佚名抄刻。现存河北定州清真寺内北侧碑廊。梯形云纹碑额，长方形碑座，额题“重修碑记”。总碑体 163cm×64cm×16cm，2 面有字。碑阳 150cm×60cm，面刻汉文 15 行，48 字/行；碑阴 150cm×60cm，面刻汉文 18 行，48 字/行。大理石刻，楷书。碑阴有约十分之一字迹漫漶。碑文主述伊斯兰教义教旨并副掌教马崇文劝化亲友集资修葺定州清真寺之事。碑阴为修寺施银人名单。文称“回回之寺何此清名？盖言清心寡欲耳”。同时深刻感悟在清真寺里不尚纷华，布帛菽粟①共安的和谐平等的气氛和真主的恩德。倡导人们虔心稽首，把斋礼拜以报主恩。通过一日五时礼拜和掌教者的教诲，使人更知君臣之礼、父子之亲，母鞠之爱和夫妇、长幼、朋友之间的有别、有序、有信。作者在概述了清真寺的好处后，高度赞扬了副掌教马崇文，少年老成，心术端正，勤慎非常。劝化亲友，不论贫富各出分金，使年久失修，四厦俱朽，墙根少坏，大脊将滚的定州清真寺修葺一新的功德。对研究河北回族伊斯兰教历史有参考价值。宁夏《回族研究》2002

① 布帛菽粟：菽为豆类，粟为谷类，这里泛指各种衣食。此处引申为不同地位的人在清真寺里平等共安。

年第3期，刊载马生祥《定州清真寺三幢古碑之校点》。（平克军 梁世建）（图2-10）

张家口捐资建寺碑

图 2-11

石碑1通。清雍正十二年（1734），撰抄刻者佚名。记述了张家口西关旧有清真寺的由来、占地面积、建筑规模和教民倡议捐资重建清真寺的过程及寺内人员状况。对研究张家口回族历史有参考价值。碑在今河北张家口桥西西关清真寺。穹形碑额，上有“永远”二字，无碑座。总碑体 112cm×49cm×12cm，1面有字。碑阳 84cm×39cm，面刻汉文10行，26字/行，周边刻有水波花纹和牡丹花。青石，阴刻，楷书，字迹模糊，中上部有裂纹。（白玫）（图2-11）

哈元生碑

碑记1篇。清乾隆三年（1738）爱新觉罗弘历撰，佚名抄刻。记载河北河间南营清代回族将领，提督、扬威将军哈元生生平、功绩。文中表述了哈元生性行纯良、文韬武略、卓著功勋，一生经历及其状貌音容和其逝后皇上的悲痛惋惜之情。对研究回族历史和清代回族政治地位有参考价值。原碑已佚，吴丕清《沧州回族》，中央民族大学出版社1999年本，载有碑文。（孙东来）

大厂清真寺制田碑

石碑 1 通，清代伊斯兰教记事碑刻。清乾隆三十四年(1769)立于河北大厂清真寺。溆阳吴绍庠、因周氏撰文，从学肄业生王锡岐书丹，山人如意真镌，碑在今大厂清真寺，平顶碑额，上有浮雕云纹和二龙戏珠，中有“承前启后”铭文；方形碑座，上有浮雕玉树麒麟。总碑体 158cm×61cm×16cm，2 面有字。碑阳 153cm×61cm，面刻汉文，37 行，字迹漫漶；碑阴 153cm×61cm，面刻汉文，行数、字数漫漶不清。青石，阴刻，楷书。碑体保存完好，字迹难以辨认，廊坊市民族宗教局收藏碑文。大厂清真寺始建于明永乐二年(1404)，历代多有修缮，是碑主要记述清乾隆年间此寺缺修，资金困难，当地穆民王文成与子王可美、海世常与子海永泰，两对父子奋斗不懈，久积生银，为清真寺购置田产，以供修寺和寺内之用的感人事迹。碑载，初由王文成于喇嘛庙募银 4 两，海世常于本地募银 8 两，立志自携生息，为寺中给，然至终未能如愿。二君归真后，其子坚继父志，历经数年积累，王可美共生息银 165 两 5 钱，买地 39 亩 3 分，用银 69 两 5 钱，立寺碑银 42 两，除使仍存银 58 两；海永泰共生息银 41 两，买地 27 亩 5 分，用银 49 两，使该寺得以以久积之余，制储粟之业，岁勤三时，备百世之需。在清乾隆三十四年修缮时特立此碑，以志不忘王、海二氏父子恩德。碑文

图 2-12

以事实论述了“伊玛尼”[1]的高尚情操和深刻内涵，是研究回族穆斯林信仰理念、道德修养不可多得的例证。余振贵、雷晓静《中国回族金石录》，宁夏人民出版社 2001 年本，收录全文。（王海民）（图 2-12）

重修香鱼书院碑记

碑铭 1 篇，清代回族功德碑。乾隆三十五年（1770）九月勒石，赐进士出身、金殿传胪知盐山县事、加一级纪录五次彭良骞撰文，盐山县吏目官典吏、加一级记录一次、记功一次杨玉吾监修，绅士李秀闾督工。碑额题文“英才乐育”。

是文主要记载：盐山，古渤海地，为隶北名区。风雅之儒，代不乏人。彭良骞于乾隆甲申岁（1764）奉命来做盐山县知事。先是率众翻修了文庙，后又见旧有香鱼书院在西南隅，乾隆三年前任金公建之，邑之贡生回族人李士晋，捐地六顷为诸生费用，自为经理。历十余年，培养了许多人才，使当地文风丕振！后因人员变化，失之管理，遂产生整饬之心。

第二年，郡伯金质夫先生潜心学校，檄饬清查。彭良骞知李士晋之孙李广文重念厚学，能不陨其先人，乘机将其请来商议修缮香鱼书院之事。并查得本县羊二庄、毛圈义田，全部并入香鱼书院。又因香鱼书院之南湫隘嚣尘，不利于办学，建议将此书院移建小南门之兴文街。李广文遂以历年所入租银移置善地，于清乾隆三十一年（1766）二月兴工。其地夹水面城，文昌高拱，奎

① 伊玛尼：即阿拉伯语“信仰”，伊斯兰教主要有六大信仰，其核心是“万物非主，唯有安拉，穆罕默德，是主的使者”。

楼远眺，宏敞丽口，视昔有加，大大改善了学习环境。李广文虽然只是一位处士，但凡是地方义举，无不力任恐后。碑文对李广文的善举给予高度评价。赞其“积善之家，必有馀庆”。石碑已佚，文载沧州《李氏家谱》。是文对研究回族热心教育事业的思想和回族文化的多元化发展提供了一份宝贵的佐证。

王家楼建寺功德碑

图 2-13

石碑 1 通，清乾隆三十八年(1773)，撰抄刻者佚名。记述张家口怀来王家楼乡清真寺自清乾隆二十八年(1763)动工修建至乾隆三十八年(1773)竣工的过程和捐资人员名单及捐资数额。平顶抹角碑额，梯形碑座，额阳为经文阳刻，中刻圆形经文。总碑体 110cm(不含碑额 38cm)×60cm×14cm，四面有字；碑阳 110cm×52cm，面刻汉文 19 行，28 字/行；碑阴 110cm×52cm，面刻汉文 26 行，38 字/行；两侧面 52cm×14cm，面刻汉文 5 行，26 字/行，青石，阴刻，楷书，部分字迹漫漶。是碑对研究地方回族、伊斯兰教历史有一定参考价值。碑在今河北张家口怀来王家楼清真寺。(白玫)(图 2-13)

无极高头清真寺碑

石碑 1 通，清代伊斯兰教哲理碑刻。乾隆四十年(1775)立，乙酉科顺天乡试中举人，捡选以知县用廉吏周景昌撰文并书，训

图 2-14

师齐仲士开列寺中基地边界地亩数目，张贵刻。碑在今河北石家庄无极高头清真西寺，平顶抹角二龙戏珠纹饰碑额，长方形叠层碑座。总碑体 208cm × 63cm × 18.5cm，2 面有字。碑阳 106cm×57.5cm，面刻汉字 27 行，38 字/行；碑阴 93.5cm×49.5cm，面刻汉文 27 行，每行字数模糊。青石，阴刻，楷书。碑阳个别字迹不清，碑阴字迹漫漶，碑体保存基本完好。碑记主要论述了伊斯兰教的本体论。称"清者天之所以为体，真者物之所以立命，盖诚生天生地复生成万物，是以视之无形而能天下之形，听之无声而能声天下之声"。并结合道家文化，进一步论证了真主的独尊和大能，阐述了世上万物的生成消亡都是靠独一无二的主宰，真主的伟大是无可替代的。称"主之为主，岂可以他来哉"。

此碑是一通极为少见的伊斯兰哲学理论碑刻，对研究回族穆斯林哲学思想和古兰哲理具有重要参考价值。石家庄市民宗局时向东等参与考证并抄存碑文。余振贵、雷晓静《中国回族金石录》，宁夏人民出版社 2001 年本，收录全文。（时向东）（图 2-14）

沧州旧教清真寺义田碑

碑铭 1 篇，清代伊斯兰教碑刻。清乾隆四十七年（1782）河北沧州清真南大寺内住持、众乡老公立。原碑现埋于沧州清真北大寺大殿底下，碑文由万恩龙先生抄录珍藏。

沧州伊斯兰教原为"格底目"（古行）统一教派，清乾隆时期，随着舍蕴善遵经革俗理论的传入，形成圣、古两行。清乾隆四十七年(1782)，清真北大寺圣、古两行穆民同殿礼拜常有争执，极为不便。故经众人商定，拟将沧郡大南门外东南隅一所规模很小的古行礼拜寺扩建为清真南大寺，以为古行礼拜之所。时有乡老尹衡宗，义捐私田 80 亩，举意永不反悔。众阿訇乡老深受感动，当即议定待施主归真后，七日一次到其坟前诵经，故立此碑以示不忘。乾隆六十年(1795)，其子尹瑄、尹琅、尹克任因丧葬事与清真寺阿訇发生争执，时值儒教文庙明伦堂残契待修，遂将捐地要回，改捐文庙，以为重修明伦堂之资。众阿訇乡老将捐地还予尹氏后，即将是碑搬倒。“文化大革命”中，清真南大寺被毁，此碑移存清真北大寺，后在清真北大寺修缮时，又被埋在大殿脚下。现沧州清真南大寺已经重新修建，是碑可为清真南大寺沉浮变化的历史见证，对研究清代沧州伊斯兰教教派产生、发展具有重要参考价值。吴丕清《沧州回族》，中央民族大学出版社 1999 年本，收录全文。

泊头清真寺恩功碑

石碑 1 通。清乾隆四十九年(1784)杨九思撰文，佚名抄刻，记述河北沧州泊头李卓人、曹万瞻等人倡导开办绎堂教育，筹钱为清真寺购制土地，供养小学、大学(皆指经学)所需之功德。对研究伊斯兰教经学传播和穆民道德理念有参考价值。碑在今河北沧州泊头清真大寺。平顶抹角云纹碑额，额阳有“流芳”二字。立式碑身，长方形碑座。总碑体 168cm×61cm×27.5cm，2 面

图 2-15

有字。碑阳 128cm×49cm，面刻汉文 14 行，39 字/行；碑阴 128cm×50cm，面刻汉文 12 行，36 字/行。青石、阴刻，楷书。云花边栏，右上角断裂黏合，碑体中上部有两道铁箍固定，约十分之一字迹漫漶。（图 2-15）

重修易州清真寺碑

图 2-16

石碑 1 通，清代清真寺修建碑。清乾隆四十九年（1784）九月于河北易州（今河北易县）清真寺立。翰林院四译馆正教序班石城金天柱撰文并书丹。碑在今河北保定易县清真寺。平顶抹角云纹碑额，长方形叠层碑座，碑额左上部残损修复。总碑体 155cm×64cm×23cm，2 面有字。碑阳 140cm × 60cm，面刻汉文 13 行，41 字/行；碑阴 140cm×60cm，面刻汉文 20 行，61 字/行。汉白玉石刻，楷书。碑阴约十分之一字迹漫漶。碑文首先介绍了伊斯兰教“敬一归真”的教典，来源于贵圣穆罕默德的传教，同时认为伊斯兰教传入中国一千多年来，以诚礼济斋为纲领，从朴素之风，取清真之义，始终保持自己特有的道德风范和风俗习惯，主要得益于各地建立清真寺和回回译学馆。清乾隆二十九年（1764）易州清真寺教长马太生阿訇学业渊博，襟怀豁达，欲设大学训迪四方学者，又见寺中栋宇摧残，门垣狭隘，慨然有重修之志。遂与李文学、安宣志等携手募化，不惮勤劳，走遍各地，募得大量资金，又有乡老白锐、李朝正等经营协办和当地教亲的捐助支持，终使此寺焕然一新。然功成不久马太生阿訇却辞世归真，当地穆民为了世代不忘其率众修寺的恩德和事迹，故立此碑。是碑对研究河北伊斯兰教发展史、建寺史有一定参考价值。易州礼拜寺管委会底国水抄存碑文。（图 2-16）

大名永传无替碑

图 2-17

石碑 1 通，清代清真寺记事碑。清嘉庆二年（1797）特调大明正堂佚名撰抄，生员杨德正等人立。碑在今河北邯郸大名南关东清真寺。平顶抹角碑额，梯形碑座。总碑体 128cm×61cm×19cm，1 面有字。碑阳 107cm×49cm，面刻汉文 14 行，12—32 字/行。碑面有花纹边框，碑文有 11 行 75 字漫漶不清。文中大意：清真寺是穆斯林福善之所，清乾隆四十六年（1781）当地穆民杨之堂将自家土地所收粮物除去佃户应得外，其余全部捐给大名清真寺，以为祭祀祖宗之资。11 年后，杨之堂获罪受裁，但经恳请，皇恩特赐“以定章程，永传无替”，使此土地收获永为清真寺所用。这种处理方式不仅平息了各种议论，而且杜绝了某些人的觊觎之心；既使前者芳踪不坠，又启后人孝思于永言。对研究回族道德理念和清代回族政策有参考价值。大名县民宗局杨国祯抄存碑文。（杨国祯）（图 2-17）

大名丹杨氏施地碑

图 2-18

石碑 1 通，清代穆斯林施地功德碑。清嘉庆十年(1805)立，佚名撰抄刻，碑在今河北邯郸大名南关东清真寺。平顶抹角碑额，方形碑座，额阳有“永远传流”四字。总碑体 131.5cm×57.8cm×13.7cm，1 面有字。碑阳 98cm×42cm，面刻汉文 11 行，7—25 字/行，其中有 4 行 15 字漫漶。阴刻，楷体，碑面四周有花纹边框。碑文主要记述大名回族丹门杨氏无后，生前举意“故后将自家田地捐赠清真寺，以收获粮食供寺内修缮、公事之用”。此事在丹杨氏归真后，其亲属任姓佚名人遵嘱代为办理，并立碑以记。是碑对研究回族信仰和道德理念有参考价值。河北邯郸大名县民宗局杨国祯收藏碑文。(杨国祯)(图 2-18)

宣化右谕通告碑

图 2-19

石碑 1 通。清道光元年(1821)六月，撰抄刻者佚名。记述宣化丁、闪、玉等姓回族共议在庙底街重建清真寺，并由玉焕功出面购买郝致秦庙底街房子 140 余间为寺址，宣化县文生张映壁等指控郝致秦卖房予清真寺，经直隶总督方受畴批令宣化县正堂，传谕双方协商解决之事。对研究宣化回族和伊斯兰教历史有参考价值。碑在今河北张家口宣化庙底街清真南大寺。平顶抹角碑额，三层长方形碑座，碑额雕有“二龙戏珠”，中刻“万古流芳”4字。总碑体 100cm×50cm×16cm，2 面有字。碑阳 85cm×48cm，面刻汉文 16 行，50 字/行；碑阴 100cm×47cm，面刻汉文 16 行，45 字/行。青石，阴刻，楷书。碑身两侧有花边，中部断裂修复。（白玫）（图 2-19）

宣化重新建盖清真寺碑

石碑 1 通。清道光二年（1822），宣化县学文生程国均撰文，张文广抄刻，记载了刘玉成用赌场修建清真寺，念经礼拜，抑恶扬善，及建立宣化后府街清真寺的主旨和经过。告诫刘氏后人，只许礼拜，寺务公举外姓人管理，严禁子孙控制干预。穹形碑额，梯形碑座，碑额四周刻有花卉图纹，中有阳刻阿拉伯文。总碑体 160cm×64cm×20cm，2 面有字。碑阳 125cm×52cm，面刻汉文 25 行，58 字/行；碑阴 125cm×53cm，面刻汉文 31 行，60 字/行。青石，阴刻，楷书，碑身三边有水波花纹，右侧有轻度残损。是碑为研究宣化伊斯兰教史重要参考材料。碑在今河北张家口宣化后府街清真寺内。（白玫）（图 2-20）

图 2-20

重修小荆寺清真寺碑记

石碑 1 通，清代清真寺记事碑，清道光十一年（1831）万全县拔贡保定府容城县教谕闫国庆撰文，万全县新进入学生王文杰篆额并书丹，佚名刻，闪天云、闪连汉、王启元、王珍、马良、张天泰立。碑在今河北张家口涿鹿大堡镇小荆寺清真寺。穹形碑额，梯形碑座，额阳篆书“永垂不朽”四字，额阴刻有“探本溯源”文头，总碑体 120cm×54cm×13cm，2 面有字。碑阳 116cm×50cm，有花纹边栏，面刻汉文 10 行，34 字/行；碑阴 116cm×50cm，面刻汉文 20 行，42 字/行，青石，楷书，阴刻，无残损。碑文主要记述保安洲西南（今属张家口市）小荆寺清真寺年久失修，殿宇损坏，教众无法礼拜；养膳不敷，难以延聘阿訇，甚至有人到庙中许愿，教门衰败。道光八年（1828）张家口回民王綮元率众捐款修寺，使此寺修复了殿宇，置买了田产，请来了阿訇，教门自此兴盛起来。是碑对研究张家口地方回族伊斯兰教史有参考价值。张家口少数民族古籍办《张家口古籍资料》（1996 年内印本）收录碑文。（白校）

张家口西关重建清真寺碑

图 2-21

石碑 1 通。清道光二十六年（1846），保定府容城教谕闫国庆撰抄，佚名刻。记载张家口西关清真寺自康熙八年（1669）至雍正元年（1723）始建，乾隆五十八年（1793）扩建，道光二十三年（1843）至二十五年（1845）重建的历史过程和新建清真寺的壮观。对研究张家口回族、伊斯兰教历史，具有重要参考价值。碑在今河北张家口西关清真寺。无碑额、碑座，总碑体 160cm × 70cm ×

20cm，2 面有字。碑阳 146cm×58cm，面刻汉文 13 行，58 字/行；碑阴字迹无法辨认。青石，阴刻，行书。碑阳有云纹花边，碑头 15cm 处残断。（白玫）（图 2-21）

肃宁王街清真寺碑记

石碑 1 通，清代伊斯兰教碑刻。清道光二十八年（1848）岁次戊申季春立，撰抄刻者佚名。碑在今肃宁王街清真寺礼拜大殿前厦北侧，碑体保存基本完好。碑身 113cm×61cm×21cm，碑额 63cm×49cm×21cm，碑座 29cm×104cm×69cm。方形抹角吉祥纹饰碑额，额中有经文，碑身有云饰边栏，两面有字，字迹大部漫漶。从尚可辨认的部分字迹看，碑阳大致撰写了伊斯兰教的教义和修建清真寺的好处；碑阴大致记载清真寺的地界。碑阳文后有“加赠太子太保原任陕西西安府提督赐谥壮武哈国兴、阿吽马瑞□、俊秀杨舟、俊秀金□墀”等字样。考哈国兴系清乾隆年间著名回族将领，乾隆三十八年（1773）病逝于军中。相传此清真寺系乾隆皇帝特为褒奖哈国兴功绩敕赐建造。此碑立于哈国兴归真 75 年后，绝非哈国兴所立，而阿吽（阿訇）马瑞□、俊秀杨舟、俊秀金□墀等当是立碑人。但由于字迹残损严重，难于了解全文及出现哈国兴名讳的原因。据现有文字分析，是碑当是为

图 2-22

确定清真寺地界而立的告示碑，同时强调了清真寺的重要，追忆了哈国兴对教门的贡献。对研究清代回族的历史功绩和与统治者的关系有一定参考价值。（图 2-22）

大厂清真寺供给义学碑

石碑 1 通，清代穆斯林功德碑。清咸丰二年（1852）立于河北大厂清真寺，佚名撰抄刻。大厂清真寺始建于明朝永乐初，清乾隆三十四年（1769）、咸丰二年（1851）都曾修缮。此碑为咸丰二年修寺时所立，长方形碑体，碑额约占总碑体三分之一，饰有荷花，额阳上书“承前启后”，额阴上书“永垂不朽”，均为楷书。碑阴字迹漫漶。碑体在“文革”中损为三段，后粘接一起，无精确尺寸。碑文主要记载乡老王景生遵先辈之嘱，认真管理清真寺内务，为清真寺购房置地，年获租金 150 余吊，供给义学。咸丰元年（1851）正月八日，向本庄师长、乡老交明账目，恐年久失迷，或被佃户侵吞，故而树碑勒石以志此事。是碑对研究清代回族教育有参考价值。杨宝军考证，余振贵、雷晓静《中国回族金石录》宁夏人民出版社 2001 年本，收录碑文。（王海民）

宣化移建清真寺碑

石碑 1 通。清咸丰四年（1854），撰、抄、刻者佚名。记载了宣化府清真寺创建于明永乐之初，历经明清 200 余年，垣残宇漏，风雨不蔽。后经山东文登沿海骑尉玉焕功倡议，捐资移建新址，工程浩大。是碑平顶碑额，莲墩碑座。总碑体 235cm×70cm×22cm，2 面有字。碑阳 175cm×55cm，面刻汉文 16

行，66字/行；碑阴 175cm×55cm，面刻汉文 40 行，110 字/行。青石，阴刻，楷书，碑身中间断裂。对研究张家口宣化一带回族历史有参考价值。碑在今河北张家口宣化庙底街清真南大寺。（白玫）（图 2-23）

图 2-23

张家口沙城重修清真寺碑

图 2-24

石碑 1 通。清咸丰四年(1854)怀来县恩贡生候选教谕马醇撰文，怀来邑庠生王玉瑞抄，石工王和镌刻。记载怀来县沙城原清真寺狭窄偏僻，在武天佩乡老主持下，经过几年努力，四邻八乡百姓捐钱 3000 余吊，重建一座宏伟大寺，并附修建费用明细。平顶碑额，长方形碑座，总碑体 132cm×64cm×20cm，1 面有字。碑阳 127cm×56cm，面刻汉文 21 行，46 字/行。青石，阴刻，楷书，周边有云纹花纹，左下角有轻度裂残。此碑对研究清代张家口地区回族历史和宗教信仰有一定参考价值。碑在今河北张家口怀来沙城镇清真寺。（白玫）（图 2-24）

新乐市彭家庄重修清真寺碑

图 2-25

石碑 1 通，清代伊斯兰教记事碑。清同治四年(1865)立，撰抄刻者佚名。碑在今河北石家庄新乐彭家庄清真寺。平顶抹角碑额，梯形碑座，额阳有“永垂不朽”四个大字。总碑体 247cm × 59cm × 22cm，2 面有字。碑阳 162cm×49cm，面刻汉字 11 行，34 字/行。碑阴 162cm × 49cm，字迹漫漶。碑体完好。碑文主要记载定州彭家庄清真寺年久失修，君子仁人无不目睹而心伤。某人(佚名)于咸丰十一年(1861)计其官之余俸，劝其教门中人，带头捐资重修，教众无不踊跃。清同治四年(1865)共收捐赠 261 吊 210 文，实用费用 255 吊 929 分，工程告成。是碑对研究河北清真寺历史和回族传统美德有参考价值。石家庄民宗局时向东抄存碑文。(图 2-25)

山海关清真义学始建碑

石碑 1 通，清代清真义学契约碑。清同治十年(1871)立，阿訇沙全文、督修曹文英，书丹哈成章，佚名刻。碑在今河北秦皇岛山海关清真东寺。长方体卧式碑身，建有影壁式青砖碑垛，碑身嵌于垛内。总碑体 82cm×52cm×？ cm(不详)，1 面有字。碑阳 70cm×39. 5cm，面刻汉文 24 行，13 字/行。文面四边有单栏刻线。青石，阴刻，楷书，无残损。碑文记述曹文英之父曹云呈于道光辛丑年(1841)举意建置清真义学，曹文英遵父命捐资纹银五十两，购置平房六间，延师设范，教门振兴。于清同治十年

(1871)曹文英年逾六旬，自感力难经理，诚恐废弛，自愿将义学归于公众，交现任阿訇掌管。是碑对研究河北伊斯兰教经学传播和回族道德、文化传统有一定参考价值。秦皇岛市民宗局抄存碑文。（褚志强）（图 2-26）

图 2-26

无极高头清真西寺重修碑

图 2-27

石碑 1 通，清代伊斯兰教记事碑。清同治十年(1871)训师蔡文通等撰抄，佚名刻立，碑在今河北石家庄无极高头清真西寺。二龙戏珠浮雕碑额，长方形碑座。碑额中下方有“万古流芳”四字，碑身有花纹边栏。总碑体 236cm × 68.5cm × 18.5cm，2 面有字。碑阳 132cm× 55cm，面刻汉文 11 行，27 字/行；碑阴 120cm×64cm，面刻汉文 30 行，字迹模糊。阴刻，楷书。碑体保存完好。无极高头清真西寺，位于高头村西南角，据寺门前石刻狮座记载，始建于明嘉靖十九年(1540)，占地 6.8 亩，清代三次扩建，此碑为同治十年(1871)重修时所立。碑文主要记述此寺多年失修，兵燹毁损、风雨吹洒、鸟雀锥啄、鼠牙穿墉，残破之甚，经清同治十年(1871)重修，使之“昔则倾然，今则变然；昔则颓然，今则焕然”。对研究无极回族、伊斯兰教历史和发展有参考价值。余振贵、雷晓静《中国回族金石录》，宁夏人民出版社 2001 年本，收录全文。（时向东）（图 2-27）

清苑清真寺义塾碑

石碑 1 通，清代回族功德碑。清光绪五年（1879）九月，河间府河间县县学廪膳生哈璞田撰文，保定府清苑县县学附学生郭莹书丹。寺内掌教吴天元、马玉麟，督标后营千总尽先守备李景文，董事长增贡生杨玉庆、督标前营额外外委阎荣，五品蓝翎尽先千总张景荣等公立。碑在今河北保定清真西寺。穹形云纹碑额，叠层长方体碑座，碑额刻有“万古流芳”四字。总碑体 180cm×67cm×16cm，1 面有字。碑面 160cm×60cm，面刻汉文 22 行，32 字/行。石刻，楷书，保存完好。碑文深刻论述了文化教育的重要和建立学校的意义；感叹省垣无力延师者均赖四隅建设义塾，而唯满营和回民 200 余年未闻有特立义塾的不平等现象；高度赞扬了直隶保定清苑县知县萧世本支持建设清真寺义塾的恩施。文中对回族儿童早日成才充满了希望，同时告诫他们“他日青云得路，慎勿忘春风化雨之恩”，充分反映了清代不平等的民族政策和回族人民对文化知识的渴求。对研究回族文化教育史具有参考价值。余振贵、雷晓静《中国回族金石录》，宁夏人民出版社 2001 年本，收录碑文。（平克军　梁世建）

沧州绅士刘公助寒士观光资斧碑

碑铭 1 篇，清代回族助学功德碑。清光绪六年（1880）立于河北沧县。沧州知事济宁骆孝先撰文，佚名抄刻。原碑已佚，碑文载于民国二十二年（1933）《沧县志·事实·金石》。是碑主要记载，沧境东连鲸海，北拱燕畿，夙称殷富之区，洵为文明之薮，自遭兵革，每况愈下，许多贫寒学生虽胸怀大志却无钱进京考取功名。为此，沧州回族富绅刘凤舞慷慨捐资四千缗，作为永久之

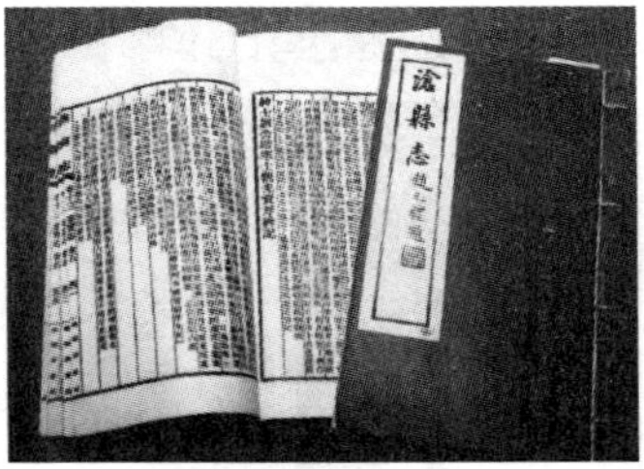
图 2-28

资，专门资助贫寒学生赴京赶考。此款投放于商家生息，每三年利息作为一科之资，按规定条件分赠予贫寒学生，并将资助款项、施放条规同刻于碑上，以利公众监督。这一善举，使很多贫苦回汉子弟奋志求学，取得登贤入仕的机会。是碑对研究回族道德理念和地方文化史、民族文化史具有参考价值。《沧县志》原本今存河北沧州市图书馆，现有复原线装本和现代平装重印本流行。吴丕清《沧州回族》，中央民族大学出版社1999年本和余振贵、雷晓静《中国回族金石录》宁夏人民出版社2001年本等书载录此碑全文。（图 2-28）

保定南沟头清真寺施地碑

石碑1通。清光绪九年（1883）四月，吴荻林撰书，杨玉庆刻。记述保定回族李景文、杨祥福、安启文等26人向清真寺捐献土地事。对研究保定伊斯兰教寺院经济和穆斯林道德理念有参考价值。碑在今河北保定南沟头清真寺。平顶圆角碑额，无碑座。额阳有荷叶、兰花饰。总碑体186cm×65cm×18cm，2面有字。碑阳160cm×55cm，面刻汉文12行，30字/行；碑阴160cm×55cm，面刻汉文17行，34字/行。墨玉石阴刻，楷书。碑阳上首刻“万古流芳”，碑阴上首刻“清真古教”。保存基本完好。（梁世建）（图 2-29）

图 2-29

威县黄进林捐田碑

图 2-30

石碑1通，清代回族告示碑。清光绪十年(1884)乡老黄进安、王心、王正兴立。撰抄刻佚名。碑在今河北邢台威县王家庄清真寺。立式，平顶抹角碑额，无碑座，碑额刻有"清真寺"三字，总碑体 53cm×25cm×12cm，1面有字。碑阳 51cm×21cm，面刻汉文7行，25字/行。阴刻，楷书，保存完好。是碑为河北威县王家庄回民孤单老人黄进林公告，自愿向清真寺捐田4.5亩，以为阿訇薪水之资，期求阿訇在其归真之后每逢忌日、大小节（大尔代、小尔代，即开斋节、古尔邦节）和主麻日①，游坟诵经。对研究当地回族信仰和道德理念有参考价值。2004年"墨缘碑林"主人王凤桐父子拓印，威县政协黄成俊收藏拓片。（黄成俊　李勇俊）（图 2-30）

保定董氏捐地碑

石碑1通。清光绪十二年(1886)三月，撰抄刻者佚名。记述直隶保定回族闫门董氏向清真寺捐献土地事。对研究伊斯兰教寺院经济和回族道德理念有参考价值。碑在今河北保定清真西寺。横置长方形碑身，无碑额、碑座，碑身镶嵌于墙壁上。总碑体 60cm×30cm×？cm（不详），1面有字。碑面 60cm×30cm，面刻汉文20行，每行10字。青石，阴刻，楷书。保存完好。（平克军　梁世建）（图 2-31）

① 主麻日：星期五，此日为伊斯兰教聚礼日，穆民多视此日为贵重、吉祥之日。

图 2-31

威县王富捐田碑

石碑 1 通，清代回族捐地告示碑。清光绪十六年(1890)河北威县黄家街回民王富立。撰抄刻佚名。碑在今河北邢台威县黄家街清真寺，长方形卧式碑身，无碑额、碑座，总碑体 38cm×80cm×16cm，1 面有字。碑阳 33cm×74cm，面刻汉文 24 行，10 字/行。白石，阴刻，楷书，保存完好。是碑为穆民王富公告，情愿将 5 亩良田捐赠黄家街清真寺，永为在任阿訇薪膳之资；期求阿訇在大小节、主麻日和他夫妇忌日为其祈祷游坟之事。对研究当地回族信仰、风俗有参考价值。2004 年“墨缘碑林”主人王凤桐父子拓印，威县政协黄成俊收藏拓片。(李勇俊　黄成俊)(图 2-32)

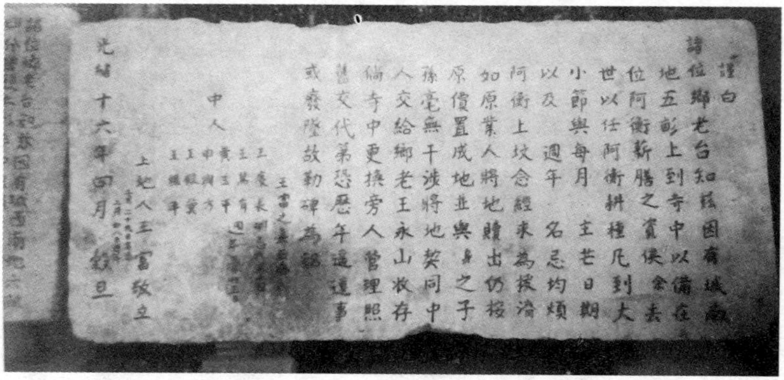

图 2-32

州绅刘公重修文庙碑

碑铭 1 篇，清代回族功德碑。清光绪十七年(1891)立于河北沧州文庙。壬子科副贡生王培新撰文，癸酉科举人永平府教授桂蔚书丹。原碑已佚，碑文载于民国二十二年(1933)《沧县志·事实·金石》。碑记主述沧州回族名绅刘凤舞(1816—1893)，字韶仪，独资重修文庙事。沧州文庙兼设学宫，始建于明代，其制深廓而壮伟，世代登贤书、捷南宫者蝉联不绝。但因历年久远，风霜剥蚀，雨露摧残，虽前人屡加修葺，至清光绪十六年(1890)仍为瓦断垣颓，势将倾圮。回族乡绅刘韶仪见而悯惜，禀明州官，独立捐资，鸠工修理。自大成殿东西两庑以迄垣墉，悉兴筑之。从是年二月初至翌年十月，历时近两年，始告厥成，“棂星门、戟门各门及崇圣祠，名宦、乡贤、忠义、节孝等祠，更衣厅、省牲所、泮池、泮桥诸处，并庙前文明坊、两学署，兴者修之，废者创之，亦皆焕然一新”。此举深得州人及学子赞扬，故立此碑以为记。是碑见证了回族乡绅对文化的重视和不论回汉，助学为乐的品格，对发扬穆斯林好学精神具有一定激励作用。见 2003 年沧县地方志办公室复印民国《沧县志》原本。

新乐彭家庄重新整理清真寺地亩碑

图 2-33

石碑 1 通，清代清真寺告示碑。清光绪二十三年(1897)定州彭家庄(今属新乐)合村公立，撰抄刻者佚名。碑在今河北石家庄新乐彭家庄清真寺。正方形桐凤透雕碑额，梯形碑座，额中有经文，碑座部分残缺。总碑体 208cm × 62cm × 19.5cm，1 面有字。碑面 117cm × 58cm，面刻汉文 17 行，33 字/行。保存完好。记载伊斯兰教义、圣传美德与在彭家庄清真寺重建中马、张、赵、底、锁等姓因地亩致起争论，诉讼在案，经州官徐老公祖公断"只准施舍入寺，不准反复争讨"并在寺中立碑 2 通，一志其事，一将地段坐落重新全数填续明确。此碑为"重新整理清真寺地亩碑"主记其事。对研究新乐一带地方回族史和清真寺建设史有一定参考价值。石家庄民宗局时向东抄存碑文。(图 2-33)

新乐彭家庄清真寺记地总碑

石碑 1 通。清光绪二十三年(1897)九月，撰抄刻者佚名，是年因彭家庄清真寺重修，马、张、赵、底、锁等姓为地亩致起纷争。后经州尊裁决，确定各方地界，并在寺内立碑 2 通，以志永记。一为"重新整理清真寺地亩碑"，一为"记地总碑"。是碑为记地总碑，

图 2-34

记载彭家庄清真寺周围东西南北四方起止界限及马、张、赵、底、锁诸姓地段、地亩。对研究新乐地方回族历史及清真寺经济有参考价值。碑在今河北石家庄新乐彭家庄清真寺。方形二龙戏珠透雕碑额，方形碑座，碑额中下部有“永垂不朽”四字。总碑体 251cm×65cm×22cm，1 面有字。碑阳110cm×50cm，面刻汉文 19 行，37 字/行。青石，阴刻，楷书。保存完好。（时向东）（图 2-34）

刘氏始祖墓碑铭

碑铭 1 篇。清光绪二十五年（1899）二月溯日十六世裔孙典三撰文并书丹、篆额，阖族裔孙公立。碑铭主要记载其宗始祖刘命兰为明锦衣卫督指挥。原籍南直隶[①]上元县二郎岗。明永乐元年癸未冬，诏迁南畿富民以实北畿，其祖以官禁卫、家高资，在徙中。乃以二年甲申（1404）偕二兄北迁，各占籍安居，始祖卜宅于斯。厥后历官无可考，而子孙日以滋繁，蕃至三世遂有十门之分。后人椒衍瓞绵[②]，聪明优秀，秀者上学读书，愚者亦率富而行其德，绳绳继继，至立此碑时已传 496 年。且族众大抵向学务本，各勤力于世民之业，以期无忝先人，亦不乏列文武科名及登仕途者。

是墓是始祖之墓，始祖妣虽合葬于此，但姓氏失考，故是碑

① 南直隶：指南京。

② 椒衍瓞绵：繁衍生息如同瓜蔓绵瓞，比喻子孙兴旺。

无法注明。碑中明确申明此次立碑的目的，是厚风俗，明谱系，心体木本水源之谊，联络支分派别之情。勿以分隔而或疏，勿以地睽而相远，勿念小忿而忘至亲，勿兑锥刀而薄骨肉。相与教其子孙，以交勖于不怠，以足始祖之愿。是碑今在孟村回族自治县西赵河刘氏祖茔，文载刘氏族谱。对研究刘氏回族历史有重要参考价值。

刘氏七世祖明生员仰吾公墓碣铭

石碑1通。刘氏十六世孙刘典三撰文，清光绪二十五年(1899)立。铭文主要记载刘氏六世讳忍公次子、明嘉隆间生员、七世祖讳廷瞻，字仰吾的才华和对教育事业的贡献。据称，在兄弟中有声庠序①者很多，但唯有他才称得上积学善诱。经他教授的学生，多数都已发名成业。由于他是“舌耕”②起家，子孙相承，至富而好礼，甲乎一郡，使刘氏宗族以教育为业成为代代相传的家族传统，其后裔食书香之报本者久而不忘！是碑赞扬其“强于筮仕，丰于育才”“舌耕有获，砚田成美”。对研究回族教育史和历史文化有参考价值。

刘氏八世祖明生员湛一公墓碑铭

石碑1通。清同治癸酉科拔贡、光绪己丑科副榜、深州安平县教谕、云孙刘典三撰文；光绪二十五年(1899)三月，乃孙春煦、

---

① 有声庠(xiáng)序：“庠序”指古代乡学，泛指学校。有声庠序，指才学出众，有名气的文化人。

② 舌耕：旧指依靠教书谋生。

毓寅、春坛,云孙志廉、英武、志洁纠合族众敬立;耳孙晶渡、树帜监修。铭文主要记载刘氏八世祖刘湛一生平功德。刘湛一,讳澄清,字湛一,刘氏七世祖字仰吾之季子。明之季叶,他就已经德善有名,继承了累代忠厚之绪,好善乐施,每次善举都是发自内心,形成自己的本性。其生前家业日以大起,殁后也要选平壤突穴上吉之地安葬,以安其灵,以荫及后人。刘湛一为刘氏少六院分支之祖,后叶食其德者,历久不替。是碑赞扬了刘氏八世祖湛一公忠厚善良的品格和对后人的道德影响,对研究刘氏回族道德传承及明代回族生员状况有参考价值。

威县黄氏立德立功立言碑

石碑1通,清代回族记事碑。清光绪二十七年(1901)河北威县黄家街穆民黄兴太撰立,佚名抄刻。碑在今河北威县黄家街清真寺。长方卧式碑,无碑额、碑座。总碑体 38cm×56.5cm×11cm,1面有字。碑阳 33cm×50cm,面刻汉文14行,12字/行。白石,阴刻,楷书,保存完好。记述河北威县黄家街回民黄兴太对“立德立功立言三不朽”的认识和将仅有6亩田地献给清真寺的愿望及期求阿訇每逢周年、忌日上坟念经,以赎生前之罪的要求。对研究回族信仰和道德理念有参考价值。2004年“墨缘碑林”主人王凤桐父子拓印,邢台威县政协黄成俊收藏拓片。(李勇俊 黄成俊)(图 2-35)

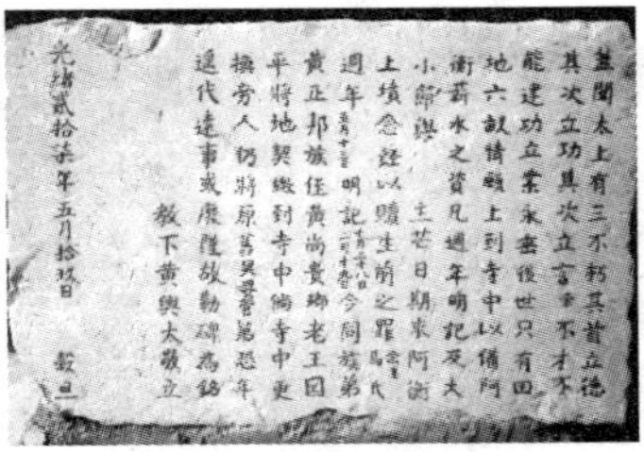

图 2-35

诰授振威将军一品封典副将衔韶仪刘公遗爱碑

碑铭 1 篇，清代回族碑刻。清光绪二十八年(1902)三月十六日河北沧州郡人公立。廪生邢向宸撰文，廪生杨聚奎书石。原碑已佚，碑文载于民国二十二年(1933)《沧县志·事实·金石》。碑记主述沧州回族名绅、诰授振威将军一品封典副将衔刘凤舞(1816—1893)，字韶仪，慷慨好义，重德修善，在兴办学校、资助贫寒、救济灾民、捍卫乡里等诸方面做出的突出贡献。

刘凤舞是清光绪年间沧州一带顶尖巨富，其兄刘在梧遭粤军之变，抗节不屈，阖室殉难。凤舞克承先志，以救灾恤民为己任。光绪初年(1875)，畿辅大祲①，附近饥民流亡载道，他自动成立暂栖所以供养难民，设厂平粜，控制谷价上涨。对老弱孤寒不转徙者，悉收入延息堂，计口授予钱谷衣药，在其救助下得活者数万人。复出其积年盖藏，济乡里困乏。受助者无不感泣，称："我辈当累年饥馑倖而获免者，实出刘公之赐也。"每值京兆试，寒士多无力赴京赶考，他又立梯云局，助诸生盘费。由于他的资助，自壬午(1882)至丁酉(1897)，先后登贤书者数十人。其余如建学宫、广书院，设义食，赡族姓诸善举，载之志乘，详于传记，不可殚述。刘凤舞归真后，士人涕泣，几为罢市。由此可见其在当时人们心中的地位。

是碑是在碑主归真 9 年后而立，反映了记载内容的真实性，在研究回族伊斯兰教道德传承方面具有一定参考价值。见 2003 年沧县地方志办公室复印民国二十二年《沧县志》原本。

---

① 畿辅大祲：畿辅，即京城周围地区；祲，不祥之气。此句指京城周围地区大为不祥。

新乐彭家庄清真寺重建碑

图 2-36

石碑 1 通，清代清真寺修建碑。清光绪三十年(1904)生员白锡瀛撰抄，佚名刻。碑在今河北石家庄彭家庄清真寺。正方形碑额，莲花瓣浮雕碑座。总碑体 267.5cm×64cm×20cm，2 面有字。碑阳 217cm×60.5cm，面刻汉文 17 行，37 字/行；碑阴 209cm×60cm，面刻汉文 13 行，字数不清。碑身保存完好。记述直隶定州彭家庄(今属新乐)旧有清真寺一座，因年代久远，风雨摧残，砖瓦已损，梁椽已朽，经本郡、邻郡穆民共同捐助，集资 1056 吊 585 文，实用 1063 吊 170 文，使殿宇重修一新。对研究新乐一带地方回族史和建寺史有参考价值。石家庄民宗局时向东抄存碑文。(时向东)(图 2-36)

新乐彭家庄清真寺“万古流芳”碑

图 2-37

石碑 1 通。清光绪三十年(1904)，白锡瀛撰，佚名抄刻。记载彭家庄回民马呈祥因其子马德裕疮患痊愈，将村西旱地一段 6 亩赠予清真寺作为日用之资，以表对真主的知感。对研究回族穆斯林信仰和理念有参考价值。碑在今河北石家庄新乐彭家庄清真寺。平顶抹角阴阳两面祥云浮雕碑额，梯形碑座，碑额中下方有“万古流芳”四字。总碑体 205cm×62cm×17cm，1 面有字。碑阳

124cm×37cm，面刻汉文10行，30字/行，保存基本完好，个别字迹漫漶。（时向东）（图2-37）

山海关清真寺修建水房碑

石碑1通。清光绪三十一年（1905）四月，哈祥撰文，邑人抄刻。记述沐浴的好处，沐浴对穆民坚守五功的作用，修建水房的必要和哈祥率众募资修建山海关清真寺水房情况。对研究当地回族历史和信仰、风俗有参考价值。碑在今河北秦皇岛山海关清真寺。砌有影壁式青砖碑垛，碑身嵌入垛内。总碑体136cm×60cm×？cm（不详），1面有字。碑阳132.5cm×58cm，面刻汉文30行，16字/行。碑面四边有双线花纹装饰。青石，阴刻，楷书，无残损。（褚志强）

易州安呈栋捐资尽孝碑

石碑1通，清代清真寺捐资碑。光绪三十一年（1905）河北易县安呈栋撰立。碑在今河北保定易县清真寺。碑文主要记载立碑人安呈栋之母在世苦守三十余年积蓄铜钱上千吊。光绪二十一年（1895）四月十八日其母偶染重病，即将呈栋唤至床前，嘱其将所有积蓄全部捐赠清真寺置买田园，所有利息由历任四掌教经理，以备呈栋父母生辰忌日之资。并对请阿訇开经、买羊、买菜、过乜贴、请厨子以及各项所需费用，均做了详细安排。是年五月二十四日其母归真，呈栋承遗，遵母所嘱，做好一切安排，并将其母所嘱事项均刻于碑上，以志世代不忘。是碑反映了安氏母子的虔诚信仰和穆斯林孝道。对研究河北穆斯林信仰、风俗以及道德理念均有参考价值。保定市民宗局梁世建抄存碑文。

无极高头清真寺“百世流芳”碑

图 2-38

石碑 1 通。清光绪乙巳年(1905)刘怀孟、赵邦琚撰,杨庆昌抄刻。前半部记述无极高头籍回民蔡万春在昌平西贯市清真寺巧遇和保护慈禧太后、光绪皇帝事;后半部记述御赐清真寺大殿殿顶宝瓶及蔡万春与其父蔡文通修建清真寺的过程。对研究回族、伊斯兰教爱国爱教思想和与封建统治阶级关系有参考价值。碑在今河北石家庄无极高头清真西寺。二龙戏珠浮雕碑额,长方雕龙碑座。总碑体 243cm×69cm×22cm,2 面有字。碑阳 127.5cm×49cm,面刻汉文 14 行,41 字/行;碑阴 131cm×51cm,面刻汉文 30 行,字数不清。青石,阴刻,楷书。碑面有雕龙边栏,碑阴字迹漫漶,碑体保存完好。(时向东)(图 2-38)

威县王致中上乜贴碑

石碑 1 通,清代回族施地碑。清光绪三十一年(1905)王致中、王继先撰立,佚名抄刻。碑在今河北邢台威县黄家街清真寺。平顶抹角碑额,长方形碑座,额阳有阴刻经文两段。总碑体 140cm×50cm×18cm,1 面有字,碑阳 99cm×50cm,面刻汉文 8 行,19 字/行。石刻,楷书。约有十分之一字迹漫漶。是碑主要记述威县穆民王致中、王继先父子出散 20 亩田地、3 间门面的租金作为乜贴,永归在任阿訇和异方海里凡所用,以解所欠岁斋、日礼之憾。对研究回族信仰和道德理念有参考价值。2004 年王凤桐父子拓印,邢台威县政协黄成俊藏拓片。(李勇俊)(图 2-39)

图 2-39

保定“俭可养廉”告示碑

图 2-40

石碑 1 通,清代官方告示碑。清光绪三十三年(1907),钦加二品衔总办、保定工巡局即补道吴筏荪撰立。碑在今河北保定清真西寺,梯形碑额,长方体碑座,碑额有二龙戏珠刻饰。总碑体 186cm×65cm×15cm,1 面有字。刻面 170cm×60cm,汉文,14 行,69 字/行。阴刻,楷书,保存完好。碑文为文告式,述及当时清苑县回民婚嫁中奢侈颓废之风盛行,当地掌教并乡老、族长等长者,议定聘礼标准,严加开导匡正,收效甚好。与此同时,为防止陋习日久再次萌生,要求地方官张贴告示,以官方名义强令执行,违者予以严惩。吴某应其请撰立此碑。碑中对当时回民婚嫁索要重聘的弊端,进行了有理有据的批驳,摆明了“重在礼节,不贵财聘”和“一俭即立,百弊悉除”的深刻道理,至今不失教育意义。对研究清末民初回民婚嫁习俗有参考价值。余振贵、雷晓静《中国回族金石录》,宁夏人民出版社 2001 年本,收录全文。(平克军　梁世建)(图 2-40)

诰授建威将军一品封典副将衔沧州韶仪刘公碑记

碑铭 1 篇，清代回族人物纪念碑。清光绪三十四年(1908)小阳月立。钦差大臣东三省总督部堂兼将军事徐世昌撰，东三省一等秘书官翰林院修撰刘福姚书。原碑已佚，碑文载于民国二十二年(1933)《沧县志·事实·金石》。

光绪三十四年(1908)，钦差大臣东三省总督部堂兼将军事徐世昌来沧。闻南皮县退居还乡相国张文达(张之万)详述沧州回族名绅清诰授建威将军一品封典副将衔刘凤舞(1816—1893)，字韶仪千秋不没之功德，深受感动。并受其后人之托，为其撰此表墓之文。文中以对比手法批评了那些受国厚恩，平日侃侃然以康济为己任，在灾荒面前默然退处，不肯出半粟以济人之急的士大夫和那些乘机贩鬻市籴①，牟取暴利的闾巷富人；简明介绍了刘凤舞的家族历史和概况；高度赞扬了刘氏家族世代崇善的传统美德及其刘凤舞一生救济灾民，兴学助教，修桥补路，保护乡邻等丰功伟绩。

刘凤舞先世自西域迁江南，明初又自江南迁至沧州，故为沧州人。曾祖瑚，祖父大勋，俱有声庠序。父健庵讳清梁，游击衔，候选都司，三代俱以凤舞之贵，诰封建威将军，妣皆封一品夫人。其父健庵公少孤，因弃举子业，以勤俭起家，日渐饶裕，然性慷慨，好施予，救灾恤邻，辄引为己任。自嘉庆二十年(1815)以来，每遇凶岁，他省饥民齐集，必捐资设立粥厂，岁以为常，乡里皆称善人。凤舞兄弟二人，兄在梧，讳凤巢，恤赠知州衔候选州同，咸丰三年(1853)与太平军交战被俘身亡；凤舞九岁丧父，资秉过人，成年后秉承父志，积善好施，无间轸域。道光十三年(1833)

---

① 贩鬻市籴：鬻(yù)，即卖；籴(dí)即买进(粮食)。

乡里灾荒，慨捐600金，得赏六品衔。此后，或因筹办乡团抵御太平军，或因大舍赈灾拯救灾民，先后赏加千总、游击、参将衔。光绪丙子年(1876)大旱，灾连晋豫，凤舞首先削议平粜①，控制粮价，遂之对流亡过境男女灾民分设暂栖所以度灾荒。又设延息堂收养幼婴儿7000余人。复施医药、棺木，凡路死者俱以埋葬立册；凡寒士不愿前来讨要者，馈赠粟米送至其家。接连5年灾荒，始终坚持不懈。年景稍好，又带头创捐积谷，修建义仓，以筹备荒之策。于是，朝廷赏加副将衔，并给一品封典。除赈灾外，刘凤舞在兴学助教，修建书院考棚，建立资助寒士基金等方面亦有显著功绩。

是碑不仅对刘凤舞的功绩进行了较为详细的记载，对其子女、亲属亦做了翔实铭记。笔透意深，字句练达，传喻先德，启迪后人，全文近3000字，可谓在碑记中罕见长文。对研究清代回族绅士世家及其回族道德风尚具有较高价值。见2003年沧县地方志办公室复印民国二十二年《沧县志》原本。

宣化清真南寺重修碑

石碑1通。清宣统三年(1911)，马德荣撰，王玉抄刻。记述宣化庙底街清真南大寺年久失修，房屋残破，掌教玉荣魁、马德荣等倡议大修，教民踊跃捐助，三月开工，八月完竣之过程。对研究清末回族、伊斯兰教历史有参考价值。碑在今河北省张家口宣化庙底街清真南大寺。二龙戏珠浮雕碑额，额中为“重修清真寺记”篆刻。4层长方形碑座，碑座正面有三角形花雕。总碑

---

① 削议平粜：在灾荒年粮价飞涨的情况下，出售平价粮食，稳定市场。

体 185cm×65cm×22cm，2 面有字。碑阳 150cm×52cm，面刻汉文 23 行，56 字/行；碑阴 150cm×52cm，面刻汉文 37 行，36 字/行。汉白玉质地，阴刻，楷书。碑阳四周有花绘图纹，右下角断开修复，碑文字迹模糊。（白玫）

威县王居正祖业田地上乜贴碑

图 2-41

石碑 1 通，清代回族捐地碑。清宣统三年（1911）王居正撰文，佚名抄刻。碑在今河北邢台威县王家庄清真寺。长方形卧式碑，无碑额、碑座。总碑体 34.5cm × 43cm × 10.5cm，1 面有字。碑阳 30cm×39cm，面刻汉文 16 行，12 字/行。青石，阴刻，楷书，保存完好。记述河北威县王家庄回民王居正将祖业 3 亩田地献于清真寺永为阿訇之用，期求阿訇在其归真后每到忌、节和主麻日游坟诵经。对研究当地回族信仰和道德理念有参考价值。2004 年王凤桐父子拓印，河北邢台威县政协黄成俊收藏拓片。（黄成俊）（图 2-41）

王氏始祖墓表

碑文 1 篇。撰者、年代无记，落款斋沐薰丹敬书，约立于清代。王氏始祖讳铭盘，字沐浴，号新斋，明锦衣漕运守备，原籍江苏省江宁府上元县铁犁坝村。

明永乐元年癸未（1403）冬，诏迁南畿富民以实北畿之地。王铭盘以官禁卫家高资在徙中，乃以二年甲申（1404）北迁，占居始卜宅于斯。厥后历升何职失考。而子孙日以繁衍，至三世遂有九门之嗣。椒衍瓞绵，绳绳继继。至是碑立时环数十里而居成邑者，指不胜屈；流寓寄居散处于四方者，更是数不胜数。唯始祖之墓犹存，而碑表未具，无以尽后裔报本追远之意。且吾族之中(众)，大抵乡学务本之各尽力，勤于四民之业，以期无忝先人，亦不乏列文武科名及登仕版者，咸不约而同佥以表墓之举。为不复可缓，又以宗谱之亟宜续修，乃联合族众，以成其事。爰刊石树碑于始祖公之墓。凡附葬故阡者，依次而皆新之，遂捐吉合祭，以告始祖之灵是墓也。始祖妣实合葬于斯。而姓氏失考，故不著所以示慎也。碑文表明，是碑原来有碑无表，后增表记。表文记载了始祖王铭盘迁徙背景和后裔昌盛、入科登士的状况。对研究王氏回族历史有一定参考价值。马文清《回族谱序与宗源考略》，辽宁鞍山档案局、社科联 2009 年编印，收录相关资料。

大名明故杨氏三世祖碑

石碑 1 通。民国六年(1917)撰抄刻者佚名，七里店杨家长门十四至二十二世孙共为明故杨氏三世祖立。无碑记，为杨氏祖坟标志碑，反映了杨氏子孙尊祖敬宗的道德传统。对研究大名地方回族历史和道德理念有参考价值。碑在今河北大名南关一铺杨家坟地。平顶抹角碑额，梯形碑座。总碑体 172cm × 61cm × 19cm，1 面有字。碑阳 160cm × 44cm，面刻汉文 3 行，8—19 字/行。保存完好。(杨国祯)(图 2-42)

图 2-42

石国安之妻追远报本碑

图 2-43

石碑1通，民国回族捐地碑。民国八年(1919)清增广生员杨三益撰文并书丹，佚名刻。碑在今河北邯郸邱县新马头西常屯清真寺。平顶抹角碑额，长方形碑座，额阳有“追远报本”四字。总碑体110cm×48cm×18cm，1面有字。碑阳86cm×30cm，面刻汉文10行，31字/行，碑身下部及两侧有雕刻花纹。青石，阴刻，楷书，保存完好。碑右侧下部有12字残损难辨。碑文主要记述西常屯石国安之妻兰氏因夫早亡，无子，有一女远嫁冠县城里。年60余，恐一旦不测，先人冥记无可托靠，遂商亲族，将自己4亩半地入之清真寺，委阿訇游坟。恐生变端，立碑为志。对研究当地回族穆斯林信仰理念有参考价值。(马德荣　马俊英)(图2-43)

前明银牌先锋祖考讳天锡、妣张太夫人墓碑

石碑1通，民国回族墓碑。民国九年(1920)河北沧县牛进庄(今隶孟村回族自治县)刘氏十六、十七世人共立。刘氏十六世孙刘仕诚撰文，佚名抄刻。碑在今河北孟村牛进庄刘氏墓地。方形碑额，长方体碑座，碑额阳面刻有“永垂不朽”四字，阴面刻有“源远流长”四字。总碑体178cm×58cm×15cm，2面有字。碑阳154cm×45cm，面刻汉文5行，7—12字/行。碑阴154cm×45cm，面刻汉文5行，4—26字/行。阴刻，楷书。原碑字迹漫漶，涂后重刻。据是碑记载，河北孟村牛进庄刘氏先祖刘天锡，

原籍南京，为明代官员，信仰伊斯兰教，故后葬于南京。后先祖母张太夫人北迁，落籍今河北孟村牛进庄，自立茔地。对研究回族刘氏历史渊源有参考价值。吴丕清《沧州回族》中央民族大学出版社 1999 年本、余振贵、雷晓静《中国回族金石录》宁夏人民出版社 2001 年本，收录碑文。（图 2-44）

图 2-44

磁县城关镇乐善街清真寺碑

石碑 1 通，民国回族记事碑。民国十一年（1922）四等嘉禾章、署理磁县知事刘孟杨撰文，王启基抄，佚名刻。碑在今河北邯郸磁县乐善街清真寺。梯形经文碑额，梯形石雕碑座。总碑体 152cm×50cm×20cm，2 面有字。碑阳 121cm×50cm，面刻汉文 21 行，43 字/行；碑阴 121cm×50cm，面刻汉文 25 行，50 字/行。

图 2-45

青石，阴刻，楷书，碑座边角有残损，碑身完好。撰者刘孟扬，原籍河北孟村西赵河，后居天津，系著名回族早期革命家刘清扬之兄长。碑文主要记载作者于民国七年（1918 年）出任磁县县长，上任伊始，见当地清真寺岁久废圮，仅有回教俱进会一处为教中人礼拜聚会之所，会中筹设的经汉学校规模简陋，课程未备，经、汉分界明显，多有弊端，决心治理、修缮。一是将校名改称“大同”，重订校章，力求整顿，以泯回汉之界限，昌明大道之相同。并与教长王朝清带头捐款、劝募重修清真寺，至民国十一年(1922)使乐善街清真寺翻修一新。由此使当地伊斯兰教及其回族文化教育得到重新振兴。对研究伊儒文化交流和发展具有一定史料价值。河北邯郸地区民委《邯郸地区清真寺史料集》，中国民族摄影艺术出版社 1992 年本，收录碑文。(马德荣)(图 2-45)

大厂北坞清真寺重修碑

图 2-46

石碑 1 通，民国清真寺记事碑刻。民国十一年(1922)三河县知县唐玉书撰文并书石，佚名刻。碑在今河北廊坊大厂北坞清真寺。平顶碑额，上梯下方形碑座，额阳正中刻有阿拉伯文“读哇宜”[①]。总碑体237cm×58cm×16.7cm，2 面有字。碑阳 186cm×58cm，面刻汉文 48 行，15 字/行。碑阴 186cm×58cm，面刻汉文 51 行，30 字/行。青石，阴刻，楷书。保存基本完好。碑文主要记述大厂北坞清真寺重修后，唐本人受三河十三区区董何庆森等人之邀，为北坞清真寺门楣及各厅室题写匾额事。唐因北坞清真寺有功于三河治安，特亲诣瞻拜，大书“清真寺”三字。并命名淋浴室为“改过之室”，礼拜殿为“斋戒神明之殿”，北讲堂为“金曜堂”，南讲堂为“日曜堂”，抱厦为“修身大厦”，对厅为“元吉之厅”，桥为“天心桥”，井为“一阳井”，墙为“大

---

① 读哇宜：阿拉伯语，又译“杜阿依”“杜哇”等，即伊斯兰教祈祷词。

道之范”，树为“众材之林”，并分别为之题写了匾额。文中较为详细地叙述了题词的过程和所题各词的含意，对回族风俗和礼拜寺的作用大加赞扬。称“礼拜犹大道，可以及于众人”。对研究回族历史和伊斯兰文化有参考价值。余振贵、雷晓静《中国回族金石录》，宁夏人民出版社 2001 年本，收录此碑全文。（王海民）（图 2-46）

大厂北坞清真寺记事碑

石碑 1 通，清代清真寺记事碑。民国十二年（1923）五等嘉禾章任命三河县知县唐玉书撰抄，石工刘成山刻。碑在今河北大厂北坞清真寺。平顶碑额，上梯下方形碑座，额阳上有云纹，左右雕有花瓶，两瓶分插梅荷，正中刻有“读哇宜”。总碑体 231cm×58cm×18cm，2 面有字。碑阳 181cm×58cm，面刻汉文 46 行，13 字/行。碑阴 181cm×58cm，面刻汉文 58 行，23 字/行。青石，阴刻，楷书。保存基本完好。是碑主要记述今大厂北坞清真寺规模宏大，历史悠久，及历经明万历四十年（1612）、清道光十二年（1832）、光绪十二年（1886）等多次修缮的过程；赞扬了北坞何瑞洪字荫坡及历代主持捐修人等。对研究伊斯兰教历史和回族信仰有参考价值。余振贵、雷晓静《中国回族金石录》，宁夏人民出版社 2001 年本，收录此碑全文。（杨宝军）（图 2-47）

图 2-47

邱县陈村清真寺重修碑

石碑1通。民国十三年(1924)清宣统巳酉(1909)科拔贡、邑绅马云为重修邱县陈村清真寺撰抄,佚名刻。总碑体173cm×63cm×21cm,1面有字。碑面140cm×48cm。上下碑四周均有花纹图案,保存完好。是碑为2石连体,上石竖刻"开天古教",下石横刻"清真寺""阖村公立",碑身嵌于寺门上方。系该寺重修时间的见证。对研究邱县陈村清真寺历史和建筑风格有参考价值。碑在今河北邯郸邱县陈村清真寺。(马德荣　马俊芝)

威县黄清选兄弟捐田碑记

图 2-48

石碑1通,中华民国回族捐田碑。民国十三年(1924)黄清选等撰立,佚名抄刻。碑在今河北邢台威县王家庄清真寺。无碑额、碑座。总碑体 33cm×? cm(不详)×11cm,1面有字。碑阳27cm×? cm(不详),面刻9行,青石,阴刻,汉文,楷书,右半部残佚。记述河北威县王家庄回民黄清选、黄清臣、黄清年三兄弟以田地为乜贴,出散予清真寺之事。残文记有其母忌日、周年等日期和五名中人名讳。对研究回族信仰和道德理念有参考价值。2004年王凤桐父子拓印,河北邢台威县政协黄成俊收藏拓片。(李勇俊)(图 2-48)

南皮县东区保卫团纪念碑（刘云镜“功德万民碑”）

碑铭1篇，民国回族功德碑。民国十三年（1924）三月立于河北南皮马村村北，邑人单青选（考为当时南皮县教育局长单升山）撰，张仁楷书、张豫骏篆额，原碑尚在。碑文主要记述著名回族革命家刘格平之父刘云镜操办民团，清剿匪患之功德。刘云镜，名垣三，沧县大堤东村（今隶孟村回族自治县）人，清末秀才，当地名绅。民国元年（1912）加入共和党，同年共和党与其他党合并为国民党，为该党地方党部主要成员。为人正直，不畏强暴，民初战乱之际，为防土匪侵扰，曾任沧（县）、南（皮）、盐（山）、庆（云）一带158村民团总座。民国十一年（1922），应结拜兄弟南皮郝庄郝和哉代表南皮东三区民众之聘，到南皮马村任东三区民团团座。刘格平随父赴任，并被郝认作义子。其间，刘云镜、刘格平父子指挥民团先后经旁堤刘、郭星三、孙青屯等地数战，使当地黎民百姓免遭匪扰。为了彻底清剿全匪，又于同年7月，上书省长王孝伯，令饬二十三师兜剿。7月18日围歼大股贼匪于夜珠高，1923年春，余匪盘踞五石桥（即韩石桥、杨石桥、王石桥、赵石桥、刘石桥五村，其中韩杨王三村为回族村），佯装接受招抚，负隅再起，被云镜识破，再次号召沧盐团勇，数道并进，迫残匪乘雷雨逃出五石桥。同年，经南皮东三区乡绅倡导，在马村公立此碑，以铭记刘云镜剿匪功德，称“功德万民碑”。

据考，尽管南皮三区感恩戴德，而由于二十三师在五石桥一带以剿匪为名，行烧杀抢掠之实，却给五石桥一代人民带来深重灾难。这是碑中不能言表的事实。

是碑在称颂刘云镜这位回族乡绅功德的同时，也反映了军阀混战时期南皮一代人民的苦难。对研究民国时期回族乡绅的处世意识和国内战争史有参考价值。王建西《孟村风云录》卷4，

1995年本，收录此碑全文。

清武功将军德州守备李桐轩墓碑

图 2-49

石碑1通，民国回族墓碑。民国十四年(1925)夏历六月初四日，河北盐山(今属孟村回族自治县)挂甲林村，李姓阖族为清晋封武功将军、副将衔、护理德州参将、特授德州守备李桐轩讳凤来(1852—1923)之墓而立。是碑为"名讳碑"，主要记载李桐轩职衔和生卒年代，在今河北孟村挂甲林村李桐轩墓前，建有亭状碑垛，碑身砌于垛内。方形云花碑额，额中有篆书"永垂不朽"四字，两级梯形碑座，总碑体150cm×40cm，1面有字。碑阳100cm×36cm，面刻汉文，字迹错落不成行。青石，楷体，阴刻，保存完好。(图2-49)

李桐轩墓表碑

石碑1通，民国回族墓表碑。民国十四年(1925)清甲午科举人江苏徐沅篆额，优级师范毕业生墓主族侄孙李荫厚撰文，清尽先守备墓主族侄孙李荫畅书丹。原碑在今河北孟村挂甲林清真寺内，复制碑立于李同轩墓旁。主要记述清晋封武功将军副将衔护理德州参将特授德州守备李桐轩生平事迹。是碑由方形二龙戏珠碑额，立式碑体，长方形碑座。总碑体240cm×67cm×

22cm，1 面有字。碑阳 180cm×63cm，面刻汉文 22 行，70 字/行。青石，楷体，阴刻，保存完好。表文主要记述李桐轩出身贫寒，勇略过人，仗义疏财，待人宽厚，孝亲厚友，信仰虔诚等事迹、品格。尤其在剿灭义和团方面，积极向上陈诉“乡民无知，误之不可胜诛”，坚持既往不咎，挺身保护了许多降者。清亡后，绝意仕途，受聘山东中兴煤矿，投身实业，所得薪俸多用于善事，并在家乡置田百余亩，令族人贫而无依者种之食之，及其逝后乡里亲友的哀恸场面。对研究清末民初回族仕宦道德理念具有重要参考价值。河北沧州市回族文化协会吴丕清考证并协助复制墓表碑。此墓现为孟村回族自治县重点文物保护单位。（图 2-50）

图 2-50

定州清真寺供养碑

图 2-51

石碑 1 通，民国回族捐地碑。民国十七年(1928)六月河北定县(今定州市)城内众乡末敬立，撰抄刻者佚名。碑在今河北定州清真寺。平顶抹角云纹碑额，梯形碑座，总碑体 132cm×56cm×13.5cm，1 面有字。碑面 120cm×56cm，面刻汉文 10 行，22 字/行。大理石刻，楷书，无残损。记述河北定州城内女乡老马佩珩向清真寺捐献土地事。1928 年当地穆民马洛正归真，遗地 20 亩（因四邻侵占还剩 10 亩），女儿马佩珩为了使穆斯林子弟能有上学机会，毅然将其父所遗田产全部捐献给清真寺，助办回民小学。坊内教众尊其意愿，为防止后人将此土地收益改用他项，特在清真寺内立《供养碑记》“以志其事”。对研究民国时期回族文化教育和回族道德理念，有参考价值。余振贵、雷晓静《中国回族金石录》，宁夏人民出版社 2001 年本，收录碑文。（梁世建）（图 2-51）

旌表节孝吴母张孺人墓志铭

石碑 1 通，民国回族节孝碑。民国十九年（1930）一等大绥宝光嘉禾章前交通总长吴毓麟字秋舫篆额并立，二等嘉禾章前吉林延吉道尹张世铨撰文并书丹。碑在今河北孟村西林场南吴氏墓地。平顶雕龙碑额，额阳有“万古流芳”篆书，长方立式碑体，梯形碑座。总碑体 200cm×61cm×20cm，1 面有字。碑阳 150cm×56cm，面刻汉文 21 行，46 字/行。青石，阴刻，楷书，右下角落款处有印章 4 枚。保存完好。碑铭主要记述河北沧县（今孟村回族自治县）孟村镇回族吴门张氏孺人节孝事迹。张孺人系新县镇张公振起之女，19 岁嫁入吴门，为吴葆庆字文堂之妻。时婆母已故，唯公爹武庠生化真公尚在。一入吴门，即主中馈，吃穿诸事一身承担。上博公爹欢欣，下顺丈夫心意，从不懈怠。同治甲子（1864）九月，生子睢村。子刚 5 五岁，丈夫忽病，躬侍汤药，百计医诊，接连数日衣不解带。丈夫归真后，奉养堂上公爹，抚恤膝下弱子，又少伯叔兄弟，孤苦伶仃，几难形容。癸酉（1873）十月，公爹辞世，安葬诸事皆尽其礼。衔悲饮辛，抚育孤子读书。后生活难以维持，令子辍学入商业。勤俭持家，衣食日欲，遂聘盐山王仲春之女为子授室，生荫蘅、荫芝、荫芹，子孙绕前，家亦小康。光绪十五年(1889)五月，积劳成疾，享年47岁。其一生温恭淑惠，静默寡言，四德在躬[①]，礼仪不忒[②]，敬老抚幼，勤俭持家，恪守妇道，冰清玉洁，备受族人爱戴。故后家庭兴旺，综计有孙八个、孙女四个，曾孙六个，曾孙女四个，皆其节孝感召而得。碑载光绪十七年辛卯(1891)，经直隶总督部堂李鸿章、提督顺天学政周某题奏，皇帝曾降旨旌表，建坊入祠。但在筹备中因故拖延未果。是碑为张孺人墓志铭，翔实记述了一位清末女性穆斯林的道德情操，对研究清末回族女性道德理念有较高价值。(图2-52)

图2-52

石门建筑清真寺大殿碑

石碑1通，民国回族建寺碑。民国十九年(1930)立于河北石门(今石家庄)清真寺。安德庆撰抄，佚名刻，碑在今河北石家庄清真寺。穹形碑额，双叠式长方形碑座，额阳有“永垂不朽”四字，碑座有棱花图形。总碑体265cm×87cm×24.7cm，1面有

---

① 四德在躬：“四德”即封建礼教妇女应当具备的妇德、妇言、妇容、妇功四种德行。四德在躬，意为妇道四德在她身上都具备。

② 礼仪不忒：忒(tè)，为变更、差错。此句意为各项礼仪都能认真遵行。

图 2-53

字。碑面 195cm×76.6cm，面刻汉文 18 行，40 字/行。青石，阴刻，汉文，隶书，碑身涂黑漆，落款文半部有人为涂抹，保存基本完好。碑文前部主述教理教义及建修清真寺的紧迫性，后半部记述石门清真寺的修建过程。民国九年（1920）石门穆民举意建筑清真寺，初捐地九分，民国十四年（1925）春，祥威将军马云亭及侄马鸿宾捐资购地六分有余。民国十五年（1926）冬，甘肃武都王继先阿訇自绥莅石，四方奔募，并出图构建。至民国十八年（1929），终使石门清真寺落成。对研究石家庄回族及清真寺沿革具有史料价值。余振贵、雷晓静《中国回族金石录》，宁夏人民出版社 2001 年本和马生祥、赵彦秀《石家庄清真寺》，1995 年内印本，收录碑文。（时向东）（图 2-53）

石门清真寺“众志成城”碑

图 2-54

石碑 1 通。民国十九年（1930）顾永珍撰抄，佚名刻。记载保定迁石创建清真寺时，众乡老姓名和捐助数目。（录者注：“保定迁石，即原石家庄为一小镇名石门，后京汉铁路修通，骤然发达，回族商贸四周迁来，以保定迁来者最多，先修一简坊以解急用，至 1930 年建成大寺。）是碑与石门建筑清真寺大殿碑相配同立，对研究石家庄回族历史渊源和信仰理念有重要参考价值。

碑在今石家庄清真寺，梯形碑额，长方形碑座，额阳有“众志诚成”四字。总碑体 262.5cm×87.8cm×24.5cm，2 面有字。碑阳 196cm×78cm，面刻汉文 25 行，51 字/行；碑阴 214cm×78cm，面刻汉文 25 行，62 字/行。青石、阴刻，楷书，右下角轻度残损，保存基本完好。（时向东）（图 2-54）

定州清真寺建校劝学碑

石碑 1 通，民国回族劝学碑。民国十九年（1930）立于河北定县（今定州市）回民平民小学，邑人郭铭石撰文，白受来书丹。碑在今河北定州城里清真寺。碑额刻有“永垂不朽”四个大字，碑体保存完好。据碑文记载，当时定县回族“宙内①愚者居多，虽有天生隽才，以为环境所迫，有求学之心愿，而无求学之机缘”，坊内有识之士极想建立一所回民自己的平民学校，但既无办学资金，又缺乏办学的地点。时值中华平民教育会设定县为实验区，于是乘势而上，选花市废弃已久的巡更房作校址，发动坊内教众捐钱出力，将巡更房扩建为教室，很快办起了一所回民小学。但有人担心学生会逐年减少或中途流失，致使学校有名无实，于是立碑说明办学之艰难景遇，祈望借以劝导学生及家长使入学学生坚持学习。是碑内容，极为少见，对研究民国时期回族文化教育有参考价值。余振贵、雷晓静《中国回族金石录》，宁夏人民出版社 2001 年本，收录碑文。（白正波）

---

① 宙内：宙为时间的总称，“往古来今为之宙”（《淮南子》）。此处“宙内愚者居多”，即指“一向少有人才”。

光宇刘五阿衡墓志铭

石碑1通，民国伊斯兰教碑刻。清庚子(1900)、辛丑(1901)并科举人吴廷模撰文，清光绪二十三年(1897)举人分省试用知县马应图书丹，民国二十一年(1932)四月二十八日由墓主刘光宇阿訇之孙刘振瀛、刘振冈率众曾玄孙共立。碑在今河北沧州河间杨刘庄清真寺。碑体镶砌在碑亭内，穹形碑额，长方形碑座，碑额刻有“慎终追远”四字。总碑体190cm×58cm×？cm(不详)，1面有字。碑阳180cm×50cm，面刻汉文11行，25字/行。阴刻，楷书。中间斜断(修复)，左中下部约二三行字迹漫漶。

刘光宇(1797—1863)，字永辉，清中叶北方著名伊斯兰教学者。祖籍今河北孟村回族自治县西赵河村，后迁居河间市。才学渊博，反对派性，轻财重德，行教虔诚。北方新、古两行穆民无不敬服，俱尊称其为“刘五爷”“刘河间”，为阿訇中之楷模。清古北口提督郑魁士为了解决当地教派问题，曾亲请赴任，数十里相迎，教派纷争闻讯即平。刘光宇阿訇归真后，安葬于河间杨刘庄村西。现因集体平坟，坟头无存，墓碑由杨刘庄村穆斯林移立杨刘庄清真寺大殿前廊左角处。此碑是北方现存不多的阿訇墓碑，为阿訇维护教内团结，促进社会和谐的典型例证。对研究伊斯兰教经学教育和宗教上层人物素质、理念有参考价值。吴丕清《沧州回族》，中央民族大学出版社1999年本，收录碑文。(孙东来)(图2-55)

图2-55

保定清真寺建修后殿碑

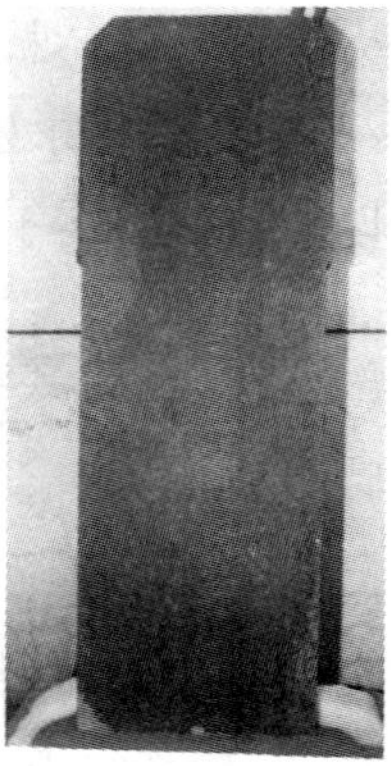
图 2-56

石碑1通，民国回族建寺碑。民国二十一年(1932)仲秋立于河北保定清真北寺，乡末金冠卿撰文，邑庠生姚秀峰抄，佚名刻。“文革”中是碑遗失，80年代初期寻回，现碑在今河北保定清真北寺，平形抹角碑额，长方形碑座，额阳刻有牡丹饰和阿拉伯文字，额阴有兰花饰。总碑体 185cm×59cm×15cm，2 面有字。碑阳 170cm×55cm，面刻汉文 19 行，41 字/行。碑阴 170cm×55cm，面刻汉文 31 行，22 字/行。青石，楷书，保存基本完好。是碑主要记述民国二十一年(1932)河北保定清真北寺增修扩建后殿等事。据考，此寺始建于明永乐年间(1403～1424)，清乾隆十八年(1753)重修。但此碑则称“创建于乾隆，增修于道光”。自道光年间扩修之后，此寺百余年未修，殿隘人稠，每到节日，许多人都要在殿外席地礼拜，观瞻不雅，肃敬失仪。适有殿后之民舍变卖，老阿訇杨觐元、教长郭清廉、掌教宛锡三、阿訇安干臣、乡老金景侯、刘中午等毅然发起接修后殿之念。历经艰难的募捐筹备，于民国十九年(1930)自春至秋完成主体建筑，翌年夏加以装修润色，使新修的后殿瑶亭矗立，丹楹绣柱，殿宇辉煌，正道日昌，教门蔚起，成一时之盛举。是碑对研究保定伊斯兰教历史有参考价值。余振贵、雷晓静《中国回族金石录》宁夏人民出版社2001年本，收录此碑全文。(梁世建)(图 2-56)

沧州刘氏整修祖墓碑

石碑 1 通。民国二十二(1933)年四月,第十六世孙云祥率男钺、锟、铮、钊、镜,孙书文、书亭、书武、书箴敬立。沧州刘氏本江南富室,明永乐初诏迁南畿富民实北畿。刘氏一世祖刘命兰,以禁卫近侍饶于赀①,诏下在徙之列。乃奉母兄自南京上元县二郎岗迁今河北省之沧县西赵河。庄东里许为命兰之菟裘②,立为老茔。命兰德配某氏(氏族代远失考)生二子,名贵,聚。耕读相承,乐善好义。子姓繁衍,传三世而兄弟同堂者十人,依次分十门。迄今五百余年。五门十六世孙瑞生太翁得子六人各有成就。文中对杏村③军长人品、成就和为老茔封树立碑的功绩大加赞扬,称其能承义方之训,成专阃之才,于整军武之余,怀报本追远之志。是碑对刘氏家族的主要传承脉络记载详实,具有一定史料价值。

邱县石国平之妻永言孝思碑记

石碑 1 通,民国回族捐地碑。民国二十二年(1933)立于河北邯郸邱县新马头西常屯清真寺。司事人马清明、石如清、石珍,受石国平之妻之托合立,今碑在原址。方形二龙戏珠碑额,砖砌长方形碑座,总碑体 124cm×46cm×19cm,1 面有字。碑阳 75cm×38cm,面刻汉文 12 行,24 字/行。青石,阴刻,楷书,保存

---

① 饶于赀:赀,同资。饶于赀意为富有。

② 菟裘:古邑名,位于山东泰安东南楼德镇,后世称士大夫告老退隐之处所为"菟裘"。

③ 杏村:刘春荣(1896—1930),名镇,字杏村(亦作性邨),沧州城里人。1930 年任陆军第二十军军长,授陆军中将军衔。

完好。记述石国平之妻马氏因其夫生前无子，其次女未出阁门顺命归主，逢周年冥记无人追念，举意将村西地 3 亩（2 亩为其夫，1 亩为其女），赠予清真寺，以为本坊阿訇每逢节日、主麻日、冥记，为其夫、女游坟之资。尚余 2 亩，候马氏归主之后完全入寺。对研究回族穆斯林信仰理念有参考价值。（马德荣　马俊芝）（图 2-57）

图 2-57

威县孝女王王氏上乜贴碑

石碑 1 通，民国回族捐地碑。民国二十三年（1934）河北威县黄家街王王氏立，佚名撰抄刻。碑在今河北邢台威县黄家街清真寺。卧式碑身，无碑额、碑座。总碑体 34.5cm × 43cm × 9cm，1 面有字。碑身 27cm × 33.5cm，面刻汉文 12 行，13 字/行。青石，阴刻，楷书。约有十分之一字迹漫漶。记述河北威县黄家街孝女王王氏，将其父所遗坟地 3 亩赠予清真寺，并期掌教在大小节、主麻日和其父母的忌日，为其父母游坟诵经，求乞恕饶。对研究回族妇女的信仰和道德理念有参考价值。2004 年威县“墨缘碑林”王凤桐父子拓印，河北邢台威县政协黄成俊收藏拓片。（李勇俊）（图 2-58）

图 2-58

定州清真寺开办回民初级小学校碑

图 2-59

石碑 1 通，民国回族教育碑刻。民国二十四年（1935）十二月立，马温如撰文，佚名抄刻。碑在今河北保定定州清真寺。平顶抹角二龙戏珠碑额，长方形碑座，总碑体 174cm × 61cm × 18cm，2 面有字。碑阳 160cm×55cm，面刻汉文 14 行，32 字/行。碑阴 160cm×55cm，面刻汉文 14 行，45 字/行。阴刻，楷书，碑阴约五分之一字迹漫漶。主要记述定州回民创办小学之后，仍然不能彻底解决回民子弟上学问题，经阖街乡老集体商议，决定借清真寺寺北隙地修建一所像样的回民小学校。这个决定，得到了“白敬宇眼药”的第十五代传人白瑞启和“马云龙眼药”的实业传人马湘圃的鼎力相助。白瑞启施筑教室北房五间、职教宿舍北房三间，共计费洋数千余元；马湘圃自措几凳等用品，数百金银施诸学中。清真寺乡老、广大回民同胞争相助工献力。新建的学校，前后窗户，空气流通，光线充足，校舍辉煌，宽敞适宜，用品完备，阖街老幼皆大欢喜。经教众议决，“爰铭诸石，以彰有德”。对研究回族教育史有参考价值。余振贵、雷晓静《中国回族金石录》宁夏人民出版社 2001 年本，收录碑文。（梁世建　白正波）（图 2-59）

威县申氏兄弟捐地碑

石碑 1 通，民国回族捐地碑。民国二十五年（1936）河北威县申吉太等兄弟四人共同撰立，佚名抄刻。碑在今河北邢台威县黄家街清真寺。长方形卧式碑身，无碑额、碑座。总碑体 37.5cm×55cm×10cm，1 面有字。碑身 33.5cm×46cm，面刻汉文 16 行，15 字/行。白石，阴刻，楷书。约三分之一字迹漫漶。记述威县黄家街回民申吉太、申吉平、申吉安、申吉永兄弟四人，共向清真寺捐地 6 亩 4 分，以备阿訇掌教薪资之用，并乞待自己归真后，请阿訇每逢大小节、主麻日到坟前诵经。对研究当地回族信仰和道德理念有参考价值。2004 年威县“墨缘碑林”王凤桐父子拓印，河北邢台威县政协黄成俊收藏拓片。（李勇俊）（图 2-60）

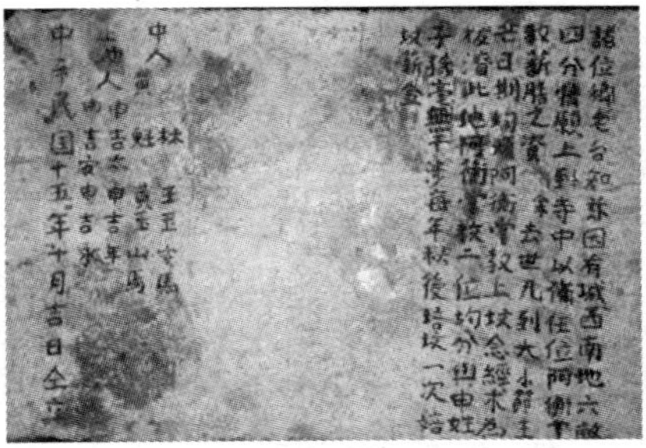

图 2-60

泊头清真寺砌石铭德碑

石碑 1 通，民国回族捐宅碑。民国二十七年（1938）河北泊头石氏合族共立，曹思郇撰文，温庆湘抄，佚名刻。碑在今河北沧州泊头清真大寺。平顶云纹碑额，额阳刻隶书“流芳千古”，四字；额阴刻撰书“砌石铭德”。立式碑身，长方形碑座，总碑体 170cm×59cm×19cm，2 面有字。碑阳 120cm×48cm，面刻汉文 16 行，15 字/行；碑阴 126cm×43cm，面刻汉文 16 行，45 字/行。

图 2-61

青石，楷书，阴刻，有云花边栏，碑顶左角偏平残断。碑文记述，河北沧州泊头石氏原有公宅一处，经合族公议，将此宅产施于泊头清真寺，永为寺产。并请清真寺正副教长每年一次开诵天经，祈祷纪念；由清真寺管寺乡老经理，届期召集石氏合族参加。碑中详记了此宅位置、面积，并有石氏家族40人签名，反映了石氏家族对此事的重视和认真。对研究沧州一带回族道德理念有参考价值。（王洪亮 张玲）（图 2-61）

大名北街清真寺建立纪念碑

图 2-62

石碑一通。民国二十七年(1938)张鸿涛撰，杨口谦书。碑记赞扬了伊斯兰教无私无曲无偏无倚，信教者以清真寺为活动场所，正心、洁体、传播教义。记述了建寺年代、筹建人功绩和聘请阿訇主持教务等事。刻记筹建清真寺施乜帖人姓名213位，对研究大名清真寺历史和穆斯林信仰、道德有一定参考价值。碑在今河北大名北街清真寺。穹形碑额，长方形碑座，额阳有经文。总碑体134cm×63cm×16.5cm，2面有字。碑阳112cm×57cm，面刻汉文16行，7—32字/行；碑阴101cm×57cm，面刻汉文26行，213字/行。碑阴上部有“永垂不朽”四字，碑体折为两段，已粘修复原。（杨国祯）（图 2-62）

邱县石国庆施地碑

图 2-63

石碑 1 通，民国回族捐地碑。民国二十八年(1939)，司事人马振镛、马敬先、石良杰等同立，石国庆立字，撰抄刻者佚名。碑在今河北邯郸邱县新马头西常屯清真寺。平顶抹角碑额，长方形碑座，碑额刻有阿拉伯文。总碑体 110cm×44cm×14cm，1 面有字。碑阳83cm×39cm，面刻汉文 7 行，27 字/行。青石，阴刻，楷书，保存完好。记述民国二十八年(1939)三月，穆民石国庆因先配马氏早逝，子振环亡，孙良曾又夭，儿媳孀居，立字将自己村西土地 10 亩上于清真寺。先交 6 亩以做纪念先父母及原配马氏和子、孙的阿訇游坟诵经之资。待自己和儿媳亡后，再交 4 亩。对研究穆斯林信仰和道德理念有参考价值。(马德荣　马俊芝)(图 2-63)

邱县石玉田忠烈功碑

图 2-64

石碑 1 通，民国回族功绩碑。民国二十八年(1939)立，撰抄刻者佚名。碑在今河北邯郸邱县新马头镇西常屯清真寺。平顶抹角碑额，长方形碑座，碑额刻有阿拉伯文。总碑体 123cm×47cm×14cm，1 面有字。碑阳 97cm×41cm，面刻汉文 9 行，37 字/行，青石，阴刻，楷书，保存完好。是碑为追记碑，记述清咸丰十一年(1861)春，邑庠生石玉田与“教(白莲教)匪”激战阵亡。上谕准给云骑尉、恩骑尉等世袭职务。其长子国珍于清光绪八年(1882)代理临清营都司,兼管电线交通事宜。其长孙振海入武庠,世族繁衍,大光门闾。戚友公议尽力贞珉,以志没世不忘。对研究清代回族道德理念有参考价值。邱县《民族宗教志》,2005 年内印本,收录碑文。(马德荣)(图 2-64)

正定马氏茔地纪念碑

碑铭 1 篇,民国回族记事碑。民国二十九年(1940)河北正定马氏家族立,岁贡生白鸣岐撰文,佚名抄刻。原碑已佚,河北正定县志载有碑文。是碑主要记载正定马氏回族于明中叶迁居正定,因无葬身之处,先是在城北牛家庄南购置墓地 6 亩;此后,又于清康熙四十一年(1702)、咸丰十年(1860)两次买地 62 亩,种植柏树,以为新墓。民国二十六年(1937),日军侵略中国,国遭变故,民无法守,不良之徒任意刨伐树木,茔中树木难保。为保全资产计,马氏五门门长议定将树卖掉,得款部分留作公用,其余均分。恐日久后世因私染指,立碑为记。对研究正定地方回族历史、风俗习惯有参考价值。河北石家庄正定县档案馆收藏碑文。(时向东)

回民支队烈士之碑

石碑 1 通。民国三十四年(1945)十月十日,晋县、深泽、无极三县公立。1940 年 10 月,为了牵制日军,冀中回民支队司令员马本斋率部攻打深泽县城。日军伤亡惨重,后动用飞机轰炸,回民支队完成牵制任务撤出战斗。这次战斗牵制了石门增援晋县的日伪军500余名，使沧石路沿线日军忙于防守，为我军大部队奔袭石德路作战争取了时间。事后当地抗日民众冒着生命危险，将战斗中牺牲的烈士埋葬在城墙外东北角处。日本投降后，晋县、深泽、无极三县抗日政府为怀念在这次战斗中牺牲的回民支队战士，在其安葬地公立此碑。碑阳题名“回民支队烈士之碑”，落款“晋深极县城厢区公立”。碑阴刻文8行，每行字数不等。1999年深泽县人民政府将此碑移入深泽县革命烈士陵园，并建碑亭。是碑对研究回族革命史和抗日战争史具有重要参考价值。刘清瑞等《八路军回民支队打击日本鬼子的故事》载有文图。（图2-65）

图 2-65

定州回民烈士碑

石碑1通。民国三十六年（1947）二月，佚名撰，白振海抄刻。记述定州唐家庄回族群众参加抗日战争牺牲烈士名单。对研究回族革命斗争史有参考价值。碑在今河北保定定州唐家庄。穹形碑额，长方形碑座，额阳刻二龙戏珠，额阴为荷叶图饰。总碑体210cm×75cm×18cm，2面有字。碑阳200cm×70cm，面刻汉文14行，39字/行；碑阴200cm×70cm，面刻汉文13行，33字/行。汉白玉石刻，楷书，无残损。（平克军　梁世建）（图2-66）

图 2-66

匾　联

超贯万古匾

牌匾 1 面。明正德十二年(1517)武宗皇帝朱厚照撰文御书。匾文“超贯万古”。对研究明代回族历史及明廷对回族的态度和政策有参考价值。匾在今秦皇岛市山海关清真寺。匾体为长方形,匾面 83cm×244cm,刻面 79cm×238cm,横排金色匾文,文右有朱色“武宗皇帝御笔”六字,文左有朱色“大明正德十二年”年号,文中有朱色印记。木质,阳刻,楷书。保存完好。(褚志强)(图 2-67)

图 2-67

至诚无息匾

牌匾 1 面。清道光二十五年(1845)正镇右营游击赵殿元撰书并立。匾文“至诚无息”意为对信仰真主至诚至尊,永无止境。反映了立匾人对真主和伊斯兰教的真诚信仰与坚定信念。对研究清代穆斯林官吏的信仰理念有参考价值。匾在今河北正定城里清真寺。木质,楷书,阳刻,黑地儿金字。匾面 60cm×150cm,面刻汉文 3 行,4—16 字/行。原物已佚,现为复制品。(时向东)(图 2-68)

图 2-68

万氏双匾

牌匾 2 面。清咸丰十一年(1861),沧州古城,突现惊闻,蔡家胡同有一赌徒名曰董全,一日赌注输光,向母逼银,因家贫如洗,遭母训斥,恼羞成怒,将老母与妹、弟三人全部杀死。逆子杀亲突发沧城,百姓惊骇叹息,官府下令擒拿归案。按大清律令,凡“弑母案”不仅要严惩凶手,还要革职地方官吏,咎其失于教化之责;削去城墙一角,以警世人。此乃沧州城千古奇耻大辱,大小官员、州绅富豪,无不惊慌失措,不知如何消灾。时有当地回族塾师万氏十五世人名绍曾,字鲁泉,幼读私塾,精通四书五经,然而少运多蹇,科举屡试不第,以教书为业,隐居壁宅,足不出户。其执教育人,治学谨严,不计学金,贫家子弟免收学费,持学终始;慈颜归真辞世,墓旁建草房守孝,不见妻室,素食相恭,斋拜不抛,庐墓三载,誉满京津。在此全城官绅百姓不甘蒙受罢官、削城大辱之际,共谋以表彰万绍曾孝母节操,抵消董全杀亲罪恶之策。遂请万老塾师在沧居官之弟子疾笔行文,与州官奏折一并递交万师另一弟子——大理寺正卿王都堂，呈奏慈禧太后和同治帝。慈禧闻知万氏孝名，并知其多有弟子在京为官，敬其德孝才华，遂招进京城，欲封官职。不料万氏生来惧官，一见太后、皇帝语无伦次，只好作罢。对董全弑母一案，太后御批："罪犯严惩，城池不削，州官不罢，可一俊遮一丑。"赐沧州大孝子塾师万绍曾顶戴花翎，见官免礼。沧州知州即补知县感激涕零，联为万师赠匾"感深雷雨"，165 名绅士共赠匾额"两山之亚"赞其孝行。"万氏双匾"至今尚存。（图 2-69、图 2-70）

图 2-69

图 2-70

节孝匾

牌匾 1 面。光绪戊子(1888)八月中浣谷旦，太子太傅、大学士、一等伯爵、兵部尚书兼部察院左都御史、直隶总督李鸿章为奉旨旌表直隶沧州吴敦五之妻韩氏立。韩氏，为孟村韩石桥村韩又履之女，恩赐寿官韩序东之姑母。适同邑吴敦五为妻。敦五早逝，遗子芝春、新春俱幼，贫乏不能自存，韩氏遂携子投靠娘家，又履公赠予住宅一所以寓之。迨二子长成，家境日裕，为二子俱娶名家女为室。晚年孙五人、曾孙七人。乡里称盛德，光绪帝降旨旌表。懿行载于吴、韩二族家谱，匾额黑地儿红字，上刻“节孝”两个大字，至今保存完好，韩石桥吴氏家族收藏。(图 2-71)

图 2-71

和缓同功匾

牌匾 1 面。民国十年(1921)十二月十九日立，佚名刻，66 名乡友世谊共赠，受赠人马连壁。马连壁，清末民初回族名医，青县马庄子人。德高望重，医术高超，民国十年当地疫情泛滥，其在抑制疫情、治病救人方面具有重要贡献。远近百余村感其德，赠匾三面：“望重一方”“义重乡里”“和缓同功”。此匾为其中之一，至今尚存。上款为：壁翁马老先生伟鉴；下款为：乡友世谊敬送，民国十年十二月十九日立；中有“和缓同功”四个大字，大字下刻有 66 位送匾人姓名。保存完好，青县马庄子马志华收藏。

垂欲后昆匾

牌匾 1 面。民国十一年(1922)丁宣撰抄，佚名刻。相传河北邢台花市街丁氏几代单传，武举丁浩之子丁宣天命之年喜得贵子，故制此匾。匾文“垂欲后昆”记述丁氏家族对后辈的希望。对研究回族人宗脉传承心理有参考价值。牌匾今在河北邢台清真南寺。匾面 97cm×213cm，1 面有字。汉文，木刻，楷书，金色字，保存完好。(李勇俊)

毛泽东题词

题词 1 篇，无卷册，毛泽东作。民国二十九年(1940)为冀中回民支队题。1937 年“七七事变”后，日军铁蹄踏进河北献县东辛庄，杀人放火，无恶不作。回族爱国志士马本斋率众成立“回民抗日义勇军”，抗击日寇。后回民抗日义勇军加入中国共产党领导的抗日队伍，发展为“冀中回民支队”。冀中回民支队在马本斋领导下，英勇杀敌，屡建奇功。1940 年被冀中军区命名为“能征惯战的回民支队”。同年，毛泽东主席题赠“百战百胜的回民支队”。题词充分反映了在抗日战争时期冀中回民的爱国热情和丰功伟绩，对研究

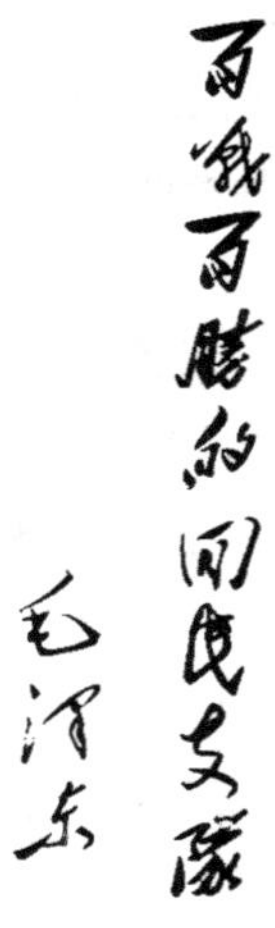

图 2-72

回族抗日斗争史有重要佐证价值。题词原件收藏何处无考，复制件陈列于马本斋纪念馆。（图 2-72）

毛泽东题词

题词 1 篇，无卷册，毛泽东作。民国三十三年（1944）为冀中回民支队司令员马本斋题。马本斋系河北献县东辛庄（现称“本斋村”）人，1937 年创建“回民抗日义勇军”，后加入中国共产党领导的抗日队伍，发展为“冀中军区回民支队”，简称“冀中回民支队”。这支队伍在马本斋指挥下，百战百胜，使日军闻风丧胆。1944 年 1 月马本斋奉命率部奔赴陕甘宁边区保卫党中央、毛主席和延安革命根据地，途中患病。2 月 7 日病故于河南濮阳小屯。同年 3 月 17 日，党中央在延安文化沟清真寺为马本斋举行了隆重的追悼会。毛泽东主席亲笔题词“马本斋同志不死”。此题词反映了党中央对民族英雄马本斋的高度评价，对研究回族抗日战争史具有重要参考价值。题词原件收藏处无考，马本斋纪念馆收藏复制件并立碑铭。（图 2-73）

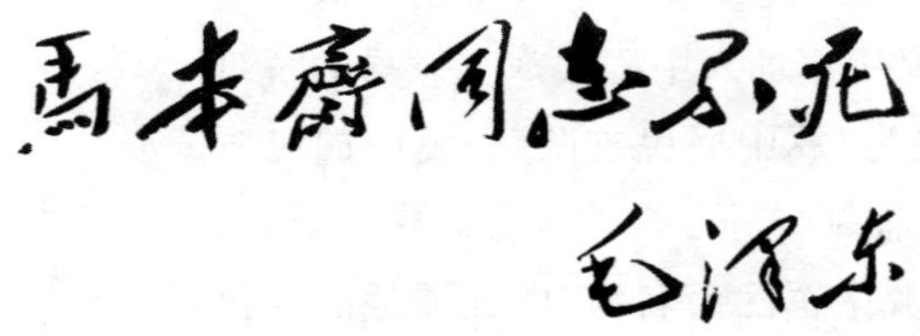

图 2-73

周恩来题词

题词1篇，无卷册，周恩来作。民国三十三年(1944)为冀中回民支队司令员马本斋母子题。1944年1月马本斋奉命率部奔赴陕甘宁边区保卫党中央、毛主席和延安革命根据地，途中患病。2月7日病故于河南濮阳小屯。同年3月17日，党中央在延安文化沟清真寺为马本斋举行了隆重的追悼会。周恩来副主席亲笔题词“民族英雄，吾党战士”。此题词反映了周副主席对民族英雄马本斋的高度评价，对研究回族抗日战争史具有重要参考价值。题词原件收藏处无考，马本斋纪念馆收藏复制件并立碑铭。(图2-74)

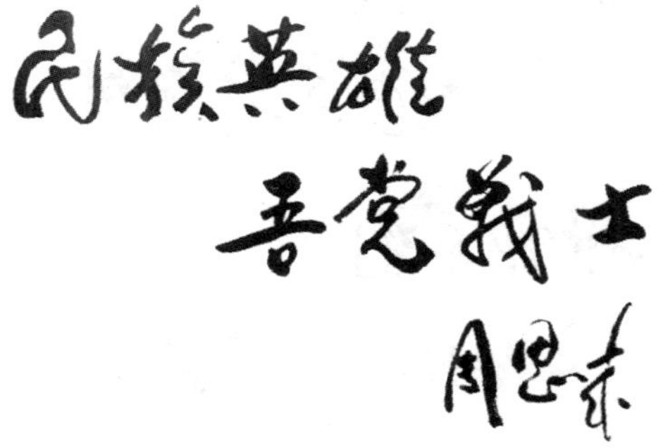

图2-74

朱德题词

题词1篇，无卷册，朱德作。民国三十三年(1944)为冀中回民支队司令员马本斋母子题。1941年日军为瓦解回民支队，抓走马本斋的母亲白文冠，企图以马母为人质，迫使马本斋妥协。

马母坚贞不屈，绝食身亡。1944 年 1 月马本斋奉命率部奔赴陕甘宁边区保卫党中央、毛主席和延安革命根据地，途中患病。2 月 7 日病故于河南濮阳小屯。同年 3 月 17 日，党中央在延安文化沟清真寺为马本斋举行了隆重的追悼会。朱德总司令亲笔题词“壮志难移，汉回各族模范；大节不死，母子两代英雄”，赞扬马本斋母子高尚的爱国精神。此题词反映了朱总司令对马本斋母子两代英雄的高度评价，对研究回族抗日战争史具有重要参考价值。题词原件收藏处无考，马本斋纪念馆收藏复制件并立碑铭。（图 2-75）

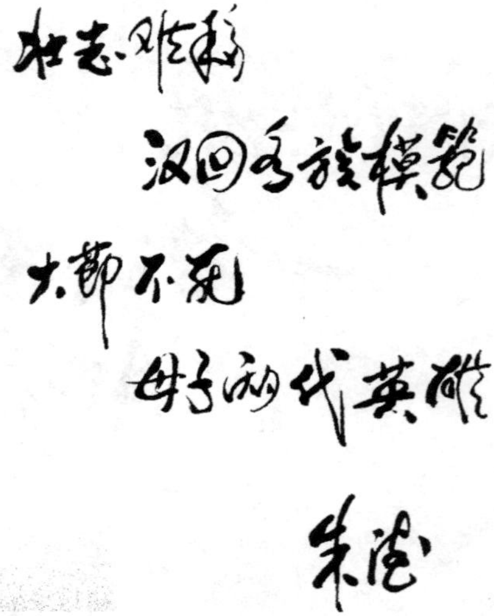

图 2-75

其　他

祈祷牌

图 2-76

石牌 1 块。明代佚名抄刻,“文革”前,河北沧州小高庄王氏祖墓迁移时,在一世祖墓中出土。上刻伊斯兰教祈祷词。当时同墓出土石牌共两块,另有铜(或金)牌 1 块。现仅存石牌 1 块,其余丢失。按照回族风俗,墓中不放任何殉葬品,这一石牌的发现十分罕见。对研究伊斯兰教传播和沧州穆斯林风俗有一定参考价值。长方形,总牌体 12.3cm×8.3cm×1.7cm,1 面有字。牌刻面 11.5cm×7.7cm,面刻阿拉伯文 9 行。有装饰性四周单栏刻线,右边略有残损。细青石,阴刻,保存基本完好。河北沧州市回族文化协会收藏。(图 2-76)

庆祥顺斗局印版

木刻版 1 块。清光绪年间(1875—1908)沧县捷地回族粮行庆祥顺斗局刻制。上刻 22 种粮食名称,各名称下留有填价空白,系清光绪年间捷地(又名兴隆镇)回族粮行印制粮价报单的专用印版。对研究清代回族经济和贸易经营方式有一定参考价值。梯形版头,上有楷书名题“庆祥顺斗局”和“捷地”字样。方形板面，总版体 24cm×22cm×3.3cm，1 面有字。版面 19cm×21cm，面刻汉文 10 行，7—9 字/行。木质，阳刻，楷书，保存完好。河北沧州市回族文化协会收藏。（图 2-77）

图 2-77

万岁牌

木刻牌位 1 座。清代制作，详年无考，佚名者撰、刻。清代由于不平等的民族政策，回族穆斯林生活在社会最底层，备受欺凌，为了防止在礼拜时官府骚扰，多有清真寺特制“万岁牌”或“万岁碑”立于清真寺礼拜大殿内，以此自我保护。此牌为立式木刻制品，下有长方形双层掐腰莲花底座，上有官帽式翘翅牌顶，漫弧形牌身，两侧刻有盘龙花边。牌面中部为长方形立式平面，刻有隶书“当今皇帝万岁万万岁”九个大字。对研究清代少数民族政策和回族人民政治地位、生存方式有参考价值。刻工精美，保存完好，石家庄新乐清真寺收藏。（图 2-78）

图 2-78

附　录：

河北省回族匾联名录

（不含前文记载部分）

牌匾

1.孝行可风

明代总镇蓝理为庠生刘克广立。

2.洪慈普世

定州清真寺匾，清康熙五十七年(1718)文林郎、唐县知县苏某题。

3.清真寺

沧州清真北大寺匾，清康熙年间(1662—1722)沧州知州闵三元题。

4.有功庠序

清康熙年间，尹汝蕃尝见明伦堂败颓欲修而未逮，嘱其子孙卒成之。州主周世棨匾旌其门。

5.威镇华夷

6.年高德劭

7.乐善好施

8.唯善最乐

以上四匾系清乾隆十五年(1750)兵、吏、户、工等部为贺孟村丁庄子回族武术大师丁发祥打败俄国两大力士题赠。

9.叔侄同科

清乾隆壬午年(1762)州官为吴汝敬与胞侄吴官泰叔侄,于乾隆壬午科同科考中武举而题赠。

10.科第重光

清嘉庆戊午年(1798)青县庄科尹腾蛟考中进士,大主考居注官、翰林院侍讲大学士为尹腾蛟立。

11.德振名族

清嘉庆六年(1801)青县乡绅回怀玺、回存连、王利仁、张洁、刘兰等人,为尹腾蛟赠。

12.真宰不忒

定州清真寺匾,清嘉庆八年(1803)赐进士出身、望都知县、穆斯林蒋士容题。

13.上德惟忒

定州清真寺匾,清嘉庆八年(1803)赐进士出身、望都知县、穆斯林蒋士容题。

14.尚恩堪颂

定州清真寺匾,清嘉庆十年(1805)钦命镇守太原等处总兵李天林题。

15.如穆风清

定州清真寺匾,清嘉庆十年(1805)钦命镇守太原等处总兵李天林题。

16.万象宗真

涿鹿东关清真寺匾,清嘉庆十四年(1809)题挂。

17.造物之源

定州清真寺匾,清嘉庆十八年(1813)粤鲁厅直隶州同知、云南穆斯林张鹏程题。

18.亘古清真

沧州清真西寺匾,清嘉庆二十一年(1816)蓝泽田题。

19.慕义乐施

清道光十三年(1833)钦命直隶等处承宣布政司布政使,加二级记录十次光聪谐,为候选铨州同知吴印川立。

20.治赞薇垣

清道光十三年(1833)经筵讲官、吏部尚书、国史馆副总裁、加三级汤金钊为候选布政司经历吴之均立。

21.德高望重

清道光年间(1821—1850)“四张”为德州千总蓝翎五品衔盐务督销局委员刘兆麟立。

22.道统天人

涿鹿东关清真寺匾,清咸丰九年(1859)题赠。

23.闾阎保障

咸丰十一年(1861)钦加盐运使衔补用道,直隶天津府正堂恩为钦加五品衔、候铨卫千总吴之镛立。

24.清真光明

泊头清真大寺匾,清同治三年(1864)孔子七十五代孙、太子太保、世袭衍圣公孔祥珂题。

25.治化先天

大名南关南清真寺匾,清同治六年(1867)题挂。

26.情重阎里

27.德被乡里

清同治七年(1868)孟村镇吴立信开设“存仁堂”药店,曾用针灸配合中药为乡里治疗霍乱,乡里感其德,公赠二匾。

28.青囊祕授

清同治七年张子万为沧县大褚村武术家、名医回连明题赠。

29.真实无妄

涿鹿东关清真寺匾，清同治九年(1870)题挂。

30.正道可风

沧州清真西寺匾，清同治十一年(1872)宋伟题。

31.光流震旦

沧州清真西寺匾，清同治十一年(1872)宋伟题。

32.清真垂教

泊头清真大寺匾，清同治年间(1862—1874)张之万题。

33.敬主

清同治年间(1862—1874)蓝泽田为沧州清真北大寺题。

34.金石同贞

清光绪六年(1880)沧郡同城绅士为敕封安人吴乐廷公德配刘安人立。

35.节孝

清光绪六年(1880)，钦命直隶总督爵阁部堂李、钦命提督顺天等处学政钱，为布政司经历吴之钧夫人刘氏立。

36.旌表节孝

清光绪六年(1880)，刘杰和，字熙如，妻韩氏，奉旨旌表。

37.为善不倦

清光绪七年(1881)钦加运同衔、知沧州事赵,为五品衔候铨主簿吴学沅立。

38.易水桃园

保定易州清真寺匾,清光绪二十六年(1900)汉绅朱兆丰为感谢易州清真寺在八国联军打进易州时,冒险保护乡民而立。

39.玉洁冰霜

清光绪三十一年(1805)钦命礼部仪制司加三级纪录十次海,为张培元之妻回氏题赠。

40.功在树人

清光绪三十二年(1906)沧州创办区立第一所两级小学,刘元书捐资以充校内经费,被举为商会会长,劝业所所长。直隶省长王承斌为彰其事赠其匾额。

41.金石同贞

清光绪年间(1875—1908),为彰孟村吴多庆夫人刘氏(羊三木人)24 岁孀居守节事,经直隶总督李鸿章批立。

42.柏舟懿范

清光绪年间(1875—1908),刘玉珍,字琢之,沧州文武员,妻韩氏奉旨旌表。

43.苦忘待旌

清光绪年间(1875—1908),直隶布政司赐匾刘庆云字汉章之妻南关马氏。

44.旌表节孝

清光绪年间(1875—1908),刘德禄之妻青县马氏奉旨旌表,入节孝祠。

45.旌表节孝

清光绪年间(1875—1908),刘元士,字仪廷,庠生,其妻庄氏,奉旨旌表节孝,载入例志。

46.彤管清霜

清光绪年间(1875—1908)光绪皇帝为河间哈彭苓之母题赠,河间知府承诏建坊。

47.清真寺

献县本斋清真寺匾,清光绪年间(1875—1908)光绪皇帝题。

48.松风水月

迁安建昌营清真寺匾,清代回族名将哈元生题赠。

49.要道归真

沧州清真南大寺匾,清代宣化穆斯林直隶名将郑魁士题。

50.清真无二

沧州清真南大寺匾，清代宣化穆斯林直隶名将郑魁士题。

51.道合中庸

山海关清真寺匾，清代回族爱国将领左宝贵题赠。

52.清真

泊头清真大寺匾，清太子太保七皇子题。

53.崇德日新

献县本斋清真寺匾，清代南亲王题。

54.贞节流芳

清钦命提督顺天等处学政蒋，为例赠徵仕郎吴明华公德配孺人立。

55.璇闺令范

清钦命提督顺天等处学政蒋，为例赠武信郎吴含璞公德配刘孺人立。

56.孝性达天

清为彰王际期孝行，天降匾文，并敕封孝义文林郎。

57.旌表节孝

清末为孟村吴居渭夫人刘氏(西赵河人)立。

58.玉洁冰清

清诰封刘元桂之妻大邢庄榴氏。

59.紫诰崇封

清赐进士出身、奉直大夫知沧州事,钦刑部江西司员外郎吴瑾为封迪功郎候补同知吴中衢题赠。

60.尊无二上

定州清真寺匾,清直隶正定镇标忠顺营都阃府加十级记录十六次世袭云骑尉吴受禄题。

61.履信思训

沧州清真北大寺匾,清御史王廷相题。

62.显扬正教

沧州清真北大寺匾,清九门提督唐传佑题。

63.正教同春

沧州清真南大寺匾,清热河御史王廷相题。

64.手挽造化

清沧州州牧宠宗周为吴云程题赠。

65.甘谷泉香

清沧州州牧李纯为吴云腾立。

66.好义乐施

清直隶总督于成龙为吴中衢立。

67.兴仁尚义

清赐进士出身，监察御史，管理直隶钱款守道参政邵嗣尧为敕授儒林郎候选同知吴中衢、己丑岁贡候选训导吴道焜立。

68.拾金不昧

清末孟村吴兆魁，字梦占，于王寺饭店拾金一裹。主动寻找失主，如数归还。失者感其德，匾榜其门。

69.势通百节招通胆；气润三焦德润身

同盟会成员、著名武术家马凤图亲为中华武士会题写。

70.懿教流芳

民国元年(1912)直隶督办(冯)为孟村韩石桥韩配珂之妻刘氏题赠。

71.望众一方

72.义重乡闾

以上二匾为民国十年(1921)，青县百余村，为彰青县北马庄子名医马连壁先生医德、医术共立。

73.南山搏猛虎;深潭驱长蛟

民国十一年(1922),著名画家齐白石先生,为褒扬沧州武术家王子平接连击败德、日、美等诸国狂妄力士,题赠王子平先生。

74.义声载道

清授奉直大夫刘福增,字申之,民国十二年(1923)三月奉总统题褒。

75.功同良相

民国十六年(1927)沧盐士绅为感老中医吴绍庭医德恭送。

76.妙手成春

民国十六年(1927)亲友为感孟村何吕店老中医吴绍庭恭送。

77.世代青囊

民国二十三年(1934),青县县长张登文为青县名医马腾云(马连璧子)立。

78.世传仁术

民国二十五年(1936),大城县长刘临立为青县世代名医马腾云立。

79.秘术家传

民国二十五年(1936),青县马厂举人(姓名无考)为马腾云先生立。

80.宣劳桑梓

81.敬教劝学

以上二匾为民国三十二年(1943)春,河间新民学校董事会商同城内群众,为白众奇先生题赠。

82.万古流芳

民国三十五年(1946),渤海区回民抗日救国总会干部刘子久被还乡团匪首刘贡业部杀害,沧县人民共哀,县政府、各界联赠匾悬挂其门。

83.西国慈忠

84.万品照诚

民国时期唐柯三为沧州清真南大寺题。

85.故世明命

民国时期白崇禧为沧州车站礼拜寺题。

86.急公好义;义重乡里

民国时期,众乡民为排地十八联乡乡长刘文云立。

87.诲人不倦

民国时期直隶教育厅厅长赠沧州刘元书匾。

88.阛阓蒙庥

民国时期沧州市商界同仁恭送沧州刘元书匾。

楹联

1.掌握天人,用著于万象既形之后,大无外,小无内,莫非本体之流贯;

纲维理数,体立于二气未肇之先,前无始,后无终,总是妙用之弥伦。

献县本斋清真寺联,清乾隆二十八年(1763)河间知府黄岳题赠。

2.猝来五国雄兵,叹浩劫逼人,孰克拯难水火;

幸托一方福地,乐善怀无我,同饮谊薄云天。

易州清真寺联,清光绪二十六年(1900)汉绅朱兆丰为感谢易州清真寺在八国联军打进易州时,冒险保护回汉乡民而题赠。

3.赖真宰脱二虑窥妙本不出吾行;

超万缘归一体视太极若在我身。

沧州清真南大寺联,清光绪年间(1875—1908)文学家李子峨题赠。

4.接东鲁之真传惟精惟一;

阐西方之正教无二无三。

沧州清真南大寺联,清九门提都唐传佑题。

5.道之本源出于天，范围而不过，曲诚而不遗，真一至诚，可为高也、明也、悠也、久也；

德迈生民斯为圣，默克立其教，欧亚服其化，开往继来，允宜自南、自北、自西、自东。

清末举人、回族书法家马应图为河间瀛州南大寺题。

6.守五时，明五教，坐斯堂，一诚不惑；

生如寄，死如归，进此门，万虑皆消。

清末天津名家曹宏年为沧州清真北大寺题。

7.运五极，开太极，化人化物化化无息；

含理世，显妙世，造天造地造造有缘。

民国时期湖南财政厅长杨秀庭为沧州城里清真寺题。

三、文书篇

诰　　封

（以年代为序）

李忠父母诰封

封文1篇，明成化八年（1472）四月十二日诰命。封文主要内容是燕山左卫经历司经历李忠，忠于职守，克慎日勤，历年既久，进阶征仕郎。而因其父李仁美、母曹氏教子有方，特对其已故父母给予封赠荣耀。赠其父为征仕郎、燕山左卫经历司经历；赠其母为孺人。诰封原件已佚，文存沧州《李氏家谱》。对研究明代仕宦制度有参考价值。

李忠夫人诰封

封文1篇，明成化八年（1472）四月十二日诰命。封文主要内容是燕山左卫经历司经历李忠，忠于职守，克慎日勤，历年既久，进阶征仕郎。而朝廷念及夫妇乃人伦之始，为彰显其妻吴氏克勤妇道，以相其夫，特封为孺人。以使其服此荣恩，永光闺阃。诰封原件已佚，文存沧州《李氏家谱》。对研究明代仕宦制度有参考价值。

刘铭（青州支）与夫人诰封

封文1篇，明成化十三年（1477）八月初八日诰封。封文内容主要是宣布对江西道监察御史刘瓒之故父刘铭、嫡母兰氏、生母沙氏的封赠。文称：人臣能尽夫事君之忠，朝廷必遂夫显亲之孝，忠孝一致才能上下相须。赞扬刘铭乃江西道监察御史刘瓒之故父，敦德好义，为时善人，训子能官，禄养不逮。根据其生前的表现，宜锡显褒①，特赠为文林郎、江西道监察御史。同文又据“群臣之才固本于文训，亦必资母德焉”的道理和国家“存有褒封，殁有追赠”的令典，封赠刘瓒之嫡母兰氏、生母沙氏为太孺人。诰封原件已佚，封文载于沧州孟村西赵河《刘氏家谱》。是文对研究明代仕宦制度有参考价值。

马良臣父母诰封

诰封1卷。清雍正十三年（1735）雍正皇帝胤禛颁发。记载雍正皇帝因直隶通协中军都司马良臣（回族）之军功，特封其父为明成将军，其母为恭人。对研究清代回族政治生活和军事贡献有参考价值。卷轴装，多彩缣帛质地，满汉文合璧，朱墨彩书，汉文为楷体。卷面290cm×30cm，面书满文24行，汉文22行。卷首有“奉天诰命”四字，配有龙凤云纹，卷中有两枚印记，卷面

① 宜锡显褒：锡，同赐。全句大意为根据他自己的各种表现，应该给予赏赐和褒奖。

有云纹。近卷轴部分残断,四周边沿有破损,印章字迹模糊。石家庄民宗局时向东参与考察,河北石家庄新乐彭家庄马文斌收藏原件。(图 3-1)

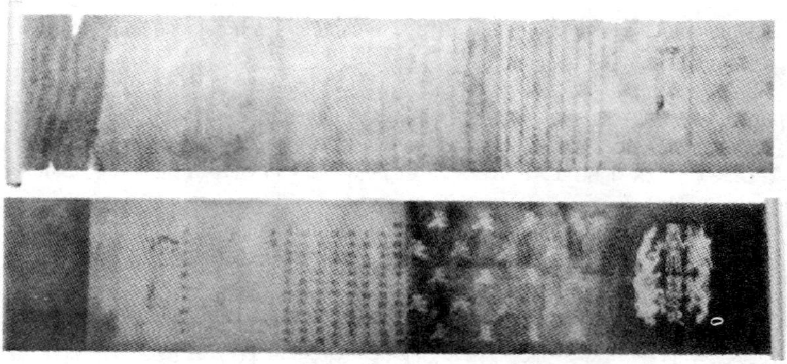

图 3-1

马良臣夫人诰封

诰封 1 卷。清雍正十三年(1735)雍正皇帝胤禛颁发。记载雍正皇帝因直隶通协中军都司马良臣(回族)之军功,特封其妻麻氏为恭人。对研究清代回族政治生活、军事贡献有参考价值。卷轴装,多彩缣帛质地,满汉文合璧,朱墨彩书。汉文为楷体。卷面 290cm×30cm,面书满文 24 行,汉文 22 行。卷首"奉天诰命"四字配有龙凤云纹,卷中有印记。近卷轴部分朽断。四周边缘有破损,印章字迹模糊。石家庄民宗局时向东参与考察,石家庄新乐彭家庄马文斌收藏原件。(图 3-2)

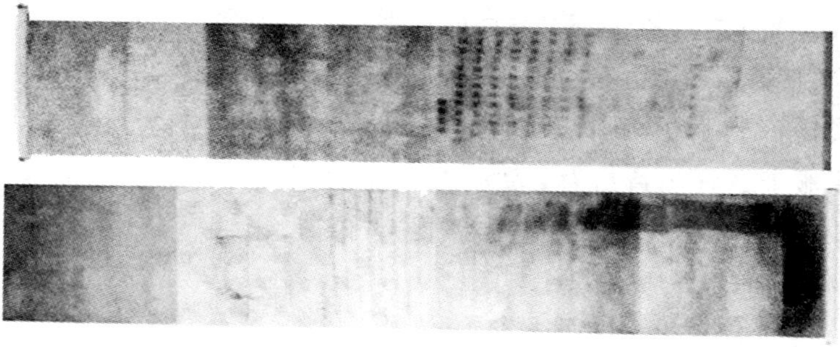

图 3-2

李士晋本生父母诰封

封文 1 篇。清乾隆元年(1736)七月初三日乾隆皇帝颁发。此诰封主要内容是因候选训导李士晋资父事君,作忠以孝,特对其本生父母①加以封赏。称其本生父李永昌,善积于身,祥开厥后,教子著义方之训,传家裕堂构之遗,特封赠登仕佐郎、候选训导;赞扬其母张氏壸范宜家②,母仪诒谷③,特赠为七品孺人,以彰淑德于不瑕。诰封原件已佚,文存沧州《李氏家谱》。对研究清代仕宦制度有参考价值。

李士晋父母诰封

封文 1 篇。清乾隆元年(1736)七月十四日乾隆皇帝诰封。

---

① 本生父母:指出嗣子之生父母。

② 壸范宜家:壸(kǔn),指宫中道路,引申为内宫,亦指女子居室;宜,即和顺,"宜其室家"(《诗经》)。壸范宜家,意为以优良的妇德带来全家和顺。

③ 母仪诒谷:指为人母者的典范,流传深远。

此封文主要内容是称赞候选训导李士晋之父李景昌，秉心淳朴，饬行端方，教诲怀式谷之勤，政事本贻谋之善，特封为登仕佐郎。赞扬李士晋之母刘氏，性本和柔，饬衿般于阃内①；教唯勤慎，纡章服于庭前②，特封为七品孺人。诰封原件已佚，文存沧州《李氏家谱》。对研究清代仕宦制度有参考价值。

李泽父母、继母诰封

封文1篇。清乾隆二十六年(1761)十一月二十日诰封。封文主要内容是宣布对原任浙江金衢严道李泽之父母和继母的封赠。称赞李士晋乃原任浙江金衢严道李泽之父操修淳笃，矩范严明，志在诗书，克启趋庭之训，业恢堂构③，实开作室之模。并特以覃恩④，赠其为中宪大夫；同时赞扬李泽之母刘氏，敦习礼规，恪循箴训。寝门治业，著恒德于贞心；闺塾授经，寓慈风于雅范，并特封为恭人。李泽之继母张氏、王氏，母因子贵，均封恭人。诰封原件已佚，文存沧州《李氏家谱》。对研究清代封赠制度有参考价值。

---

① 性本和柔，饬衿般于阃内：饬，整顿、整治；衿，古代读书人穿的衣服；阃内，女内室。此句意为性情和柔，理家有道。

② 教唯勤慎，纡章服于庭前：章服，古代以日、月、星辰、龙、蟒、鸟、兽等图文作为等级标志的礼服。此句意为由于你勤慎的教育，才会培养出像李士晋这样穿着显赫礼服(做官)的人才来。

③ 堂构：比喻父祖遗业。

④ 覃恩：覃，意深、大、广布。凡朝廷有大庆典时，皇帝对于臣下普行封赠、赏赐或赦免，皆称覃恩，形容皇上的恩德之重。

李泽及其妻诰封

封文1篇。清乾隆二十六年(1761)十一月二十日诰封。封文主要内容是宣告乾隆皇帝对李泽及其夫人的封赠。文中高度赞扬了原任浙江金衢严道李泽的功勋和业绩,并借国家隆重庆典之际,颁赐宠章之贲①,特以覃恩,封其为中宪大夫;称赞李泽之妻杨氏,毓自名家,嫔于望族。赠为恭人。诰封原件已佚,文存沧州《李氏家谱》。对研究清代封赠制度有参考价值。

李士魁及夫人诰封

封文1篇。清乾隆三十七年(1772)四月十四日诰封。封文主要内容是宣告对捐职州同李铸之祖父李士魁及其妻张氏的封赠。文中赞扬李士魁,乃捐职州同李铸之祖父,锡光有庆,树德务滋。嗣清白之芳声,泽留再世;衍弓裘之令绪,祜笃一堂②。特以其孙遵例急功,貤赠为儒林郎。同文又称李铸之祖母张氏箴诫扬芬、珩磺表德等语,并貤赠安人。此诰封原件已佚,文存沧州《李氏家谱》。是文对研究清代仕宦制度和伦理道德有参考价值。

李涵及夫人诰封

封文1篇。清乾隆三十七年(1772)四月十四日诰封。封文

---

① 宠章之贲:贲,美饰,引申为荣耀。此句意为以特别的恩宠,赐予荣耀,彰显有功之人。

② 衍弓裘之令绪,祜笃一堂:弓裘,即祖传基业、家族传统;祜,即福、禧、祉。此句意为继承祖上业绩和道德传统,阖家幸福诚厚。

主要内容是宣告对捐职州同李铸之父李涵及其妻张氏的封赠。文中赞扬捐职州同李铸之父李涵，善积于身，祥开厥后，教子著义方之训，传家裕堂构之遗。并以其子遵例急公，赠其为儒林郎。同文又赞李铸之母张氏，壶范宜家，夙协承筐之美[①]，母仪诒谷……，并以子贵遵例封为安人。诰封原件已佚，文存沧州《李氏家谱》。是文对研究清代仕宦制度和伦理道德有参考价值。

李士迪及夫人诰封

封文1篇。清乾隆三十七年(1772)九月二十八日诰封。封文主要内容是宣告对捐职州同李滨之父李士迪及其妻杨氏的封赠。封文称赞捐职州同李滨之父李士迪，善积于身，祥开厥后，教子著义方之训，传家裕堂构之遗。特以其子遵列急公，赠其为儒林郎。同文又赞李滨之母杨氏，壶范宜家，夙协承筐之美；母仪诒谷……，并封为安人，以彰贤德、荣耀。诰封原件已佚，文存沧州《李氏家谱》。是文对研究清代仕宦制度和伦理道德有参考价值。

李秦及夫人诰封

封文1篇。清嘉庆三年(1798)十二月十二日诰封。封文主要内容是宣告对捐职主事加一级李维培之祖父李秦、祖母刘氏的封赠。封文赞称捐职主事加一级李维培之祖父李秦，箕裘绪远，诗书声宏。诒厥孙谋，树芳规于珂里……，特以其孙克襄王

---

① 夙协承筐之美：筐，同匡。此句意为夙有继承匡正家风的美德。

事之功,贻赠其奉直大夫。同文又赞李维培之祖母,高门毓德,华阀传芳,并特封为宜人。诰封原件已佚,文存沧州《李氏家谱》。是文对研究清代仕宦制度和伦理道德有参考价值。

李均及夫人诰封

封文1篇。清嘉庆三年(1798)十二月十二日诰封。封文主要内容是宣告对捐职主事加一级李维培之父李均、母张氏的封赠。封文称赞捐职主事加一级李维培之父李均,世擅清门,代传素业,家风淳厚,垂弓冶之良模;庭训方严,启诗书之令绪。并以其子克襄王事,封其为奉直大夫。同文赞称李维培之母张氏,克树芳型,尤多慈教。特以子贵,封为宜人,以彰显耀。诰封原件已佚,文存沧州《李氏家谱》。是文对研究清代仕宦制度和伦理道德有参考价值。

李维圻及夫人诰封

封文1篇。清嘉庆三年(1798)十二月十二日诰封。封文主要内容是宣告对捐职主事加一级李维培之兄李维圻、嫂杨氏的封赠。封文称李维圻作为候选主事加一级李维培之胞兄,道足持躬,情殷训弟。经传诗礼,青缃扬雁序之辉①;庆笃芝兰,丹绰焕龙章之丽。特以其弟克襄王事,封其为奉直大夫。同文称赞李维培之嫂杨氏,贞淑性成,徽柔道协。身娴姆训,聿储卓荦之

① 青缃扬雁序之辉:青缃,浅黄色,为书衣的颜色,引申为读书;雁序,飞雁的行列。此句意为教育子弟,像飞翔的大雁一样,一个接一个成才。

材；志禀慈徽，用衍炽昌之绪，特封为宜人。诰封原件已佚，文存沧州《李氏家谱》。是文对研究清代仕宦制度和伦理道德有参考价值。

李烜及夫人诰封

封文1篇。清嘉庆二十四年(1819)正月初一日诰封。封文主要内容是宣告对直隶定州曲阳县教谕李锡彤之父李烜、母韩氏的封赠。封文称赞直隶定州曲阳县教谕李锡彤之父李烜雅尚素风，长迎善气。弓冶克勤于庭训①，箕裘丕裕夫家声。并以覃恩，貤赠其为修职郎。同文称赞李锡彤之母，淑范宜家，令仪昌后。早相夫而教子，俾移孝以作忠。特封为八品孺人。诰封原件已佚，文存沧州《李氏家谱》。是文对研究清代仕宦制度和伦理道德有参考价值。

李耀扶及夫人诰封

封文1篇。清道光三十年(1850)正月二十六日诰封。封文主要内容是宣告对直隶提标右营千总李文彪之祖父李耀扶、祖母张氏的封赠。封文称赞李耀扶乃直隶提标右营千总李文彪之祖父，敬以持躬，忠能启后。威宣阃外，家传韬略之书；泽沛天边，国有旗常之典。特以覃恩，貤赠其为武略骑尉。同文对李文彪祖母张氏大加赞扬，并封为安人。诰封原件已佚，文存沧州《李

---

① 弓冶克勤于庭训：弓，弓箭；冶，冶炼。古代以制作弓箭和铸造为传世行业，并以此比喻世传之业。庭训，父亲的训诲。此句意为儿子的优秀，是世代相传的，是父亲辛勤训诲的结果。

氏家谱》。是文对研究清代仕宦制度和伦理道德有参考价值。

李昌泰及夫人诰封

封文1篇。清道光三十年(1850)正月二十六日诰封。封文主要内容是宣告对直隶提标右营千总李文彪之父李昌泰、母李氏的封赠。封文称赞李昌泰,作为直隶提标右营千总李文彪之父,义方启后,谷似光前。积善在躬,树良型于弓冶;克家有子,拓令绪于韬铃,并以覃恩,赠其为武略骑尉。同文夸赞李文彪之母李氏,七诫娴明,三迁勤笃,果然培养出了干城之器。特赠其为安人。诰封原件已佚,文存沧州《李氏家谱》。是文对研究清代仕宦制度和伦理道德有参考价值。

李玉田及夫人诰封

封文1篇。清同治元年(1862)九月初二日诰封。封文主要内容是宣告对兵部差官李鹏翮之祖父李玉田、祖母王氏的封赠。封文称李玉田作为兵部差官李鹏翮之祖父,敬以持躬,忠能启后,宣威阃外,家传韬略之书,并按照国家之典例特赠其为武德骑尉。同文封赠李鹏翮祖母王氏为宜人,以表膺宏恩于天阊,昭异泽于皇朝。诰封原件已佚,文存沧州《李氏家谱》。是文对研究清代仕宦制度和伦理道德有参考价值。

李金诰及夫人诰封

封文1篇。清同治元年(1862)九月初二日诰封。封文主要内容是宣告对兵部差官李鹏翮之父李金诰、母刘氏的封赠。封文称赞兵部差官李鹏翮之父李金诰世擅清门，代传素业，家风淳厚，垂弓冶之良模；庭训方严，启诗书之令绪。特以其子克襄王事，封其为昭武都尉。同文赞称李鹏翮之母刘氏克树芳型，尤多慈教，著成筐之雅范……，果然培养出优秀的儿子。特封为恭人。诰封原件已佚，文存沧州《李氏家谱》。是文对研究清代仕宦制度和伦理道德有参考价值。

李金诏及夫人诰封

封文1篇。清同治四年(1865)九月二十八日诰封。封文主要内容是宣告对兵部差官李鹏翮之叔父李金诏、胞叔母韩氏的封赠。封文称赞李金诏作为兵部差官李鹏翮之叔父，躬修士行，代启儒风。抱璞自珍，克发圭璋之秀[①]；储材足用，聿新杞梓之良[②]。特封其为武德骑尉。同文封赠李鹏翮之胞叔母韩氏为宜人，并称其德可相夫，教能启后，一堂环佩，和音克著其慈祥；五夜机丝，内治聿昭其柔顺。诰封原件已佚，文存沧州《李氏家谱》。是文对研究清代仕宦制度和伦理道德有参考价值。

刘典三父母诰封

封文1篇。清光绪五年(1879)闰三月三日，光绪皇帝赐予

---

① 圭璋：玉制礼器。上尖下方或上圆下方，天子、诸侯举行隆重仪式时所执，按大小以别尊卑，引申为“国家栋梁”。“克发圭璋之秀”，意为为国家培养优秀人才。

② 聿新杞梓之良：聿(yù)，笔，引申为文化教育；杞和梓是两种优质木材，比喻优秀人才。此句意为用良好的教育使其侄子成为杞梓之才。

沧县西赵河庄清癸酉科拔贡、刘氏十门十六世典三字寅卿之父直隶安平县教谕刘凤翙、母丁氏授赠封文。文中赞扬刘凤翙“弓冶克勤于庭训，箕裘丕裕夫家声[①]”。特以覃恩貤赠其为修职郎。赞扬刘典三之母丁氏，淑范宜家，令仪昌后，相夫教子，俾移孝以作忠。貤封为安人。诰封原件已佚，文存沧县西赵河（今隶孟村县）《刘氏家谱》。此诰封对研究清代仕宦制度及回族官员仕途状况有参考价值。

李仑及夫人诰封

封文1篇。清光绪二十年（1894）八月十六日诰封。封文主要内容是宣告直隶广平县训导李应弼之父李仑、母张氏的封赠。封文称赞增广生李仑，乃直隶广平县训导李应弼之父，雅尚素风，常迎善气。弓冶克勤于庭训；箕裘丕裕夫家声。并以覃恩，貤赠其为修职佐郎。同文封赠李应弼之母张氏为八品孺人。并称其淑慎宜家，令启昌后，早相夫而教子，俾移孝以作忠。诰封原件已佚，文存沧州《李氏家谱》。是文对研究清代仕宦制度和伦理道德有参考价值。

李金谱及夫人诰封

封文1篇。清光绪三十年（1904）正月十五日诰封。封文主要内容是宣告对都司职衔李鹏翱之父李金谱、母刘氏的封赠。

---

① 箕裘丕裕夫家声：箕裘，比喻祖先的事业。此句意为儿子继承祖先的光荣传统和事业，必然会给其家带来荣耀。

封文称赞李金谱，乃都司职衔李鹏翱之父，义方启后，谷似先前。积善在躬，树良型于弓冶；克家有子，拓令绪于韬钤。特赠其为昭武都尉。同文赞扬刘鹏翱之母刘氏，七诫娴明，三迁勤笃。令仪不忒，早流珩瑀之声；慈教有成，果见干城之器，特封为恭人。诰封原件已佚，文存沧州《李氏家谱》。是文对研究清代仕宦制度和伦理道德有参考价值。

李金镳及夫人诰封

封文1篇。清光绪三十年（1904）正月十五日诰封。封文主要内容是宣告对都司职衔李鹏翱之叔父李金镳、婶母杨氏的封赠。封文称赞都司职衔李鹏翱之叔父李金镳，躬修士行，代启儒风。抱璞自珍，克发圭璋之秀；储材足用，聿彰杞梓之良。特以覃恩，赠其为昭武都尉。同文恩封李鹏翱婶母杨氏为恭人，并赞其德克相夫，教能启后。一堂环佩，和音克著其慈祥；五夜机丝，内治相昭其柔顺。诰封原件已佚，文存沧州《李氏家谱》。是文对研究清代仕宦制度和伦理道德有参考价值。

李燕甲并夫人刘氏诰封

封文1篇。清光绪三十年（1904）正月十五日诰封。封文主要内容是宣告对守备职衔李荫畅之父李燕甲、母刘氏的封赠。封文称赞李燕甲，乃守备职衔李荫畅之父，义方启后，谷似光前。积善在躬，树良型于弓冶；克家有子，拓令绪于韬钤。特以其子克襄王事，封其为武德骑尉。同文赞扬李荫畅之母刘氏，七诫贤明，三迁勤笃。令仪不忒……，特封为宜人。诰封原件已佚，文存沧州《李氏家谱》。是文对研究清代仕宦制度和伦理道德有参考价值。

李荫曾及夫人诰封

封文 1 篇。清光绪三十年(1904)正月十五日诰封。封文主要内容是宣告对守备衔李荫畅之兄李荫曾、嫂纪氏的封赠。封文称守备职衔李荫畅之胞兄李荫曾,道足持躬,情殷训弟。经传诗礼,青缃扬雁序之辉;庆笃芝兰,丹綍焕龙章之丽。特以其弟克襄王事,貤赠其为武德骑尉。同文封赠李荫畅之嫂纪氏为宜人。并称纪氏,贞淑性成,徽柔道协。身娴姆训,聿储卓荦之材……诰封原件已佚,文存沧州《李氏家谱》。是文对研究清代仕宦制度和伦理道德有参考价值。

李冠泰及夫人诰封

封文 1 篇。清光绪三十年(1904)正月十五日诰封。封文主要内容是宣告对蓝翎尽先都司、山东德州营守备李凤来之祖父李冠泰、祖母刘氏的封赠。封文称,尔李冠泰,乃蓝翎尽先都司、山东德州营守备李凤来之祖父。敬以持躬,忠能启后。威宣阃外,家传韬略之书……,特按照国家典例貤赠其为昭武都尉。同时为彰显其祖母教孙之功,特封其祖母刘氏为恭人。赞其祖母:壶仪足式,令闻攸昭。表剑佩之家声,播丝纶之国典。诰封原件已佚,文存沧州《李氏家谱》。是文对研究清代仕宦制度和伦理道德有参考价值。

李永吉及夫人诰封

封文1篇。清光绪三十年(1904)正月十五日诰封。封文主要内容是宣告对蓝翎尽先都司、山东德州营守备李凤来之父李永吉、母杨氏的封赠。封文称赞蓝翎尽先都司、山东德州营守备李凤来之父李永吉,义方启后,谷似光前。积善在躬,树良型于弓冶,克家有子,拓令绪于韬钤。特以覃恩,赠其为昭武都尉。同时赞扬李凤来之母杨氏,七诫娴明,三迁勤笃。令仪不忒,早流珩璜之声;慈教有成,果见干城之器,并特封为恭人。诰封原件已佚,文存沧州《李氏家谱》。是文对研究清代仕宦制度和伦理道德有参考价值。

圣　谕

康熙三十三年圣谕

圣谕1篇。清康熙三十三年(1694),圣祖康熙皇帝谕旨。是年因厄鲁特犯顺(造反),遣奸细10余人随进贡蒙古人混入内地。其中古尔巴尼、沙革阐德二人冒充红帽回(突厥族穆斯林)潜匿京都礼拜寺,后被查获。理藩院尚书满丕,差郎中会同营弁,率京兵司坊捕役,连夜将赛义德·马腾云、尹良相、马惠泉等各寺阿訇、掌教捕拿候斩。兵马司按户造册,八旗拨禁兵,提都拨营兵,围住牛街各巷口断绝人出,候旨屠杀。教人皆闭户不相往来,男妇涕泣沐浴候死。正在紧急关头,康熙帝立予制止,仅将相关人等查处,没有殃及教民。

此案完结后,康熙帝为安抚回民降示圣谕,称“朕评回汉古今之大典，自始之宏道也。七十二门修仙成佛，诱真归邪，不法之异端种种生焉。既往不咎，再违犯者斩。汉诸臣官分职，时享君禄，按时参朝；而回逐日五时朝主拜圣，并无食朕俸，亦知报本，而汉不及回也。通晓各省：如官民因小不忿，借端虚报回教谋反者，职司官先斩后奏。天下回民各守清真，不可违命，勿负朕恩有爱道之意也”。是谕对回族的虔诚信仰和“朝主拜圣”的忠心给予高度评价，严厉制止因小不忿借端虚报回民谋反的事件发生，要求回民不要辜负皇恩。对研究清廷对回族、伊斯兰教治理方略有一定参考价值。冈上（今北京牛街）礼拜寺、泊头清真大寺将此圣谕刻匾悬挂，各地清真寺多有传抄碑刻。

康熙四十五年八月圣谕

圣谕 1 篇。清康熙四十五年（1706）八月丙午圣祖康熙皇帝谕旨。系康熙皇帝针对兵部所奏“古北口提督马进良疏言喀喇和屯地方驻防官兵，请建营房分给。应交提督马进良设法建造”事，降谕大学士等。谕曰：“此项官兵住房若交马进良设法建造分给，必至于扣除兵饷。喀喇和屯等处防守千总，俱自内务府总管拨给田地房屋，彼处见有多余田地，尔等可会同内务府总管议给。”此谕主要反映康熙皇帝对古北口（今北京密云县东北部，长城重要关口之一）守将、回族将领马进良，关于建造营房事宜请示的答复。对研究回族将领历史及清代军事史有参考价值。马塞北《清实录穆斯林资料辑录》，宁夏人民出版社 1988 年本，收录全文。

雍正七年四月圣谕

圣谕1篇。清雍正七年(1729)四月辛巳世宗雍正皇帝谕内阁。主要针对数年来屡有人具折上奏“回民自为一教,异言异服,且强悍刁顽,肆为不法,请严加惩治约束”等语,谕示,“直省各处皆有回民居住,由来已久。其人既为国家之编氓,即俱为国家之赤子,原不容异视也。朕思回民之有教,乃其先代留遗,家风土俗,亦犹中国人之籍贯不同,嗜好方言亦遂各异,是以回民有礼拜寺之名,有衣服、文字之别,要亦从俗从宜各安其习,初非作奸犯科、惑世诬民者比,则回民之有教毋庸置疑也。唯是凡人生产虽不同地,而同具此天良;习尚虽不同教,而同归于为善。回民处天地覆载之内,受国家养育之恩,可不孜孜好善,共勉为醇良乎?且朝廷一视同仁,回民中拜官授爵、荐登显秩者尝不乏人,则其勉修善行守法奉公以共为良民者,亦回民之本心也。要在地方官吏不以回民异视,而以治众者治回民”。同时再次严令“禁宰牛只”,强调回民与众民没有特殊。反映了清政府既承认回族的信仰和与其他民族风俗的不同,又在宰牛问题上严加禁止的政令矛盾。对研究清代民族政策有重要参考价值。马塞北《清实录穆斯林资料辑录》,宁夏人民出版社1988年本,收录全文。

雍正八年五月圣谕

圣谕1篇。清雍正八年(1730)五月甲戌世宗雍正皇帝谕旨。时因安徽按察使鲁国华奏称:“回民居住内地,不分大小建,不论闰月,以三百六十日为一年,私计某日为岁首,群相庆贺。平日皆戴白帽,设立礼拜、清正等寺,妄立把斋名目,违制惑众。

应请严行禁革，恪守典章，违者照律定拟。如地方官容隐，督抚徇庇，亦一并议处。”雍正皇帝降谕，严厉驳斥：“回民之在中国，其来已久，伊既为国家编氓，即皆为国家赤子也。朕临御天下，一视同仁，岂忍令回民独处德化之外？是以曾颁谕旨，训以兴孝勤忠，望其型仁讲让，服教慕义，共为善良。即数年来亦未见回民作奸犯科，逞凶肆恶者。且其中有志上进者甚多，应试服官同于庶士，而以文武科名出身荐登显秩、为国家宣力效忠者常不乏人。至回民之自为一教，乃其先代相掩之土俗，……鲁国华此奏甚属苛刻怪诞。回民何尝不遵正朔，而只以其私记时日，即加以不遵正朔之名？回民何尝不遵服制，而只以其假用冠巾，即加以不遵服制之罪？至于礼拜、清正等寺名，亦不过如各省村邑崇奉其土俗之神，皆为祀典之所不载，何独于回民刻意吹求，指为罪案乎？若回民果有干犯法纪之处，国宪俱在，自当按律惩治，并无曲宥回民之条。自后，倘回民本无过愆，而大小官员等但因其习尚稍有不同，以此区区末节故意刻求，妄行渎奏，朕必严加处分。鲁国华此奏非有挟私报复之心，即欲惑乱国政。著将鲁国华交部严加议处。”此谕对回族做了较为公正的评价，驳斥了一些官员无端生事的做法，对研究清代回族的生存与发展有重要参考价值。马塞北《清实录穆斯林资料辑录》，宁夏人民出版社1988 年本，收录全文。

雍正八年十一月圣谕

圣谕 1 篇。清雍正八年(1730)十一月己卯世宗雍正皇帝谕旨。此谕主要是褒奖在云南乌蒙之战中，以河北回族将领哈元生为代表的有功将士。谕降内阁曰：“……哈元生、韩勋所统兵弁皆奋不顾身，血战数十阵，首先破贼，更属勇壮，著每名赏银二十两。将此所赏银数交与哈元生等，视其兵丁中出力之多寡，酌量分别等次赏给。若一例均赏亦可。参将、游击著赏银 500 两，守备 300 两，千总 100 两，把总 50 两，以奖忠勤之将士。再，另动司库银 1 万两赏给哈元生，为伊军前效力及赏赉之费。该部遵谕速行。”谕中对不同层次、不同贡献的官兵分别给予了不同奖励，对研究清代治军策略和回族将领的军事才能有参考价值。马塞北《清实录穆斯林资料辑录》，宁夏人民出版社 1988 年本，收录全文。

雍正十年十二月圣谕

圣谕 1 篇。清雍正十年(1733)十二月庚午，世宗雍正皇帝谕旨。即雍正皇帝就河北回族将领哈元生告假回籍奔丧葬母事，谕内阁，“贵州提督哈元生才干优长，实心办事。伊母年逾八旬，训子有素，今在籍病故，著赐祭一坛，以示思眷”。此谕反映了雍正皇帝对回族将领哈元生的欣赏和鼓励，对研究清代回族将领与清廷统治者的关系有参考价值。马塞北《清实录穆斯林资料辑录》，宁夏人民出版社 1988 年本，收录全文。

雍正十一年六月圣谕

圣谕 1 篇。清雍正十一年(1733)六月戊寅世宗雍正皇帝谕旨。主要内容为贵州提督哈元生疏报，九股顽苗悖叛。臣奉命进剿，擒获凶逆首犯 109 名，现交抚臣收审。圣谕，其善后事宜，著该督抚会同哈元生悉心定议具奏。对研究清代苗民起义及清廷镇压苗民起义的历史有参考价值。马塞北《清实录穆斯林资料辑录》,宁夏人民出版社 1988 年本,收录全文。

乾隆十三年十一月圣谕(一)

圣谕 1 篇。清乾隆十三年(1748)十一月壬子清高宗乾隆皇帝谕旨。即乾隆皇帝谕军机大臣等:哈攀龙、冶大雄、哈尚德三人(皆回族),年力正强,尚属骁勇,可备驱策,特发往金川军营,令及时自效。同时就松潘镇总兵哈攀龙(沧州回族)、昭通镇总兵冶大雄、古州镇总兵哈尚德(沧州回族)覆奏情况,分别予以嘉奖或批评、勉励。系研究清廷对回族将领的使用及回族将领时代贡献的可靠资料。原文载于马塞北《清实录穆斯林资料辑录》,宁夏人民出版社 1988 年本,收录全文。

乾隆十三年十一月圣谕(二)

圣谕 1 篇。清乾隆十三年(1748)十一月丙辰高宗乾隆皇帝谕旨。此谕就贵州提督丁士杰转奏哈尚德来文,急需用火药、火绳、铅弹等事,称,金川现在用兵,所需火药、铅弹等项甚多,军营难以制造,自应令各该营制就运往为便。但火药、铅弹等项为攻击所需,关系紧要,必须立法稽查,使之均归实用。……倘有不肖弁员兵丁因见解来数多,贪利营私,偷取货卖,转以接济逆番,不可不密为防范。……毋令弁兵等有私行透漏等弊,庶于军务有裨。此谕对研究清代回族将领忠君思想和军需供应方式有参考价值。马塞北《清实录穆斯林资料辑录》,宁夏人民出版社 1988 年本,收录全文。

乾隆四十六年闰五月圣谕

圣谕1篇。清乾隆四十六年(1781)闰五月庚戌,高宗乾隆皇帝谕旨。谕文针对直隶总督袁守侗奏称“直隶通州、沧州、天津等处回民较多,尚皆安静,惟其传经之人称为师父”等语。乾隆帝传谕:“回民念经祈福是其习俗,相安已久,若概行禁止,恐地方官奉行不善,或致骚扰激成事端,若有名无实虚应故事,又属无益,何必为此?惟其中有借传经为煽惑邪教者,则不可不实力严查,亲提审办。至直隶回民念经之人称为师父,虽亦如师徒俗称,但究不若并其名而去之。”同时要求各督抚对此等事务须不动声色留心妥协查办,毋致吏胥人等借端滋扰及蹈虚文塞责之习。反映了清朝统治者对回民表于安抚,内藏提防的心理。对研究清代民族政策有参考价值。马塞北《清实录穆斯林资料辑录》,宁夏人民出版社1988年本,收录全文。

嘉庆十年十二月圣谕

圣谕1篇。清嘉庆十年(1806)十二月丙戌仁宗嘉庆皇帝谕旨。时因御史花良阿奏:“(京师)西城居住回民甚多,贩卖牛肉为生者不少;查入口牛只在京师无耕用之处,与素习耕犁者有间,不便一概严禁。请嗣后将口外贩卖牛只令各该坊官验明,准令回民宰卖。”嘉庆皇帝震怒。谕斥:“花良阿又非回教中人,矢口乱言,荒谬已极……,著降为六部员外郎,仍著交部议处,以示惩儆。……著地方官遵照定例通行查禁,凡有私宰牛只者,均著即予惩办。倘地方官失于查察,亦著照例议处。”此谕反映了清廷统治者对不尊重回族生活习惯的官员毫不留情的政治态度,对研究清代民族政策提供了可靠的佐证。马塞北《清实录穆斯林资料辑录》,宁夏人民出版社 1988 年本,收录全文。

嘉庆二十年六月圣谕

圣谕 1 篇。清嘉庆二十年(1815)六月,仁宗嘉庆皇帝谕旨。是谕针对热河建昌县(今属辽宁)知县广庆呈文中书有“回贼”字样,谕吏部,“据热河都统咨议处前任建昌县知县广庆于所属地方贼人拒捕,抢去马匹等物一案本内,因贼犯系属回民,书写回贼字样,太不成话,各省办理抢劫之案,如贼犯系属回民,只须于案供内叙明贼犯某人,系某处回子,何得捏写‘回贼’二字? 至乖文义,著通行饬禁。吏部据咨具题,未经更正,著传旨申饬。其原文率行书写职名,著查明交部察议”。此谕以纠正“回贼”二字为例,清除官方案卷中对回族的辱蔑之词,对缓解官民关系有一定益处,为研究清代民族政策的佐证资料。马塞北《清实录穆斯林资料辑录》,宁夏人民出版社 1988 年本,收录全文。

嘉庆二十四年九月圣谕

圣谕 1 篇。清嘉庆二十四年(1819)九月,仁宗嘉庆皇帝谕旨。即嘉庆皇帝就御史张元模奏请禁回民充当捕役承差事谕内阁。谕称,御史张元模奏请禁回民充当捕役承差一折,所奏非是。回民隶居各省,分业四民,久与编氓无异。其有习为盗窃或身充捕役通盗豢贼者,如该御史所奏王明等四犯,一经破案,自当按律惩办,以戢奸宄。若因此即禁回民有令在官充当差捕,试思小民良莠不齐,各直省民人以盗贼犯案者,何地蔑有? 岂独于回民加以厉禁也? 该御史所奏实属一偏之见,难以施行,著无庸议。此圣谕驳斥了张元模对回民的偏见，对弱化回族与统治者的矛盾有一定作用。为研究清代回族与统治者的关系有实例价值。马塞北《清实录穆斯林资料辑录》，宁夏人民出版社 1988 年本，收录全文。

道光二十一年十月圣谕（一）

圣谕 1 篇。清道光二十一年（1841）宣宗道光皇帝谕旨。是年，河北平泉州（今承德平泉）矿匪纠集 200 余人，乘夜对回民聚居地挟嫌放火延烧。虽回民闻知提前逃避，但烧毁房屋 20 余家。案发前，千总何承泰收到矿匪名帖匿不禀报。案发后，知州英宝、捕盗千总赵文德、把总杨凤林漫不经心，因循疏懈，两月无一所获。建昌县知县仲淳，虽讯明矿匪聚其属地，却推诿卸责；捕盗千总王璞奉委缉犯并无弋获。为此，道光二十一年十月辛巳，上谕内阁，"……英宝、赵文德、杨凤林、仲淳、王璞著一并摘去顶戴，英宝仍先行解任，留居该州协缉。均勒限三个月严拿矿匪，务获究办。倘限满无获，即行分别严参。八沟营参将丰生额、建昌营都司乌勒西春均不上紧协缉，亦著交部照例分别议处"。此谕反映了清代地方官员对回族地区自知欺压不予保护的实况和皇帝对地方官员办事不力的恼怒。对研究清代河北回族的政治地位和经济生活有参考价值。马塞北《清实录穆斯林资料辑录》，宁夏人民出版社 1988 年本，收录全文。

道光二十一年十月圣谕（二）

圣谕 1 篇。清道光二十一年（1841）十月戊申道光皇帝谕旨。关于“矿匪火烧平泉回族民房案”，经桂轮查明，奏缉获矿犯首从21名；匪首李长春供认，“与高升等五人起意，书写名帖，邀人放火泄忿各情”。经查，此案实因矿匪偷挖金砂，“挟村民架名偷窃之嫌，放火泄忿”。上谕内阁：“……此案矿匪滋事至二百余人之多，恐为首不止五人。现在获犯仅有十分之一，恐各犯现供尚有不实不尽。仍著该都统严饬各属，将未获首要各犯上紧缉拿务获，同现获各犯讯取确供，分别从重惩办。倘所属各员不能迅速获犯，著即严参办理。千总何承泰收到矿匪名帖匿不禀报，著即照议斥革。千总刘德印自甘讳窃，亦属不合，著交部照例议处。”此案共获贾汶仲等匪103名，将为首、起意纠众之李长春拟斩立决，并传首犯事地方以昭炯戒。张帼太等25犯除为从燃火、止发近边充军轻罪不议外，其他均照偷挖矿砂例发极边烟瘴充军。此谕对案件的圆满完结起到重要作用。是研究河北回族在清代政治、经济状况的可靠资料。马塞北《清实录穆斯林资料辑录》，宁夏人民出版社1988年本，收录全文。

契　约

（以立契年代为序）

正红旗汉军都统房地执照

房地产官文1件，清乾隆十六年（1751）滦州正红旗汉军纳（佚名）副都统颁发。系发给回民孙贵滦州下等地2顷，房屋4间的官方证件。执照发孙贵收执、内注家属人数、各人年岁和所分地亩段落。对研究清代回族经济生活有参考价值。麻纸，汉文，楷体，墨书，页面无计，文21行，23字/行，上有官印。保存完

好。河北廊坊文安孙东泉收藏。(王海民)

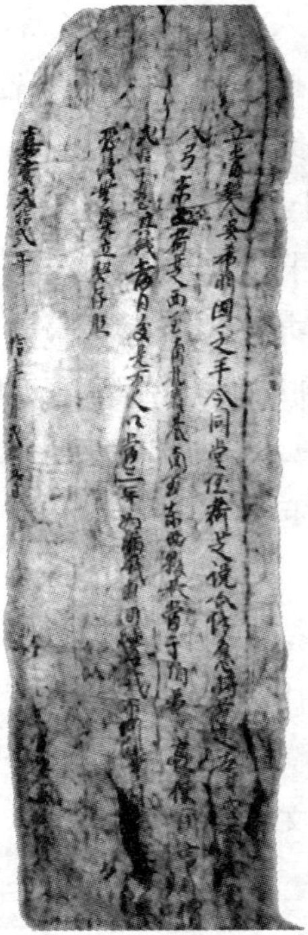

图 3-3

吴希明当契

当契 1 张。清嘉庆二十二年(1817)河北沧州盐山(今孟村回族自治县)孟村镇吴希明立。记载吴希明经堂侄荷芝说合,将空基八弓当于伯弟吴高明使用之约。对研究清中叶回族生活有参考价值。绵纸,楷体,墨书。页面 48cm×17cm,汉文,5 行,34 字/行。保存基本完好。河北沧州孟村孟村镇二街吴丕长收藏。(图 3-3)

吴氏卖地契

契约 1 张。清道光二年(1822)吴金氏、吴李氏立。记载河北沧州孟村吴金氏、吴李氏同侄子吴位明经中人堂侄吴圣明、族孙吴英说合,将宅基地 4 分 9 厘 8 毫 4 系卖于堂侄吴希明等名下,永远为业,世世伙用之约。对研究清代回族生活有参考价值。绵纸,楷体,墨书。页面 48cm×44cm,汉文 16 行,35 字/行。中折处有半边骑缝字,折叠处磨损严重,文面基本完好。河北沧州孟村孟村镇二街吴丕长收藏。(图 3-4)

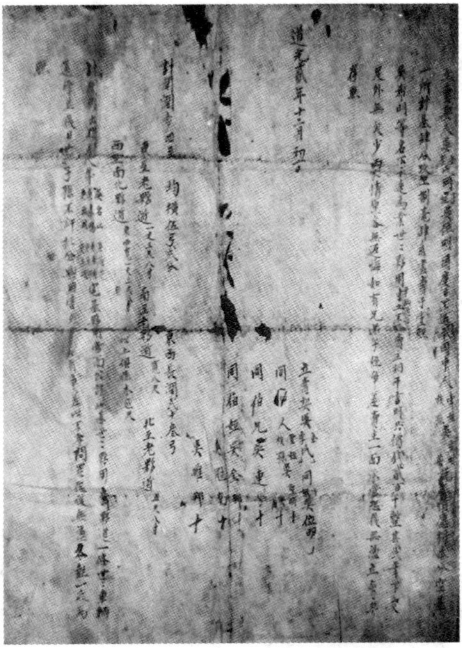

图 3-4

保定洪亮私房典契

契约1张。清道光七年(1827)五月,安沛、刘斐然撰书。系清道光七年保定回族洪亮将私房典借于闫太之协议。对研究清代回族经济生活有史料价值。绵纸,行体,墨书。契面 50cm×40cm,汉文,7行,4—22字/行。保存完好。河北保定清真西寺收藏。(平克军)

保定闫氏兄弟私房典契

契约 1 张。清光绪十七年(1891)十二月,河北保定安兴、马锡瑞、张玉山等撰立。系光绪十七年(1891)保定回族闫荣、闫跃、闫恒兄弟三人将私房典当于马恩长之文字协议。对研究回族清代经济生活有史料价值。绵纸,行体,墨书。契面 43cm×43cm,汉文,13 行,5—24 字/行。保存完好。河北保定清真西寺收藏。(平克军)

吴国春卖地契

契约 1 张。清光绪二十年(1894)立。记载河北沧县孟村(今属孟村回族治县)吴国春经中人吴国恩、吴峰春说合,将 4 亩 1 分土地卖与堂兄吴成春名下之协议。对研究清末回族历史和经济生活有参考价值。宣纸,行体,墨书。页面 54cm × 33cm,汉文 8 行,6—38 字/行。中部有"署沧州正堂宫孟村□宫中吴学□"黑色戳记;下部盖有沧县知事红色方印。折叠处个别字迹磨断难辨。基本完好。河北沧州孟村孟村镇二街吴丕长收藏。(图 3-5)

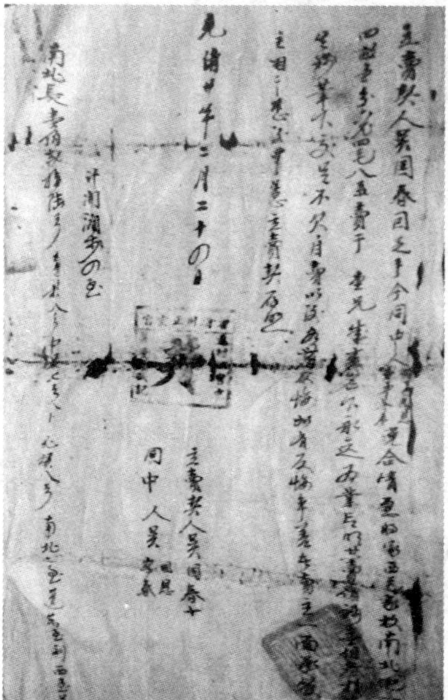

图 3-5

保定闫氏房屋典契

契约1张。清光绪三十年(1904)七月,闫老绪、赵光合撰书。系光绪三十年河北保定回族闫跃、闫恒兄弟二人将私房典借给金厚田居住之协议。对研究清代回族经济生活有参考价值。绵纸,汉文,行体,墨书。页面45cm×40cm,共11行,5—27字/行。保存完好,河北保定清真西寺收藏。(平克军)

保定闫氏房屋推让契

契约1张,1页。清光绪三十一年(1905)九月,石清如撰书。系清光绪三十一年(1905)保定回族闫洛岳、闫洛恒兄弟二人同侄闫林将私房推让给清真寺之协议。对研究清末保定清真寺寺院经济和穆民理念有参考价值。绵纸,汉文,行体,墨书。页面40cm×25cm,8行,33字/行。保存完好。河北保定清真西寺收藏。(平克军)

吴氏家产分单

分单1张。清宣统元年(1909)孟村吴氏十五世祖吴长庆等立。记载吴长庆、吴杨庆兄弟经堂叔国恩,堂兄达庆等说合,将祖遗房产物业二股拈阄均分事。对研究清末回族生活有参考价值。绵纸,楷体,墨书。页面29cm×42cm,汉文,11行,20字/行。保存完好。河北沧州孟村孟村镇二街吴丕长收藏。(图3-6)

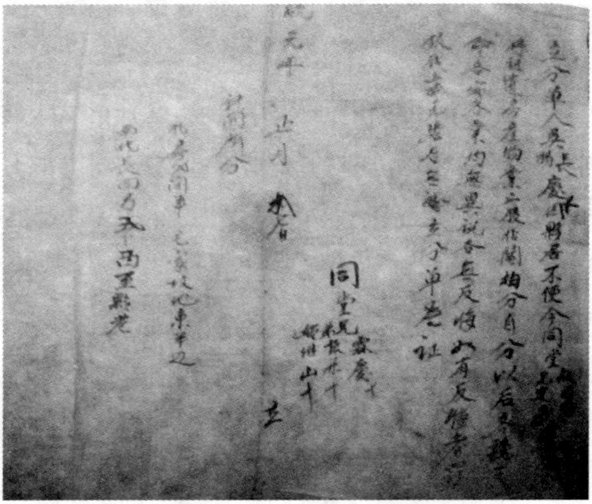

图 3-6

黄氏买卖房产契

契约 1 张。民国元年(1912)河北威县政府颁发。系威县黄清选购买黄清梅宅房 1 所之官方文书。此契上有清廷房屋买卖税制和法律,由清政府直隶布政使司印制,民国初期沿用。反映清末民初朝代更替之际,房产买卖法律和税收制度的特征。对研究清末民初回族生活和房产交易方式有参考价值。此契由“买卖房产契”和“买卖房产正契”两部分组成,宣纸,汉文,宋体,墨书。页面 55.8cm×87cm,文 64 行,5—59 字/行。正契有上抹角单栏,右侧下部有印章 1 枚,中缝有编号和骑缝官印 2 枚。买卖房产契有上抹角云谷龙纹,四边双栏,左边有章 3 枚,保存完好。河北邢台威县政协黄成俊收藏。(黄成俊)(图 3-7)

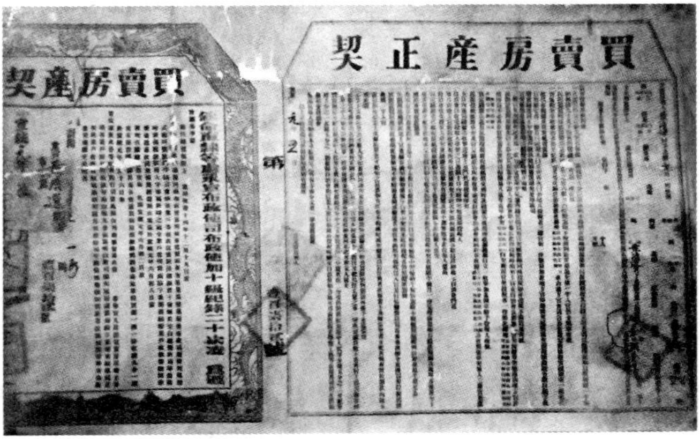

图 3-7

黄氏家产分单

分单 1 张。民国十三年(1924)三月二十日黄建祯、黄建桐兄弟立。记载河北邢台威县黄建祯、黄建桐兄弟二人因父母年老,人口日多,情愿将家产分为两股,并由家长、中人、地方、表弟、伯父等多方在场分开,立此为据。对研究民国时期当地回族经济生活和家产处理方式有参考价值。绵纸,汉文,楷体,墨书。页面 44cm×24cm,无边栏。墨框 39cm×23cm,8 行,22 字/行。保存完好。河北邢台威县政协黄成俊收藏。(黄成俊)(图 3-8)

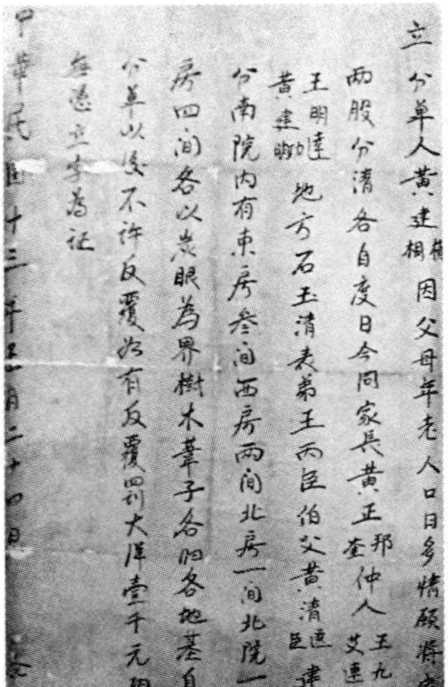
立分单人黄建禎建桐因父母年老人口日多情願將家產
兩股分清各自度日今同家長黄正邦 仲人王九五 艾連升
王明達 地方石玉清 表弟王丙臣 伯父黄清臣 建桐
黄建翀 分南院內有東房叁間西房兩間北房一間北院一所西
房四間各以炭眼為界樹木葦子各歸各地基自立
分單以後不許反覆如有反覆罰大洋壹千元恐口
無憑立字為证
中華民國十三年三月二十四日 立

图 3-8

黄建桐、黄建祯宅基买卖契

契约1件,2张。民国十六年(1927)威县政府颁发。河北威县黄建桐购买黄建祯宅基1处之官方文书。载有卖主变卖宅基原因、价格、位置和税洋。对研究民国时期回族生活及宅基交易方式有参考价值。此契有“买契”和“买卖田房草契”各1张。绵纸,汉文,宋体,墨书印文,行书填写。买契:页面27cm×19cm,版框22cm×17cm,文15行,2—15字/行。上抹角四边单栏,文面有竖格,两侧和中部盖有5枚印章。草契:27cm×29cm,版面23cm×23.5cm,文15行,2—21字/行,上抹角四边单栏,文面中部与左侧边栏线有官印。保存完好。河北邢台威县政协黄成俊收藏。(黄成俊)(图3-9)

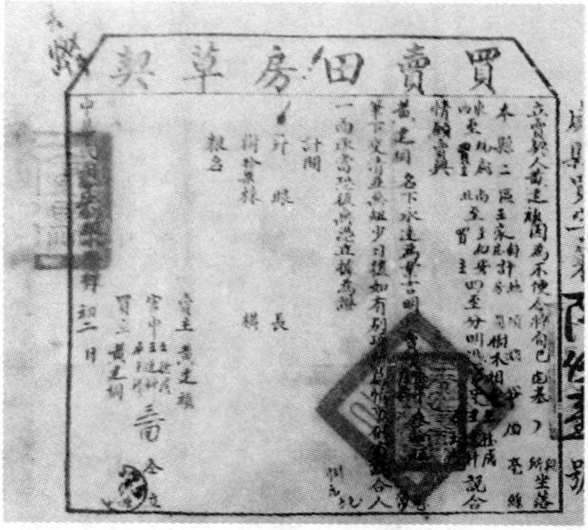
買賣田房草契

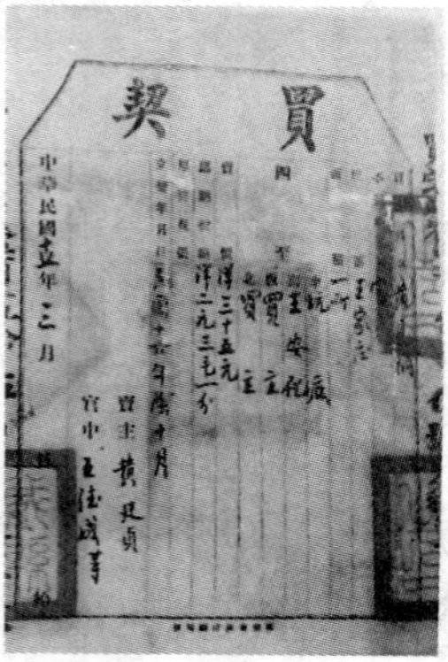
買契

图3-9

德润堂当契

当契1张。民国二十年(1931)河北沧县孟村(今孟村回族自治县）德润堂立。记载德润堂经中人刘玉和说合，将自己土地1亩当于吴公长庆名下代粮承种之协议。对研究民国时期回族生活和土地经营方式有参考价值。绵纸，楷体，墨书。页面46cm×27cm，汉文，7行，23字/行。左侧有骑缝刻印文字，保存基本完好。河北孟村回族自治县孟村镇二街吴丕长收藏。（图3-10）

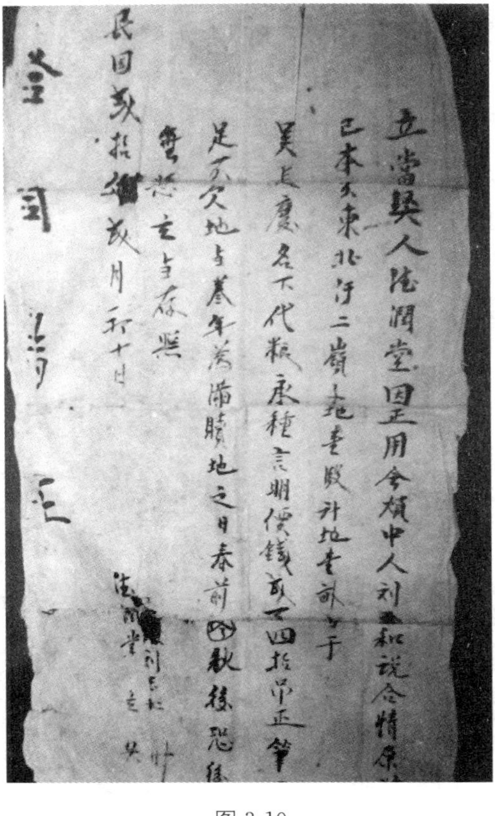

图 3-10

韩氏过继单

过继契约 1 件,2 页。民国二十一年(1932)韩殿金(又名韩亚臣,渤海区知名回族革命干部)过继单,河北沧县韩石桥(今属孟村回族自治县)韩氏族长韩僖来、门长韩廷奎、村长韩太安、立字人韩常氏、收字人韩恩福及韩氏族人共立。记述韩石桥村民韩恩福膝下乏嗣,本族各分人等同念恩福素日品行良善,不忍断其后辈,又见近支韩常氏之孙、韩云山之子韩殿金性体端正,共同议定将殿金出嗣恩福为孙。同时商定殿金之父不可觊觎殿金所继财产,若双方违约或他人格外生枝者罚洋,罚得大洋皆归本庄学校等。对研究民国时期回族生活和风俗有参考价值。绵纸,汉文,楷体,墨书。页面 25.5cm×16cm,8 行/页,25 字/行。沧州财政局韩炳兰收藏。(韩炳兰)(图 3-11)

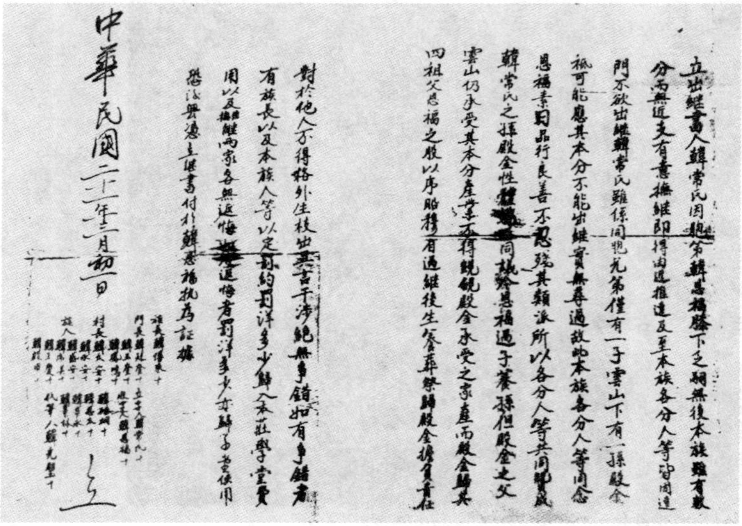
立出繼書人韓常氏因胞弟韓恩福膝下乏嗣無後本族雖有數
分而無近支有意撫繼即得由遠推近及至本族各分人等皆同達
門不欲出繼韓常氏雖係同胞兄弟僅有一子雲山下有一孫殿金
祇可能慮其本分不能出繼實無尋過故此本族各分人等同念
恩福素日品行良善不忍殘其類派所以各分人等共同聯成
韓常氏之孫殿金性體端正同議將恩福過子孫但殿金之父
雲山仍承受其本分產業不得覬覦殿金承受之產而殿金歸其
四祖父恩福之股以序昭穆有過繼後生養葬祭歸殿金擔負責任
對於他人不得格外生枝出頭干涉絕無爭端如有爭端者
有族長以及本族人等以定罰約罰洋多少歸入本莊學堂費
用以及[illegible]兩家各無返悔如有返悔者罰洋多少亦歸學堂使用
恐口無憑立繼書付於韓恩福執為証據
中華民國二十一年三月初一日 立

图 3-11

王朝安买契

契约1件,2张。民国三十年(1941)河北威县政府颁发。系威县王朝安购买黄建桐田地官方文书。记载黄建桐将田地1亩8分零厘2毫5系,经中人王金堂、王玉臣说合,卖予王朝安及所卖田地的位置、价格。对研究民国时期回族生活和土地交易方式有参考价值。此契有"买契"和"买卖田房草契"各1张。绵纸,汉文,宋体,墨书印文,行书填写。买契:页面29.2cm×21.5cm,版框23cm×17cm,文17行,5—16字/行。四边抹角单栏,文面有竖格、文中有官印,下部有纳税印花5枚。草契:页面26cm×27cm,版面20cm×22cm,上抹角四边单栏,文11行,8—23字/行。页面中部、左侧边和两张契纸相连处有朱色官印。保存基本完好。河北邢台威县政协黄成俊收藏。(图3-12)

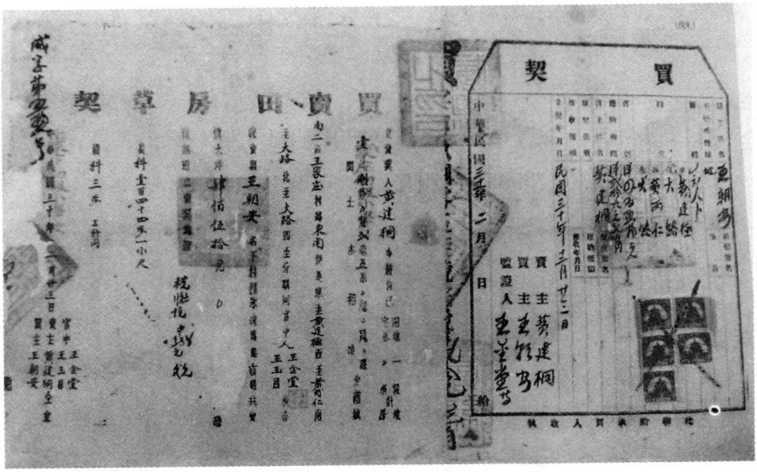

图 3-12

仁德堂当契

当契 1 张。民国三十年(1941)河北沧州盐山孟村(今属孟村回族自治县)仁德堂立。记载仁德堂将土地 3 亩当于族侄荫隆名下,代粮承种之约。对研究民国时期回族生活有参考价值。绵纸,楷体,墨书。页面 48cm×22cm,汉文 6 行,21 字/行。保存完好。河北沧州孟村孟村镇二街吴丕长收藏。(图 3-13)

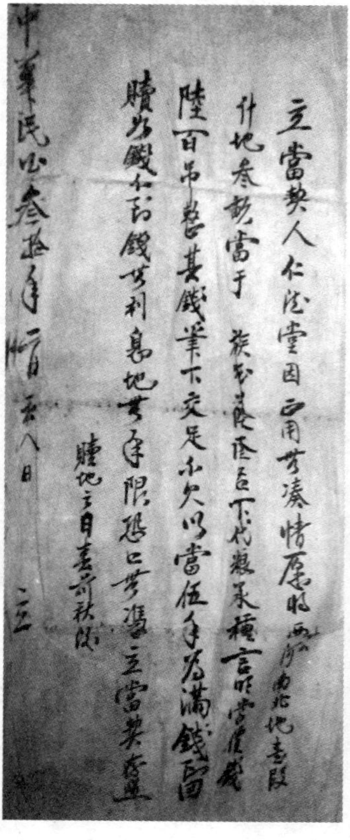
立當契人仁德堂因正用無湊情愿將西河南北地壹段
計地叁畝當于 族姪蔭隆名下代粮承種言明當價錢
陸百吊整其錢筆下交足不欠以當伍年為滿錢
贖出錢不到錢無利息地無租限恐口無憑立當契存照
贖地三月春前秋後
中華民國叁拾年

图 3-13

联合租契

契约 1 张，民国三十七年(1948)九月，安海亭撰。系民国三十七年河北保定清真西寺将寺地租赁予于杰庵使用之协议。绵纸，行体，墨书。页面 45cm×40cm，汉文，11 行，4—21 字/行。对研究伊斯兰教寺院经济有史料价值。保存完好。河北保定清真西寺收藏。(平克军)

黄氏土地房产所有证

房地产证书 1 张。民国三十八年(1949)八月威县政府颁发。1950 年重新认定。华北地区统一印制。系新中国建立前

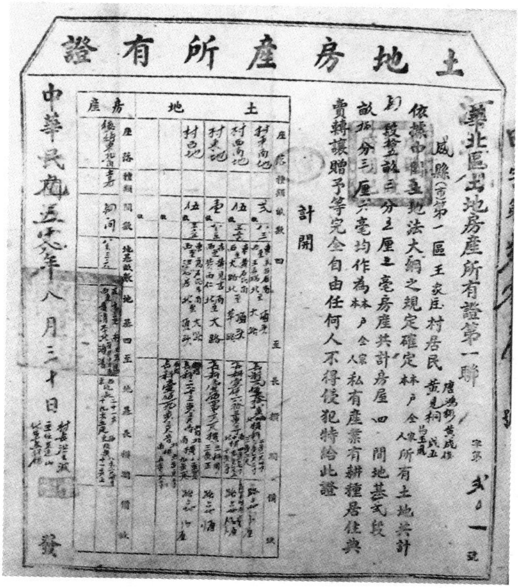
土地房產所有證

華北區土地房產所有證第一聯

依據中國土地法大綱之規定確定林户全家人所有土地共計畝分厘毫房產共計房屋間地基段均作為林户全家人私有產業有耕種居住典賣轉讓贈予等完全自由任何人不得侵犯特給此證

計開

中華民國三十八年八月三十日 發

图 3-14

夕，革命政府依据中国土地法大纲，向威县第一区王家庄村居民黄建桐一家颁发的土地房产认定证件。此证注明“本户私有产业有耕种、居住、典卖、转让、赠予等完全自由，任何人不得侵犯”。对研究新旧政权交替之际，当地回族生活及其享受的土地房产政策有参考价值。绵纸，汉文，楷体，墨书。页面 36cm×32cm，上抹角四边单栏，版框 32.5cm×28cm，汉文，16 行，24 字/行。内有土地房产表格，盖有威县政府朱色印章。保存完好。河北邢台威县政协黄成俊收藏。（黄成俊）（图 3-14）

其　他

御赐物品运单

棉纸运单 1 件，1 页。光绪二十八年（1902）北京琉璃厂签发。史载，清光绪二十六年（1900），八国联军侵略中国，攻陷北京，慈禧太后和光绪皇帝仓皇出逃。先至昌平西灌石（今西贯市）村（回族村），受到贯市村清真寺阿訇蔡万春（无极县高头村人）和全村穆民的热情接待和保护。光绪二十八年慈禧和光绪为表彰阿訇蔡万春和西贯市穆民的护驾之功，特赐重修西贯市和无极高头清真寺。此为由北京琉璃厂运往无极高头的御赐物品运输单据。制式表格，长方形纸，上有梯形横框，框中印有“钦工”二字；下有竖格，格中文字行体墨书，个别字迹模糊，清晰可辨“十驴三驮送清真寺用”“七样黄色小毛兽”“抱头狮子四件”“杨老爷查收”和“二十八年七月十日”等字样。上方左右两角均有印记，字迹不清；文中有上下两方方印，字迹模糊，下款盖有琉璃厂印章，保管基本完好。此单的存在，为八国联军侵华历史和回族人民在国难当头之际的爱国热情提供了一件不可多得的文字佐证。现原件藏石家庄档案馆，2003 年 8 月 6 日无极县摄影协会会刊《无极风采》第 4 版刊登照片。（图 3-15）

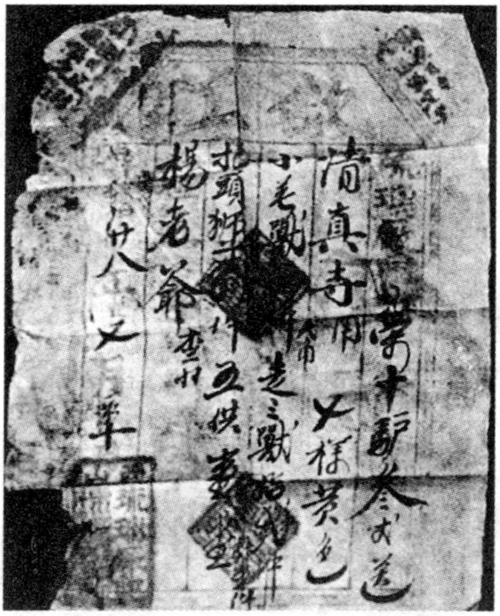

图 3-15

马松亭阿訇悬幛

帛书 1 张。民国二十七年（1938）众阿訇、乡老于北京正阳门外天桥清真寺为邱县陈村马松亭（曾用名马青山）阿訇考核颁发。天桥清真寺牛业公会、联营小组贺悬。伊斯兰教经学毕业证书。记载海里凡马松亭在冶亮普大阿訇门下完成学业，取得阿訇资格、冶大阿訇道高学博，望重德隆，诲人不倦，桃李成荫和门生马松亭自幼聪慧，秉性天成，学淹中阿，堪为穆民师表等内容。对研究伊斯兰教经堂教育和经学传播有参考价值。红色缣帛，折叠装，汉文，楷体，金书。帛面 265cm×186cm，共 29 行，37 字/行。四周有金色回形纹饰边栏。字迹清楚，保存完好。河北邯郸邱县陈一村马爱凤收藏。（马德荣）（图 3-16）

图 3-16

刘杏林参议员证

证书 1 件，3 页。山东省渤海区第四届参议会参议员刘杏林（今名刘希林）阿訇参议员证，民国三十五年（1946）山东省渤海区参议会颁发。刘杏林抗日战争时期参加革命，多年从事渤海区回民救国总会、渤海区回民协会工作，曾任回民抗日队伍随军阿訇。1946 年当选山东省渤海区第四届参议会参议员。此证记有持证人姓名、颁发时间，誓词和参议员权利、义务。对研究回族、穆斯林革命历史具有重要佐证价值。刻本，机械纸，宋体，墨书，红色封皮，内有“山东省渤海区参议会”朱色方印和议长李拉庭，副议长周砚波、刘冠甲签名。保存完好。河北沧州市财政局韩炳兰收藏。（韩炳兰）（图 3-17）

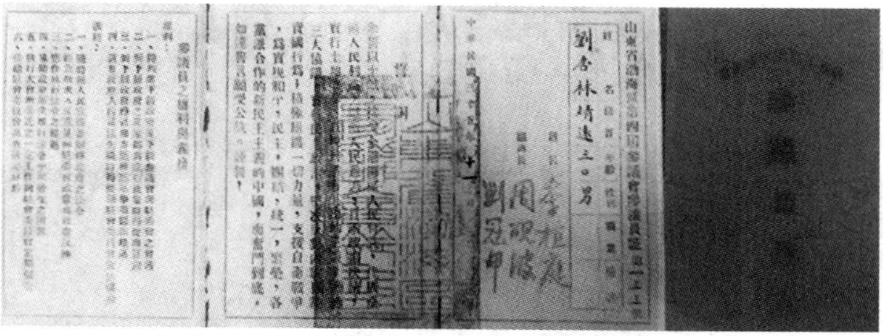

图 3-17

四、讲唱篇

（以流传地区为序）

民间故事

全省各地

回民吃油香的来历

宗教事故。年代无考，全国各地流传。现录稿件为1985年廊坊王贺亭阿訇方言讲述，岳一中笔录。故事讲述“油香”是伊斯兰教最圣洁的食品。相传在穆罕默德圣人劝教时期，一次疲惫、饥饿地来到一个小村，受到村民热情接待，争相请他到家中用餐。那么该到谁家去呢？圣人放开自己的战驼，信驼由缰，结果战驼走进一个贫妇之家，贫妇用家中仅有的一点面粉和食油炸成油饼招待圣人。油饼香气扑鼻，圣人不忍独食，遂将油饼掰成数块和随行人员分享。从此这种油饼被称为“油香”流传下来。圣人不肯独食的品格也演变成回族的风俗，每当吃油香时，必先掰开再吃。作品对回族风俗研究有参考价值。出版篇幅32开纸1页，25行/页。1986年收入《廊坊地区民间故事选》（内部出版）。（王海民）

冀中

阿訇扛活的故事

民间故事。明初，河北廊坊一带流传。现收录稿件为 1985 年丁秀廷、王寿山讲述，岳一中笔录。故事讲述廊坊西火头营王关刀阿訇去常营扛活，挣钱修建清真寺的事迹。对研究伊斯兰教信仰理念和阿訇道德有参考价值。出版篇幅 32 开纸 3 页。25 行/页。1986 年收入《廊坊地区民间故事选》(内部出版)。(王海民)

夫妻朝觐的故事

宗教故事。年代、传者无考，河北廊坊大厂一带流传。现收录稿件为 1985 年买福清阿訇讲述，何向东笔录。故事讲述了大厂一对穆斯林夫妇前往麦加朝觐，路上结识一位贫穷多斯提结伴同行。但由于途中夫妇二人多起私念，难以渡河到达“克尔白”(天房)，只能眼看着那位勤劳、善良的穷多斯提渡过河去，完成朝觐功课。对研究穆斯林宗教生活和道德教育有参考价值。出版篇幅 16 开纸 2 页，25 行/页。1986 年收入《廊坊地区民间故事选》(廊坊文化局内部出版)。(王海民)

不怕洋人的阿訇

民间故事。清末河北廊坊北部地区流传。现录稿件为 1985 年马文藻、钱永年讲述，岳一中、吴景春笔录。作品讲述清光绪二十六年(1900)，火铺营的王阿訇知识渊博，会说英语，敢于与八国联军斗智斗勇，用其才智保护了一方百姓免受八国联军涂炭之苦的真实故事。对回族、伊斯兰教爱国、爱民思想研究和民族传统教育有一定参考价值。出版篇幅 32 开纸 2 页,25 行/页。1986 年收入《廊坊地区民间故事选》(内部出版)。(王海民)

回民结婚撒喜枣的来历

民间故事。年代无考,河北廊坊一带流传。现录稿件为 1986 年王贺亭阿訇讲述,岳一中笔录。故事讲述回族人结婚时,人们要向新娘身上扔撒枣子、花生,以示祝福的习俗由来。对研究回族风俗有参考价值。出版篇幅为 32 开纸 2 页,26 行/页。1986 年收入《廊坊地区民间故事选》(内部出版)。(王海民)

清真寺“白顶”的传说

神话故事。古老传说,年代无考,河北廊坊大厂一带流传。1986 年大厂铁大银、李银方言讲述,杨光远笔录。讲述很久以前大马庄清真寺圆顶是蓝色的,后来村后坟地里出了个青牛精,经常夜里出来喝水。青牛精一晃头,村里就死一个小伙子。为此人们商定,将清真寺圆顶子改成了白色,叫那青牛精“白顶”。从此,大马庄太平了。大马庄清真寺圆顶子也就世代都用白色。作品对回族建筑艺术研究有参考价值。出版篇幅 32 开纸 3 页,25 行/页。1989 年收入《廊坊市文化艺术全志》(廊坊市群艺馆内部出版)。(王海民)

大厂的由来

历史传说。明代以后河北廊坊大厂一带流传。现录稿件为1996年大厂佚名者讲述，杨宝军笔录。传说大厂一带原是一望无际的荒原，系皇家放牧战马和牛羊的地方，燕王扫北后，海氏先人海南悉随燕王北迁，先到沧州，而后在此荒原定居建村，先称“大场”，后改为大厂。此说有据可考，对研究大厂回族渊源有一定参考价值。出版篇幅32开纸3页，25行/页。1996年《廊坊社会科学》(第2期)刊载。（王海民）

赛武松顾五

民间故事。清嘉庆年间(1796—1820)河北廊坊大厂一带流传。现收录稿为1985年杨万才方言讲述，贾永生、陈振来笔录。作品讲述大厂东务(今称北坞)回民顾五，人称京东八大怪之一，绰号赛武松，性子刚直，专好伸张正义，惩治恶霸、地痞，为百姓除害的故事。对研究回族道德理念和武术文化有参考价值。出版篇幅32开纸3页，25行/页。1986年收入《廊坊地区民间故事选》(内部出版)。（王海民）

馅饼张六打擂

民间故事。清嘉庆年间(1796—1820)河北廊坊、三河、大厂一带流传。现收录稿件系1986年陈进友方言讲述，贾永生、陈振来笔录。作品讲述大厂东务(今称北坞)回民张六，不仅烙得一手好馅饼，而且精通武术，为人谦和。时遇新疆高手前来摆擂挑战，张沉着冷静，不恃勇斗狠，终使挑战者心悦诚服。对回族武术和道德理念研究有参考价值。出版篇幅32开纸2页，27行/页。1986年收入《廊坊地区民间故事选》(内部出版)。(王海民)

口唤的故事

伊斯兰教故事。古老传说，年代无考，佚名传。流传于河北廊坊大厂一带。现收录稿件为1986年大厂伊连奎讲述，岳一中笔录。故事梗概为妹妹遵从哥哥留下的“口唤”(穆斯林郑重嘱托)，不要彩礼，节约办喜事，情节感人。对研究伊斯兰教提倡节俭和注重“口唤”的教义有参考价值。出版篇幅32开纸2页，25行/页。1987年9月收入《龙河》一书，(廊坊《龙河》编辑部出版)。(王海民)

京东回族大将何也思答尔

人物传说。明永乐二年(1404)河北廊坊大厂一带流传。现收录稿为大厂何姓回族佚名方言讲述，杨宝军笔录。作品介绍了京东三河一带何姓回族之祖、明燕王朱棣麾下回族将领何也思答尔生平，讲述了其屡战屡胜，官位连升三次，明永乐二年(1404)病故的经历。对研究回族历史和人物具有一定参考价值。记录篇幅16开纸2页，25行/页。1993年6月19日《廊坊日报》第四版、《民族地区经济报》总第38期发表。(王海民)

道光钦赐铁辘轳

历史故事。易县回族民间流传。2006 年 2 月易县清真寺乡老底国水、阿訇马恩轩、易州民宗局副局长杨景峰讲述。主要讲述清道光十五年(1835)道光皇帝前往清西陵拜谒先陵,途中所带玉泉甜水即尽,派人到处寻找御用甜水。后发现易县清真寺井内之水与玉泉水无异,大为高兴,当即御赐铁辘轳一把,并下令此井之水除清真寺外,只可御用,不准他人前来打水。至今御赐铁辘轳尚存。这一故事,用事实说明了清廷与回族人民的微妙关系。对研究清代回族、伊斯兰教的政治地位和与统治者的关系有参考价值。易县清真寺底国水参与考证。《易县志》、赵河鱼《易州清真寺》收录,易县清真寺收藏。

冀南

洪官营的来历

历史传说。年代不详,河北邢台一带流传。现收录稿件为 1988 年洪官营村民方言讲述,武宝林笔录。传说以史实为依据,讲述了河北邢台临西县最大的回族村洪官营由原名"双井铺"、"洪五屯"直至"洪官营"的演变过程、演变根由和伊斯兰教自行东迁的辗转轨迹,对研究回族历史和渊源有参考价值。出版篇幅 16 开纸 2 页,2 千字。《河北民族工作》1988 年第二期刊载。(李勇俊　于友志)

八里圈村的来历

历史传说。河北邢台临西一带流传。现收录稿件为 1988

年八里圈村民方言讲述，武宝林笔录。传说以故事形式，讲述了河北邢台临西“八里圈村”有关渊源的两种说法。对研究临西回族历史有一定参考价值。出版篇幅 16 开纸 1 页，400 字。1988 年《河北民族工作》（第 2 期）刊载。河北邢台民宗局存。（李勇俊　于友志）

冀东北

乾隆皇帝的穆斯林贵妃

历史故事。承德地区流传，现收录稿为 2003 年 7 月 25 日《承德晚报》刊登何理文章《香妃与承德》。是文详细考证了乾隆皇帝的穆斯林贵妃“伊帕尔汗”（香妃）的真实身份，讲述了香妃（即容妃）十次跟随乾隆驻跸承德，并拜承德清真东寺第三代伊玛目马燿为义父，曾将许多珍贵物品存放清真寺的故事。故事有理有据，香妃赠予清真寺的宫灯至今尚存。对研究清代皇室与伊斯兰教关系有一定参考价值。吴丕清《河北伊斯兰教史》有载。承德市伊协收藏。

冀东南

泊头清真寺顶子上的大锔子

历史传说。泊头“南头”穆民传述。讲述原来泊头清真寺琉璃瓦圆顶子上有几个大铁锔子，把顶子上因暴晒雨淋出现的几条裂纹牢牢锔合在一起。但此为何人何时锔补的呢？原来是很久很久以前一位神秘老人所为。故事情节细腻迷人，宗教色彩浓厚，对研究回族民间文化艺术有参考价值。1990 年收入《泊头回族志》,泊头市民宗局存。

歌曲民谣

冀中

民谣四则

回族歌谣。民国时期(1912 年后)河北大厂一带流传。现收录稿件为 1989 年 10 月大厂回族佚名者讲述,杨宝军笔录。作品辛酸地述说了旧社会回族人民"举目财主地,抬腿财主房,朱门油缸倒,淹了穷人炕"和"牛屠记,盼立秋,一到立秋宰老牛。宰老牛,天天愁,有肉愁肉,没牛愁牛,集头一算账,蹭了一身粪,落了一身油"的艰难生活。是旧社会回族人民受压迫、受剥削的真实写照。对研究民国时期回族人民的政治地位和经济生活有一定参考价值。出版篇幅 32 开纸 1 页,8 行/页。1989 年收入《大厂回族》(内部出版)。(王海民)

醒世歌

民歌。年代无考,佚名作,河北廊坊大厂一带流行。现收录稿件为 1985 年大厂回族群众传唱,贾魏笔录。作品用大厂方言,诗歌形式,劝告穆民"认主为要,遵行五功,行德厚义,以及行正道,做善功、倡节俭,勤耕读"等。对研究伊斯兰教道德传承有参考价值。出版篇幅 32 开纸 1 页,字 19 行。1989 年收入《廊坊市文化艺术全志》(廊坊市群艺馆内部出版)。(王海民)

思福歌

民歌。流传年代无考，佚名作词，河北廊坊大厂一带流行。现收录稿件为 1985 年大厂回族群众传唱，贾魏笔录。作品以大厂方言曲调，及辩证对比的手法，阐述了安居、饱暖、健全、安康、生存、知遇诚人都是“福”，告诫人们要知福知足。对研究伊斯兰教道德哲理有参考价值。出版篇幅 32 开纸 1 页，字 8 行。1989 年收入《廊坊市文化艺术全志》（廊坊市群艺馆内部出版）。（王海民）

不得歌

诗歌。年代无考，佚名作词，河北廊坊大厂一带流传。现收录稿件为 1986 年大厂穆民多人讲唱，贾魏笔录。作品用最直白的方言和诗歌形式，阐明了伊斯兰教对穆斯林的基本要求：“孝顺父母，忠于国家，安于天命，不求富贵”等。对研究伊斯兰教义的民间传承和穆斯林道德操守有参考价值。出版篇幅 32 开纸 1 页，字 9 行。1989 年收入廊坊群艺馆《廊坊市文化艺术全志》（内部出版）。（王海民）

回族劝人法

回族歌谣。清佚名作，河北大厂一带传唱。现收录稿件为 1985 年大厂穆民多人讲唱，陈振来笔录。作品以歌谣形式劝诫世人，不要为名利而忙碌，为儿女而忧愁，为土地房屋而争夺。要多为后世着想，要把斋礼拜，孝顺爹娘，周济贫寒，施散财粮。对研究回族、伊斯兰教道德传承有参考价值。出版篇幅 32 开纸

2 页,32 行/页,1989 年 9 月收入廊坊市群艺馆《廊坊市文化艺术全志》(内部出版)(王海民)

回民支队大合唱

抗日歌曲 1 首,冀中回民支队抗战剧社黄仁、白烽、李鞋等同志集体创作。抗日战争时期流行于冀中地区。歌中唱道:“抗日火焰燃烧在大平原,伊斯兰的教胞们挥起战斗的臂膀,在共产党的爱护培养下,组织起自己的武装,高举起鲜明的少数民族的旗帜,发挥勇敢善战的优良传统,我们誓死为回民自由、中华民族的解放,永远跟着共产党! 直到最后的胜利,直到敌人的灭亡!”歌词中充满回族、伊斯兰教色彩,对号召伊斯兰教胞们奋起抗日和树立永远跟着共产党的思想,起到了促进作用。为研究回民支队建设、发展的重要佐证资料。

回民支队队歌

抗战歌曲 1 首,冀中回民支队抗战剧社黄仁、白烽、李鞋等同志集体创作。歌曲共分 6 段,以雄壮豪迈的歌词和曲调,唱道:“我们是三纵队的突击军,什么地方敌人疯狂,我们就到什么地方去! 在石德路旁,在大清河北,在子牙河东,到处打击敌人;在石德路旁,粉碎了敌人五十二天大‘扫荡’;敌人来进攻,我们就机动的转移,避实击虚;敌人退去,我们就伏击、袭击向敌人的点线冲袭;在沧石路旁,我们沉着勇敢,打得鬼子的汽车翻身见阎王,在大清河北,粉碎了敌人无数次的推磨合击;在敌人疯狂反复的拉网‘扫荡’里,矫健地飘荡着我们铁的党军的旗帜。”歌词中骄傲地历数了回民支队机动灵活的战术、沉着勇敢的作风和历次战斗的丰硕战绩，唱响了一支英雄部队的赞歌。在当时鼓舞士气、壮大队伍方面发挥了重要作用。为研究回民支队创建史和抗战史的重要参考资料。

冀东南

麦芽绿柳叶黄

回族抗日歌曲 1 首，邯郸离休干部、原沧县青联主任傅青先搜集整理。抗日战争时期流行于冀鲁边区。此歌共分 3 段，以“麦芽绿呀，柳叶儿黄啊，秋风吹过阵阵凉啊，人家都把衣裳来换哪，我换衣裳想起娘啊”等失去爹娘的悲惨词曲，痛诉了日本侵略者“东邻奶奶八十八呀，活叫鬼子给吓煞”“十人九个丧了个命啊，房屋烧得干干净啊，粮食家具抢个空”等种种罪行，让人们看到“不打日本活不成”的前景，唤起人们“誓死抗日保家乡”的决心。对研究回族抗日战争史有参考价值。

月儿渐渐高

抗日歌曲 1 首，邯郸离休干部、原沧县青联主任傅青先搜集整理。抗日战争时期流行于冀鲁边区回族地区。仿《宋老三》曲调，共分 6 段。每段都以一诉一问的形式，诉说一个妇女因丈夫被日军杀害而产生“有心去报仇，脚小不能走；有心去跳河，上有二公婆，还有个小婴儿，交给那一个?”的般般痛苦和对日本侵略者的刻骨仇恨。唤起姐妹们组织起来，打日本。最后以合唱的形式，唱出“不打走日本鬼，永远不得生存”的呼声。突出反映了在日军铁蹄下妇女们只有抗日才有活路的悲惨境地，对研究回族乃至中华民族抗日战争史，均有参考价值。

流浪的人儿想家乡

抗日歌曲 1 首，邯郸离休干部、原沧县青联主任傅青先搜集整理。抗日战争时期流行于冀鲁边区回族地区。仿《锯大缸》曲调，以问答形式，共分 5 段。每段两问两答，诉说着“日本鬼子赛虎狼，奸淫烧杀又掠抢。抢了这庄抢那庄，烧了这庄烧那庄，十人九个把命丧，女儿郎，遭灾殃，不管媳妇大姑娘”的野兽般凶残。最后合唱：“大家联合打东洋，炮火强又何妨，要把敌人都杀光！杀尽鬼子回家去，中华民族得解放！”唱出了日本侵略者的种种罪行和群众群情激昂，共同抗日的决心。对研究回族乃至中华民族抗日战争史，有一定参考价值。

流浪二部曲

抗日歌曲 1 首，邯郸离休干部、原沧县青联主任傅青先搜集整理。抗日战争时期流行于冀鲁边区回族地区。歌曲共分 4 段，真切地唱出在日本侵略下，人们无家可归，“流浪逃亡，逃亡流浪，流浪到哪年？逃亡到何方？哪里是我们的家乡？那里有我们的爹娘?”的凄惨；控诉了“火光又起来，不知多少村庄毁灭；炮声又响了，不知多少生命死亡，分什么你的我的，分什么穷的富的，敌人杀来，炮火枪伤，到处都是一样”的战争罪恶。大声疾呼“谁使得我们流浪？谁使得我们逃亡？谁使得我国土沦丧？谁使得我民族灭亡?”从而唤醒人们“我们休为自己打算，我们休为个人着想，我们应该团结一致，誓死抵抗奔向战场，打倒日本帝国主义，争取中华民族的解放”。歌声悲壮，情真意切，具有研究日本侵华罪行的佐证意义。

天皇皇

抗日歌曲1首，邯郸离休干部、原沧县青联主任傅青先搜集整理。抗日战争时期流行于冀鲁边区回族地区。此曲采用民间流行的通俗曲调“天皇皇”的韵律和文辞形式，诉说出一个男人因妻子被鬼子杀害带来的痛苦和悔恨。小曲唱道：“天皇皇，地皇皇，我家有个夜哭郎，不是孩子好淘气，可叹男人没乳房。行路君子问何故？鬼子杀了他的娘。想起来，泪汪汪，恨我早不把兵当。”同时呼吁“老乡，老乡，别观望，拿起刀枪上战场”。在当时号召男子抗日杀敌工作中，具有一定激励作用。对研究侵华日军罪行和回族乃至冀鲁边区抗日斗争史，有参考价值。

伊斯兰抗日曲

伊斯兰教抗日歌曲1首，抗日战争时期流行于冀鲁边区。仿旧三国歌调，共分6段，历数日本法西斯“抢夺咱财物，杀死咱父兄，火烧房子烟腾空；奸淫咱姐妹，大气不敢哼”等种种罪行。特别指出“文台、杨石桥，捷地众阿訇，可怜枪挑把命坑！河间东辛庄，礼拜寺成土平，强迫回民吃黑牲！可恨狗强盗，又把阴谋用，挑拨回汉起斗争，离间咱同宗”。这是对日军残害回族、伊斯兰教及挑拨民族关系的滔天罪行的血泪控诉和真实记录。歌曲号召回族人民“穆民多斯提，咱们是老表兄，团结敢干数头名，组织回救会，成立回民营，坚决把鬼子赶回东京！”这首歌曲极富针对性地列举了日军罪恶实例，极大地唤起了回族人民抗日热情，发挥了一定的号角作用，也是日军侵华罪行的铁证。原载于《孟村回族自治县志》辞学出版社出版，1993 年本，第 607 页。

台上的人们联合起来

抗战歌曲 1 首，邯郸离休干部、原沧县青联主任傅青先搜集整理。为抗战时期组织宣传队伍的动员歌曲。歌中唱道：“我们生在四十年代，我们献身戏剧舞台，我们立志变革世界，我们前进不怕障碍。谁愿意看自己做尘埃，受历史的潮流淘汰？起来！起来！！投身我们的舞台，来一个救亡工作竞赛，努力莫徘徊，不叫大众空期待。”这首歌充满时代激情和抗日热情，在当时抗日宣传工作中起到重要的积极作用。为研究抗日斗争史中的革命宣传工作不可多得的歌曲资料。

十杯茶

歌曲 1 首，邯郸离休干部、原沧县青联主任傅青先搜集整理。解放战争时期在津南鲁北回族地区流行。因回族喜饮茶，故歌曲以向亲人敬茶的形式，表达了一个当兵人临行前对爸、妈、哥、嫂、妻、妹、弟、泰山、岳母、乡亲的嘱托。十杯茶寄托十个期望，情意绵绵，催人泪下，唱出了当兵人的真实情感，反映出参军的光荣。在当时号召解放区回族青年“参军参战”中，起到一定推动作用。对研究回族解放战争史有参考价值。

再见吧妈妈

歌曲 1 首，邯郸离休干部、原沧县青联主任傅青先搜集整理。解放战争时期在津南鲁北回族地区流行。歌曲记述青年团员在集合起来，穿好军装，拿起武器，踏上征途的时刻，向亲爱的妈妈告别："再见呀妈妈，别难过，莫悲伤，胜利的星会照耀着我们，祝福我们一路平安吧。"表达出青年团员们在国家需要之时，勇于担当的壮志和母子离别时的真实情感。在当时动员青年参军工作中，起到积极的宣传作用。对研究河北解放战争史，有参考价值。

生产战斗歌

抗战歌曲 1 首，邯郸离休干部、原沧县青联主任傅青先搜集整理。抗日战争时期在津南鲁北回族地区流行。歌曲以"鲜红的太阳出来了，擦亮了锄头上山腰，多种大豆多种稻，民主的春风吹秧苗""月亮弯弯挂树梢，手拿着梭镖去放哨，长长的红缨随风飘，不能让鬼子随便跑"等美妙、雄壮的词调，展示了在抗日战争时期军民团结，边打鬼子边生产的动人场面。对研究八路军建军思想和抗日战争史有参考价值。

开荒

歌曲 1 首，邯郸离休干部、原沧县青联主任傅青先搜集整理。解放战争时期在津南鲁北回族地区流行。歌中唱道："日出暖洋洋，太阳红岗岗，庄稼人种田忙，先把坡地拾掇好，再到洼下去开荒。不留一棵草，多多把肥上，该锄三趟锄五趟，省下粮食收藏好,省吃俭用支援前线。”歌词明快、简洁,充分反映出革命老区人民群众以实际行动支援前线的革命热情。对研究解放战争中津南鲁北地区军民关系和人民战争胜利原因,有参考价值。

青抗先队员之歌

抗战歌曲1首,邯郸离休干部、原沧县青联主任傅青先搜集整理。抗日战争时期在津南鲁北回族地区流行。歌曲共分4段,歌词唱道:“我们是新中国的青年,我们是青年抗日先锋队,保卫家乡数着咱,坚决抗战称模范;举起大刀片杀,拿起手榴弹咯,对准日本鬼,英勇冲上前;我们天天破汽车路,封锁敌人据点,站岗放哨捉汉奸;我们不断集合操练,袭扰敌人,配合军队作战,我们在工作中成长,战斗中锻炼;我们是青年抗日先锋队。保卫家乡数着咱,我们的力量大如天。”豪放、雄壮、充满活力和自豪,充分反映了抗日青年的必胜信念和英雄气概。对研究津南鲁北抗日战争史,有参考价值。

儿童团

抗战歌曲1首,邯郸离休干部、原沧县青联主任傅青先搜集整理。抗日战争时期在津南鲁北回族地区流行。抗战时期许多儿童也不示弱,组织起来,站岗放哨,检查路条,成为民兵组织的小助手。此歌就是为了歌颂这些小英雄而谱写。歌中唱道:“小弟弟才七岁,参加抗日儿童团,站岗放哨称模范。过一人问一人,开口问声哪里去,拿出路条来我看看！小兄弟们呀,小姐妹们呀,我们都是抗日儿童团！到前线去呀,对日本作战！”唱出了少年儿童在抗战中的英雄气概。对研究中国共产党领导下的人民战争有参考价值。

红缨枪

抗战歌曲 1 首,邯郸离休干部、原沧县青联主任傅青先搜集整理。抗日战争时期在津南鲁北回族地区流行。在日本侵略者的屠刀下,手无寸铁的农民纷纷拿起红缨枪,组织起来打东洋。歌中唱道:“红缨枪,红缨枪,枪缨红似火,枪头发银光,拿起红缨枪,去打小东洋,小东洋本是横行暴烈的恶魔王,他的野心比天还大,想要把中国来灭亡。”“老乡,老乡,你愿做牛马?你愿做猪羊?不愿意!不愿意!不愿意!!!拿起红缨枪,去打小东洋,山沟里,平原上,游击战争干一场。打东洋,保家乡,不让鬼子再猖狂。”展示了一个民族面对横行暴烈的恶魔,不畏惧,不退缩,敢于用红缨枪上阵杀敌,保卫家乡的爱国精神和英雄本色。对研究中华民族抗日战争史,有参考价值。

战斗员

抗战歌曲 1 首,孟村回族自治县棒张村 91 岁阿訇时振兴提供。抗日战争时期流行于冀鲁边区回族地区。此歌以一个战斗员的豪情唱道:“你是一个老百姓,我是战斗员。背起大枪开步走,勇敢上火线。为国家为民族要和鬼子干!今天豁上一条命勇敢杀上前,猛打猛冲真英雄,都是好弟兄。破飞机瞎哼哼大炮更稀松,全凭大刀手榴弹消灭鬼子兵。”唱出了一个战斗员为了国家,为了民族,不怕牺牲、无所畏惧和蔑视敌人的英雄气概。

对研究少数民族爱国思想和抗战历史有参考价值。

冀鲁边进行曲

抗日歌曲 1 首，邯郸离休干部、原沧县青联主任傅青先搜集整理。抗日战争时期流行于冀鲁边区回族地区。歌曲共分 5 段，歌中唱道："东临渤海，西携津浦，南屏黄河，北迫平津，这里是敌人深远后防；这里是抗日的坚强阵地，津南鲁北的屏障，准备反攻的堡垒；炮火连天冲，我们不怕二百个据点的敌人，不管吃的是树叶和枣糠，我们一定干到底，我们一定要胜利。"这首雄壮的歌曲，好似让人们看到了无数个抗日战士，正在高举解放的大旗，驰骋在这广阔的大平原上。体现了人民战士吃苦耐劳、不怕牺牲的精神和必胜的信心。为研究冀鲁边区抗日战争的珍贵资料。

反"扫荡"

抗日歌曲 1 首，邯郸离休干部、原沧县青联主任傅青先搜集整理。抗日战争时期流行于冀鲁边区回族地区。歌词唱道："烈火燃烧的冀鲁边区，愤怒充满了人们的胸膛，鬼子们各路进兵来'扫荡'，杀人放火奸淫又掠抢，举起铁拳，拿起刀枪，到处是抗日的怒吼，到处是抗日的武装。兄牵弟，儿别娘，前拥后呼上战场，同心协力打东洋。展开游击战争，打到敌人后方，拆桥，破路，空室，清野，促成犬牙交错的战场，向鬼子们来一个反'扫荡'！"反映了日军在大"扫荡"中灭绝人性、罪恶累累和抗日军民反"扫荡"的勇敢和决心。在研究日本帝国主义侵华史方面有一定参考价值。

打骑兵

抗日歌曲1首，邯郸离休干部、原沧县青联主任傅青先搜集整理。抗日战争时期流行于冀鲁边区回族地区。此歌主要是针对打骑兵的经验、方法和决心而创作。歌词唱道："敌人的骑兵不可怕，沉着应战来打他，目标又大又好打，排子枪齐发易射杀。我们瞄准他，我们打垮他，我们消灭他！我们是抗日的先锋队，哪怕他鬼子数万兵，我们是百战又百胜。"唱出了人民军队蔑视敌人的豪情和打垮敌人的决心。对研究抗日战争史和打垮日军骑兵的策略有参考价值。

铁蹄踏不碎仇恨的心

抗日歌曲1首，邯郸离休干部、原沧县青联主任傅青先搜集整理。抗日战争时期流行于冀鲁边区回族地区。歌词唱道："铁蹄踏不碎仇恨的心，海水浇不清祖国的怨愤。按住遍体鳞伤挺起铁胸，我们要走向大地的黎明，别为那鲜红的血迹而震惊，别为那遍野的横尸而伤情。这是中华民族战斗的史诗，永远会映照着光辉的前程；要解放，哪怕百年的苦战，要生存，只有消灭敌人，我们为反抗而来到了人间，还怕什么流血牺牲。"字字饱含悲愤，句句掷地有声，对未来充满信心。对研究日军侵华战争的罪恶历史和抗日军民的爱国思想有参考价值。

十二月

抗日小调1首，抗日战争时期流行于冀鲁边区回族地区。小调以传统的十二月曲调，谱写抗日内容，按照月次，从正月到腊月，娓娓唱来。“正月里来是新年，国破家亡过的什么年？二月里来是初春，武装起来打日本；三月里来是清明，冲锋打仗是二营；四月里来花满园，回民支队刘震寰；五月里来是端阳，三夏忙收把麦抢；六月里来是三伏，乔装改扮端炮楼；七月里来满地青，青纱帐里伏神兵；八月里来是中秋，双双军鞋寄深情；九月里来是重阳，抢收抢种军民忙；十月里来雪满天，打得鬼子团团转；冬月里来冻河湾，斗倒地主把身翻；腊月里来过新年，鞭炮迎春笑成片。”唱出了抗日军民国破家亡的痛苦、奋勇杀敌的痛快和庆祝新年的欢乐。对研究回族抗日斗争史，有重要参考价值。原载于《孟村回族自治县志》辞学出版社，1993年本，第607—608页。

劝伪军反正歌

抗日歌曲1首，原作者无考，抗日战争时期流行于冀鲁边区回族地区。歌词唱道：“伪军弟兄们，要你们细听真，你们受苦受冻所为的什么人？出发打前站，上阵挡炮眼，给你两粒子弹托着个破枪杆！鬼子吃白面，叫你们扒干饭，鬼子夜晚睡觉叫你们把岗站！托枪来反正，保你们无事情，咱们一同打走鬼子，你看多光荣。”歌中历数当伪军的种种苦处，充分体现了共产党对伪军的宽大政策，情真意切规劝伪军反正，和八路军一起作战。此歌对策反伪军和攻心战起到重要作用。为研究抗日战争时期的对敌策略的重要参考资料。王建西《孟村风云录》第5卷，2003年省内准印本，收录歌词。

一个日本兵鬼魂的哭诉

抗日歌曲 1 首，邯郸离休干部、原沧县青联主任傅青先搜集整理。抗日战争时期流行于冀鲁边区回族地区。此歌以一个日本“鬼魂”的哭声为题材，诉说当兵侵略他国的苦处。歌词一开始就唱道：“江水入海红又红，星光儿闪闪月牙儿明，夜风吹来森森冷，水面上有鬼魂哭声痛。他言道家在东洋三岛上，爹娘二老都在高堂，幼弟十五妹十二，最可痛新婚三夜好梦不长。”随之将当兵的无奈，一家亲人的生离死别，死后尸骨被踏烂如泥，魂魄荡荡成野鬼，大海苍苍无路归，家乡里二老含泪盼儿归等一幕幕惨景唱了出来。句句戳在痛处，对瓦解敌人意志，引导日军反对战争具有一定作用。为研究日军发动侵华战争历史的重要参考资料。

哭围河

哭词 1 首，编者无考，民国时期流传于河北东部回族地区。“哭”，是回族丧葬习俗中的重要内容之一，尤其是女性的哭，词从心出，调从悲来，一人哭起，全场落泪。此哭词，相传当时黄骅一带有一张姓年轻海里凡在围河念经，不幸病逝，其妻痛不欲生，以花、草、树木、鸟、禽作比，哭出一曲千古绝悲之词来。全词共分 22 段，每段都以不同词句倾诉着自己对丈夫的眷恋和失去丈夫的绝望。如：“十九岁我进了张家门哪，不图金来不图银哪，宅粮土地我不爱呀，宽房大屋我不亲哪，三年光景我天天盼哪，盼的是那真经保护你这苦命的人哪——”又如:“我只说是那莲蓬开花仰脸笑啊,再不成望你给了那苦命的人哪,葡萄开花可低了头哇——”句句悲悲切切,扣人心弦,催人泪下,是回族妇女最典型的哭词。对研究回族风俗有重要参考价值。吴丕清《沧州回族》中央民族大学出版社 1999 年本,收录全文。

附：古籍中常见职衔简释

千　户：金元明武官名。明代卫、所兵制设千户所，千户为长。统兵一千一百二十人。上属卫，下辖十个百户所。

千　总：明清武官名。明初位在把总上，后权任日轻。清为守备下级，正六品。

大　学：太学。古代贵族子弟读书的场所。汉后的太学、国子学都是大学，亦称太学。

大　使：帝王使节等，又指专掌某事务之官员。如元京都二十二仓设仓大使，内藏各库设库大使。

大理寺正卿：大理寺原为中央最高审判机关，最高长官为卿。明清大理寺地位高于其他卿寺，为正三品，列于大九卿之一。清光绪三十二年(1906)改革官制，改大理寺为大理院，升格为全国最高裁判机关。

乡　试：明清两代每三年一次在各省省城(包括京城)举行的考试。考场叫贡院，凡本省的府州县的生员应岁考及科考及格者以及监生、荫生、官生、贡生经科考、录科、录遗，考试合格者均可参加。因考期在秋季，亦称秋闱或秋试。又因各地考生齐聚省城，朝廷派官主考，又称为大比。考中者为举人，可参加次年在京师举行的会试，亦可入仕。乡试第一名称解元。

太子太师：东宫官，太子六傅之一，以辅导太子为职。元东宫宫师府置有太子太师。明东宫六傅不列于詹事府，无定员，无专授，为勋戚文臣的兼官、加官或赠官。

太子太保：东宫官，太子六傅之一，掌以道德辅教太子。元东宫宫师府置有太子太保。明东宫六傅不列于詹事府，无定员，无专授，为勋戚文臣的兼官、加官或赠官。

太子太傅：东宫官，太子六傅之一，掌以道德教太子。辽、金、元俱置太子太傅。明东宫六傅不列于詹事府，无定员，无专授，为勋戚文臣的兼官、加官或赠官。

太子少师：东宫官，太子六傅之一，以辅导太子为职。辽、金、元东宫俱置有太子太师。明东宫六傅不列于詹事府，无定员，无专授，为勋戚文臣的兼官、加官或赠官。

太子少保：东宫官，太子六傅之一，掌以道德辅导太子。唐为正二品，金、元东宫宫师府俱置有太子少保。明东宫六傅不列于詹事府，无定员，无专授，为勋戚文臣的兼官、加官或赠官。

太子少傅：东宫官，太子六傅之一，掌以道德辅导太子。唐为正二品，辽、金、元俱置有太子太傅。明东宫六傅不列于詹事府，无定员，无专授，为勋戚文臣的兼官、加官或赠官。

云骑尉：武散官八尉之一。唐制正七品。宋明沿唐制，清为世职之一。凡封爵皆从云骑尉开始，再累加而上。

中书左右丞：秦制尚书丞一人，汉沿置，东汉分设左右丞。汉后历代沿置。唐宋时左丞总辖吏、户、礼三部；右丞总辖兵、刑、工三部。元代并尚书省于中书，设中书省左右丞。明初袭用，后废。

中　军：古兵制，天子置三军，以中军为首。清自督抚以下领兵者，其属下统理军营事务者，称中军。

夫　人：周代天子之妾、诸侯之妻皆称夫人。王莽时始立夫人封册之礼，列侯之妻称夫人，亦有称皇孙之妻为夫人者。隋唐之后，唐、宋、金各有不同叫法，元代一品之妻封国夫人，二品之妻封郡公夫人，三品之妻封郡侯夫人。明代，一、二品之妻均封赠夫人之号。清制，凡宗室封爵，自长子、贝勒以下至镇国、辅国将军以上之妻皆封为夫人。一品妻为一品夫人，二品妻为夫人。

文林郎：文散官名称，为正七品。

布政使：省级行政长官。始于明洪武九年，分左、右布政使，宣德以后权位渐轻，清初沦为督抚的僚属。清康熙后，每省设布政使一员，不分左右，从二品。俗称藩司、藩台。

功　贡：清制，凡生员从军者，立军功可升国子监为贡生。即“随征廪生准作贡监，生员有军功二等准作监生，更有军功二等，准作贡生”。

平章政事：元制，设于中书省、行中书省，为宰相之副。

司农少卿：司农寺副二官，掌管仓廪、籍田、苑囿等事务。

主　簿：掌文书簿籍之事，为中央和地方诸官的属隶。诸县主簿士人视为杂职。

主　事：明代为司官，六部主事以进士选用。清代相沿，主事经一定年限可升员外郎、郎中。

达鲁花赤：蒙古语，清译达噜噶齐，意为掌印官。元制汉人不能担任正官，其中央、地方各院、部及诸路、府、州、县均置达鲁花赤，以蒙古与色目人充任，掌握实权，而别置总管、知府、州尹、县尹为之副。

行中书省事：元地方行政机构名称，简称行省。元制，除京师附近直隶与中书省、吐蕃地区由宣政院管辖外，于各地建有十一个行省，总领一切地方军政事务。行中书省事秩从一品。

会　试：又称春闱、春考、省试、礼闱，为明清两代在京城礼部举行的考试。每三年举行一次，各省举人都可参加。考中者称贡士或进士，第一名称会元。

安　人：命妇封号。明清六品官母、妻封赠安人。

守　备：防守城堡的武官。

尽先守备：尽先，即尽量放在首要地位。尽先守备，为可以担任守备之职，但不能随即就任，尚需等待安排的官员。

军　门：明以文臣督军务，尊称为军门。清以武臣为提督，亦尊称军门。

巡　检：巡检之名始于宋代，金元时期诸都、州置巡检使，掌州界盗贼缉捕之事。其次者为都巡检，再次者为巡检，位正九品，多置于一县险要之境。明清凡州县关津要害并设巡检，主缉捕盗贼，盘诘奸伪。

运　判：盐运司判官的简称。盐运分司由副使、运同、运判掌管。其职责：辅助盐运使和盐法道，以分治其事。

盐运司：金代盐务机构。置使，正五品；副使正六品；判官正七品,掌理盐务以佐国用。明清于盐运司下设置分司,亦称“盐务分司”。

县　令:一县行政长官。

县　丞:县佐官。明代各县置丞一人,分掌粮、马、巡捕之事。清因事裁设,无定员。清末废。

县知事:民国初年县长称县知事。

县　君:命妇封号。唐代以五品官之母、之妻封县君,明清仅限于宗室女。

承德郎:文散官。金置,正七品,元升六品,明清沿制,仍为正六品。

进士及第:宋制,凡廷试及格者,赐进士及第、进士出身、同进士出身等。

进　士:古代科举制凡举人会试入选者均称进士。进士经殿试,获一甲(三名)者赐进士及第,二甲赐进士出身,三甲赐同进士出身。

例　赠:清代允许庶民由援例捐纳获取某些官位或待遇,称为例赠。如:例生、例贡、例监、例贡生、例监生等。

秀　才：唐前有“秀才科”，为举荐人才的科目。唐后渐废此科，秀才成为一般儒生的统称。宋代凡应举者无不称秀才，明后秀才专指府、州、县学的生员。

附　生：增生以外又增加的生员称“附生”。附生亦无廪米，岁、科两试成绩优秀的附生可升增生。

贡　生：凡府、州、县学经考选升入国子监者称“贡生”，意即贡献给皇帝的人才。明代有岁贡、恩贡、纳贡，清代有恩贡、副贡、岁贡、优贡、列贡、功贡。

状　元：科举殿试考取一甲一名者称状元或殿元。

肃政廉访使：元时，各道均设肃政廉访使司，与台司相表里，掌地方监察。长官为肃政廉访使，正三品；副使，正四品。

典膳署令：管理皇帝膳食的官员。

经　略：经略使或经略安抚使的简称。其地位高于一般的封疆大吏。明无专设，凡遇重大军事行动，则特设经略使，权任极重。清初遇有大征伐则暂设经略大臣，中叶后不置。

经　历：首领官，掌衙门案牍出纳和管辖吏员处理官府日常事务的官员。各院、司、诸路总管府均设经历，秩从五品至正七品不等。

经　生:汉代博士的别称,后为读经书的儒士的通称。

征事郎:文散官名称,金为从八品,元为从七品。

参赞大臣:管理军政的大员。清代新疆伊犁(今伊宁市)、塔尔巴哈台(今塔城)、喀什噶尔(今喀什)等处均设有参赞大臣,地位略次于将军。

参　将:明清统兵武官。明制参将分守各地,位于副总兵之下。无品级,无定员。清制参将为正三品武官。所统辖军事组织为营。为提督及巡抚总理营务者,称提标或抚标中军参将。

知　县:掌一县之政的长官。始于宋代,元代称县尹,明清始定知县为一县之长,正七品。宋初知县非为县令,意为“知县中之事”,《通典》称“所谓检验、试、摄、判、知之官是也”。那时四千户以上的大县由朝官知,三千户以下的小县由京官知。后罢令,以知县取代县令。

知　州:掌一州之政的长官。始于宋代,明清沿制。州为地方行政单位、直隶于布政使司的为直隶州,不直隶布政使司的州称散州或属州。直隶州知州为正五品,散州知州为从五品。

知　府：地方府一级的长官。始于宋代，为宋代“知某府事”的简称。元代称知府或府尹。明代始定知府为知州、知县的上级长官，清代承之，秩四品，地位仅次于道员。

府　尹：掌一府的行政长官。

府　丞：府尹的佐官。

郎　中：战国时期国君侍卫，隋唐以后为尚书省六部二十四司的长官。分掌各司事务，位在尚书、侍郎、左右丞之下，清代为五品以上要官。

武德将军：武阶官名。金元明清并置，清为武官正五品，后改称武德郎。

武德骑尉：武阶官名。原称武德郎，清乾隆五十一年武阶官改名，武德郎改称武德骑尉，为正五品。

武　举：明代设武举科目。经乡、会、殿试悉入进士，兵部主之。清延用明制，分内、外场，外场考武艺，内场考武经、《论语》《孟子》等，中者亦为三甲。清末废。

武信郎：武阶官名。清初为武官正六品，清乾隆五十一年武阶官改名：一二品俱封将军，三四品封为都尉，五六七品封为骑尉，八九品封为校尉。武信郎改为武信骑尉，降为七品。

奉政大夫：文阶官，金制正六品。元升五品，明清沿之。

奉直大夫：宋文阶官，徽宗时期以右朝仪大夫改置。金制从六品上，元明清皆为从五品。

医　官：古代天子、诸侯皆有医官，历代各有不同。其职大体为天子、皇后或宫中其他人医疗治病。金元之后，各朝均设太医院，医官即指太医院医疗人员。

学　政：提督学政的简称，亦称督学使者，俗称学台、督学、大宗师，为清代派往各省的教育行政长官。由朝廷在进士出身的侍郎、京堂、翰林中派，三年一任，不管原官阶大小，礼节与督抚相等。

学　正：国子监教官。掌执行教规，协助博士训导所属生员。元代为路、府、州、县学教官。明清时州学沿制。

宜　人：命妇封号。明清五品官母、妻封赠宜人。

庠　生：科举时代州、县学的生员。俗称“秀才”。“庠”即古代学校。

举　人：原指举到之人，为历代各地乡贡入京应试者之通称。明清为乡试考中者的专称，亦称孝廉。

总　督：明清官名。明初原非一定官职，后为定制。清沿明制，并正式以总督为地方最高长官，辖一省或二三省，综理军民要政。官阶为正二品，加尚书衔者，为从一品。总督有节制文武之权。另有管辖专务的总督，如河道总督、漕运总督等。

总　兵：明清统兵武官，明制，总兵官、副总兵，无品级无定员，总镇一方者为镇守、独镇一路者为分守。为临时差遣的统兵官。明末逐渐演变成常驻武官。清袭其名，以总兵为绿营高级统将，正二品。

修职郎：文阶官员。明代正八品，清初为旗员八、九品武职，后改为文阶职。

宣慰使：宣传朝廷意旨，以安抚地方的特使。元代置宣慰使司，为行省与郡县间的承转机构。设宣慰使，掌军民事务，分道管理郡县，行省有政令传达于下，郡县有要求则转陈于上。若边境有军旅大事，则兼都元帅或元帅。另，明清于西南地区置宣慰使，为土司世袭武职中品位最高官员。

荣禄大夫：文散官，清为从一品之阶官。

通　判：又称通州，为通判州事的简称。明清为正六品官，与同知共掌清军、巡捕、管粮、治农、水利、屯田、牧马等事。无常职，无定员。

庶吉士:明初设六科庶吉士,练习办事。永乐二年始定为翰林院庶吉士,选进士优于文学,善于书法者为之。以学士、侍郎等官充教习,三年后经过考试分发任用。二甲授以编修,三甲授以检讨,其余则为给事中、御史或出为州、县官。

候　补:清代选官程序。清制,凡未授实缺的官员,均由吏部于候选后开列名单,依据职位、资格、班次,每月抽签一次,中签者分发至各部、各省以待任用,称候补。

候　选:清选官程序。凡郎中、道员以下的官吏,若有考试、捐纳出身及原官以例起复的,均需赴吏部报到,俟吏部依次选用,故称候选。候选确定后,赴制定官署候补。

都　司:明地方最高军事机构都指挥使司的简称。都司设都指挥使一人,为一省的最高军事长官。清代位次于游击,正四品。

恩　贡:明清制凡遇皇室庆典,都要根据各府、州、县学岁贡的定额,本年加贡一次,称恩贡。

恩　科:明清制凡遇朝廷庆典,不待考试年限而特设的考试,称恩科。

恩荫生:亦称恩生、恩监生、恩荫监生。清制凡遇朝廷庆典,文职京官四品以上、外官三品以上、武职二品以上，准送一子入监读书，二年后录用，称恩荫生。

监　生：在国子监就学的生员。监生为官费学生，按月有廪膳。清乾隆以后，监生多指捐纳而得者。

监　学：学官。晚清时期置于中等以上学堂，或称学监。

恭　人：命妇封号。明清为四品官妻的封号。四品官之母、祖母封号为太恭人。

探　花：科举殿试考取一甲三名者称探花。

教　授：明清时府州学教官称教授。

教　谕：明清时县学教官称教谕。

淑　人：命妇封号。宋徽宗时，定命妇封号，改郡君为淑人，位在夫人之下封给尚书以上官未至执政者的正妻。明清为三品官正妻的封号。若封给祖母或母，则称为太淑人。清制，又用以封宗室封爵中奉国将军的正妻为淑人。

章佩监：元代主管内府御服、皇帝异珍饰物的机构，秩正三品。

副　将：明代京军三大营之一神机营的属官，清朝统兵武官。官阶从二品。分属将军、总督、巡抚、提督、总兵、步兵统领等管辖。

提　督:明代三大营管操官,文臣、武臣、宦官并用,明中叶后,巡抚多兼提督衔,为总兵以上武官名。清代设提督军务总兵官,从一品。

道　台:道员的别称,清代为省、府之间的官员。道员一般分辖几个府州的地方,但各地分管范围不尽相同。清代由临时差遣改为实官,分守、分巡各道道员一律定为正四品。

御　史:御史在秦汉之后,为专职检察官,然御史常以其所充职事系名。明清时中央设都察院,掌纠察百官,其长官称左都御史,副贰为左副都御使,统辖分掌各道的御史。此外又有以钦差大臣特派出京的巡按御史,巡查各省、各道。其右都御史、右都副御史多为各省总督、巡抚的兼衔。

照　磨:元代诸部院、台、司的属官,掌收发文移,核对文书卷案,或兼承发、架阁管勾等职。明沿置,中央之都察院,地方之布政、按察二司各府均置。清代设省部都察院照磨,余同明置。

蓝翎侍卫:宿卫武官。清御前侍卫有蓝翎侍卫三旗九十人,为五、六品官。通常在武进士三甲中选。

殿　试:皇帝亲自在金殿上对贡士策问、面试称殿试,也叫廷试。

解　元:亦称“解头”,即唐宋时参加科举考试的人,由府州保送至京应尚书省试,称为解;其第一名则称解元。

榜　眼:科举殿试考取一甲二名者称榜眼,北宋时一甲二、三名均称榜眼,意为榜中双眼。南宋以后专指第二名。

榜　花:古代科举考试录取少数稀有姓氏的人为陪衬,谓之色目人,亦称榜花。

榜　元:科举会试考取一榜之首者。

增　生:府、州、县学中,定额以外的生员称“增生”。增生无廪米,岁、科两试成绩优秀的增生可以升廪生。

赠　谥:皇帝或百官死后,对其生平的政治活动予以定评,往往以两个字加以褒贬。

赠　封:皇帝给予官员本身及其祖、父、母、妻等以官称的一种荣典。清制生者称封,死者称赠,合称为赠封。

廪　生:亦称廪膳生员,明清生员名目之一。明代府、州、县都置学,生员有定额。凡定额内的生员,每人每月发廪米六斗,称廪生。清沿明制,每人每月发廪讫银四两。童生应试需觅廪生具保。

廪增生：廪生和增生的合称。

儒　官：古代学校教官的泛称。

儒林郎：文散官名称。唐制正九品，元、明、清从六品。

孺　人：命妇封号。明清七品官母、妻封赠孺人。

附：清代翎饰：

蓝　翎：清代官员的级别冠饰，于冠后饰以鹖羽，蓝色，故称“蓝翎”。凡领侍卫府官等，满员五品以上者，皆冠戴孔雀花翎；六品以下者，皆冠戴鹖羽蓝翎以为辨别。但亦有因职务关系而戴蓝翎者。如蓝翎侍卫。

花　翎：清代官员等级冠饰。用孔雀翎饰于冠后，以翎眼多寡为等差，多者为贵。普通为一眼，多者双眼或三眼。开始唯有功勋或特恩者方得赏戴，咸丰后，凡五品以上，虽无勋赏，亦得由捐纳而戴，但仅限一眼。大臣有特恩始赏戴双眼花翎。宗臣如亲王、贝勒等始得戴三眼花翎。

跋

在国家民委全国少数民族古籍整理研究室的悉心指导下，全国回族古籍工作开展已经20多年了，各省份回族古籍丛书和总目提要正在陆续出版。河北作为回族大省之一，策划了“河北回族古籍丛书”，此前已经出版《沧州回族》《河北回族家谱选编》两部，还有一些著作虽然没有列入丛书，但也有一定的历史文化价值。今又看到丕清先生发来的《河北回族古籍总目提要》(以下简称《提要》)书稿，深为河北民族宗教部门对回族古籍工作的高度重视和锲而不舍的精神所感动。

《提要》看似简单，其实恰恰相反，其知识含量、技术含量都远远超过普通书籍。它是在认真调查、深入挖掘、慧眼辨识、精心提炼的基础上，分门别类而出的综合成果。丕清先生是多年从事回族历史文化研究的回族学者，连续四届担任中国回族学学会常务理事。看得出来，这部《提要》是丕清先生的精心之作，无论从内容上，还是从编写技术上，都不失为一部难得的好书，具有重要的学术参考价值和社会意义。

在内容方面，《提要》涵盖量高，涉及面广。一是对河北各市多年发掘的全部回族古籍资料，逐类逐项进行了认真梳理和详患有严重的糖尿病，但我知道当前熟悉这项工作的别无他人，只可接，不可推！

接受容易，实干难。一是过去存盘的资料都已老化消退，二是外出考察受到身体、病人、经费等种种限制，三是多年来有关古籍方面的术语、规程都有了新的变化，四是和一些古籍方面的专家、老友已经失去联系。面对这些困难和问题，只有一个字"扛"！我曾一页页查阅了上万张废纸片，一个个联系上北京、宁夏、广东、湖南、山东等地的数十位专家老友和省内民族古籍工作者，一次次亲赴保定、定州、廊坊、北京、山东等地考察核实资料，一夜夜把电脑放在老伴的病榻上陪她度过最后的时光。

书成之际，我非常感谢与我相伴48年，已经过世的老伴儿，不管她病得多么厉害，对我的外出考察、照顾不周，从无一句怨言；我非常感谢我的女儿、女婿们，是他们极尽孝心，为我争取了大量写作时间；我非常感谢给予我大力支持的专家、老友，没有他们，这部书就有可能瑕疵累累；我非常感谢那些普普通通的民族古籍工作者，在诸多条目中，条条浸透着他们的汗水；当然我更感谢省民宗厅的领导们，可以说没有领导的重视，就没有这些成果，更不会有这部著作的存在。

然而，回族古籍的挖掘工作方兴未艾，一些新的成果必将不断拂尘面世，书中缺憾势在必然。由于本人知识浅薄，水平有限，讹误之处在所难免，敬请方家、读者指正、谅解，深致谢意！

编　者

2015年7月23日

后　记

一部较为全面地反映河北省回族古籍概况的书籍——《河北回族古籍总目提要》终于收笔了。即将付梓之际，合卷而思，颇多感慨！

回族文化以伊斯兰文化为基础，多元兼容，博美一体，在中华文库中占有重要地位。但由于种种历史原因，和其他少数民族文化一样，各种文献泯毁严重，存世甚少，这部文献是河北经过20余年艰苦的挖掘、抢救、整理，所获取的成果汇编，这些资料价值之宝贵、来源之艰难，是可想而知的。

十多年前我曾作为河北省民族古籍专家指导组成员，专职负责全省少数民族古籍技术培训和各市开展回族古籍工作的专业指导。一段突击工作后，我和马祥学同志主编了《河北回族家谱选编》，此后，我的主要工作转移到《河北伊斯兰教史》和《河北回族史》的编写上来，对少数民族古籍工作再未过问。

当省民宗厅李春波处长找我谈起编写一部回族古籍丛书时，我顿时大为惊讶。没想到，事过那么多年，省民宗厅领导竟然还在坚持不懈地紧抓着少数民族古籍工作！我深为省民宗厅领导对回族古籍工作的高度重视和扎扎实实、锲而不舍的作风和精神所感动。尽管我已年至古稀，尽管我手中还有60多万字的书稿正在修订，尽管床上老伴儿病情已经进入晚期，尽管我也细编录，此次入编条目比2003年上报全国回族古籍办的条目多出近百条，可见河北回族古籍搜集整理工作不是小结即停，而是一直没有间断。二是打破了本省的界限，吸收了大量外省区涉及河北回族的古籍资料，使之更为全面，更富有参考价值和研究价值。

在编写技术方面，《提要》既保持了少数民族古籍提要的编写要领和分类标准，又采取了繁简相宜、以实记事的方法，做到文字简洁通畅，实物易找易寻。尤其是对一些异体字、生僻字和文言词句，分别加注了汉语拼音和简释，从而做到剔除玄虚，通俗易懂，为大众阅读排除了障碍，提供了方便。

《提要》在内容上“内全外补”，可以开阔眼界，相参并用，有利于资源共享和综合研究。书中辑录了“古籍中常见职衔简释”，为不同文化层次的读者提供了阅读工具，从而进一步增强了回族古籍的文化影响和社会效应。

综览书稿，给人一种条理清晰、繁而不紊的感觉，可见编者在考察编写过程中是下了一番功夫的！丕清先生年已古稀，我们相识也有20来年了，今天见到这部大作备感亲切。从书稿中，我看到了河北回族古籍工作的希望，看到了河北少数民族文化事业的前景，看到了回族古籍工作者无私奉献、负重拼搏的身影。

河北是大食、回纥助唐平定“安史之乱”的主战场之一，也是大运河早期流经之地，早在唐代，阿拉伯人、波斯人通过陆地及海上丝绸之路，都已经与河北有了直接联系。可以说回族、伊斯兰教在河北具有千年历史，文化底蕴深不可测，回族古籍蕴藏量十分丰厚，回族古籍的挖掘、整理工作仍有很大潜力。因此，在为《提要》即将付梓而鼓掌的同时，期待河北回族古籍有更多的成果问世。

语不尽意，敬请丕清先生海涵。

马建钊

2015 年 6 月 29 日

马建钊：《中国少数民族古籍总目提要·回族卷》副主编、广东省民族宗教研究院院长、二级研究员，享受国务院政府特殊津贴专家。